迭戈·马拉多纳　　托马斯·穆勒
　　　　　　　　　　　　内马尔　桑多兰
罗马里奥　法比奥·卡纳瓦罗
　　　　　　　　　马里奥·格策　迪迪埃·德尚
米歇尔·普拉蒂尼
　　　　　韦斯利·斯内德
　　朱斯特·方丹　　　　　　托马斯·布洛林
　　　　　　　阿尔扬·罗本
　　尤西比奥　　　　　　　　苏格拉底
贝利　　　　路易斯·苏亚雷斯　杰里·阿姆斯特朗
　　　　阿尔迪列斯
　　　　　　　　　　罗纳尔多
　迪诺·佐夫　伊戈尔·卡西利亚斯　　齐内丁·齐达内
　　　　　　　希福　法比安·巴特斯
朱塞佩·梅阿查　　　　弗朗茨·贝肯鲍尔
　　　　　迈克尔·欧文　　　　加林查
尤尔根·克林斯曼　　卡洛斯·巴尔德拉马
　　　安东尼奥·卡雷卡　　利利安·图拉姆
安德烈亚斯·布雷默　　盖德·穆勒
　　　　里瓦尔多　斯塔比莱　洛塔尔·马特乌斯
　　　　　　　　　博比·摩尔
乌韦·席勒　　　　　　　保罗·罗西
　　　　　　德伊纳
　　　奥列格·萨连科　纳萨奇　　约翰·克鲁伊夫
　　　　　　　　　哈梅斯·罗德里格斯
博比·查尔顿　罗伯特·巴乔
　　　　杰夫·赫斯特　米洛斯拉夫·克洛泽　卡福
马里奥·肯佩斯　　卡洛斯·阿尔贝托
　　　　　　　　　　　　　　　米夏埃尔·巴拉克
　保罗·马尔蒂尼　库比拉斯

列夫·雅辛
奥利弗·卡恩
马尔科·塔尔德利
迪迪
詹路易吉·布冯
济科
蒂姆·克鲁尔
加里·莱因克尔
吉乌塞普·贝尔戈米
大卫·比利亚
约翰·雷普
亚历山德罗·阿尔托贝利
罗伯托·里维利诺
米歇尔·劳德鲁普
达沃·苏克
罗伯特·卡洛斯
C罗
普雷本·埃尔克耶尔
邓加
加夫列尔·巴蒂斯图塔
保罗·加斯科因
马塞尔·德塞利
罗纳尔迪尼奥
西西尼奥
托尼·舒马赫
兹比格涅夫·博涅克
豪尔赫·巴尔达诺
格奥尔基·哈吉
卢卡·莫德里奇
卡莱尔·布吕特纳
费伦茨·普斯卡什
基利安·姆巴佩
罗布·伦森布林克
罗杰·米拉
赫里斯托·斯托伊奇科夫
安德雷斯·伊涅斯塔
萨尔瓦托雷·斯基拉奇
安托万·格列兹曼
海茵茨·鲁梅尼格
迭戈·弗兰
哈里·凯恩
丹尼尔·帕萨雷拉
莱昂尼达斯
路易斯·菲戈
鲁迪·沃勒尔
利昂内尔·梅西
丹尼斯·博格坎普
大卫·贝克汉姆
扬·瑟勒芒斯
戈登·班克斯
约翰·内斯肯斯
格热戈日·拉托
塞尔吉奥·拉莫斯

于鑫淼　黄轶文 ▶ 著

FIFA WORLD CUP
1930—2018

直笔体育百科系列

世界杯风云

典藏版

北京时代华文书局

图书在版编目（CIP）数据

世界杯风云 / 于鑫淼, 黄轶文著 . — 北京：北京时代华文书局，2022.9（2022.10 重印）
ISBN 978-7-5699-4511-9

Ⅰ．①世⋯ Ⅱ．①于⋯②黄⋯ Ⅲ．①足球运动—世界杯—概况—1930-2018 Ⅳ．① G843.732

中国版本图书馆 CIP 数据核字 (2022) 第 141414 号

拼音书名 | SHIJIEBEI FENGYUN

出 版 人 | 陈　涛
策划编辑 | 董振伟　直笔体育
责任编辑 | 马彰羚
责任校对 | 张彦翔
装帧设计 | 严　一　迟　稳
责任印制 | 訾　敬

出版发行 | 北京时代华文书局 http://www.bjsdsj.com.cn
　　　　　北京市东城区安定门外大街 138 号皇城国际大厦 A 座 8 层
　　　　　邮编：100011　电话：010-64263661　64261528

印　　刷 | 小森印刷（北京）有限公司　010-80215073
　　　　　（如发现印装质量问题，请与印刷厂联系调换）

开　　本 | 787 mm×1092 mm　1/16　　印　张 | 18　字　数 | 386 千字
版　　次 | 2022 年 9 月第 1 版　　　　 印　次 | 2022 年 10 月第 3 次印刷
成品尺寸 | 185 mm×260 mm
定　　价 | 108.00 元

本书图片由视觉中国提供。
版权所有，侵权必究

老世界杯，新故事

文/《体坛周报》总编辑，金球奖中国区唯一评委　骆明

当于鑫淼把他与黄博士（本书另一位作者黄轶文）共同撰写的《世界杯风云》书稿交给我、让我写序时，我突然想起了多年前的一幕。

时间大约在20世纪末。几个球友闲来无事，相约一起观看1986年世界杯1/4决赛法国队对阵巴西队的经典大战。这场比赛在足球史上得到的评价非常高，虽然进球不多，但被认为是两支技术型球队的巅峰对决。结果看完这场比赛，有的球友不以为然，说这场比赛节奏太慢、被吹捧得太过分。

这话有错吗？1986年世界杯之后的10多年，足球赛场发生了天翻地覆的变化。1990年世界杯和1992年欧洲杯前后，防守足球登峰造极，挤压了老派技术型足球的空间。而随着禁止门将手接回传球、禁止背后铲球等一系列新规则问世，足球比赛终于走出黑暗，重新变得"性感"起来。欧洲冠军联赛等赛事的扩军，也扩大了俱乐部精英军团的规模，加速了战术的交流和演进，使得足球比赛节奏越来越快。所以，以20世纪末的品位去回望1986年世界杯，球友觉得不过瘾是正常的。

然而，以这种上帝视角去回顾足球史是极端错误的，完全没有考虑当时的环境。当然这不仅限于足球史，平时我们看到很多历史研究者的"翻案"，也犯了同样的错误。

于鑫淼告诉我，为了写这本书，他们看了不少过去的比赛。1966年世界杯看了10场左右，从1970年世界杯开始，每届几乎都看了20场以上。所以我看到书稿后，第一时间就看了1986年世界杯的章节，他们对"巴法大战"的评价是："从纯粹的竞技角度来说，这场比赛应该是本届世界杯的巅峰之作。即便放眼世界杯近百年的历史，如果要评选出最精彩的旷世对决，这场球也绝对榜上有名。"我相信，这是正确的解读方式。

早期世界杯没有留下视频材料，甚至照片都很少。记得当年编撰英格兰队的世界杯历史时，关于1950年世界杯英国媒体是否把0∶1负于美国队改成10∶1战胜美国队，就有很多说法，现在已无法对证。而有了电视转播后，历史以更直观的方式保留下来。于鑫淼和黄博士在这个信息快餐化的时代，能花时间回看往届世界杯的视频，而不仅仅是照搬现有材料，殊为不易。

历史是常写常新的，世界杯历史也是如此。

例如2002年世界杯，贝尔萨执教的阿

根廷队意外折戟小组赛，贝尔萨的执教风格饱受批评。当时贝尔萨已有一定名气，但他毕竟还没有去最高水平的欧洲足球联赛执教过，因此足球世界只了解到他的"前半生"。等到他执教过毕尔巴鄂、马赛、利兹联等球队后，我们对贝尔萨的战术和用人方式有了更多了解，重新来解读2002年世界杯阿根廷队"令中国媒体人落泪"的失败，就会写得更丰满。本书正是如此。

这样的例子还有很多。例如1990年世界杯，我们都看到了状态并非最佳的马拉多纳率领阿根廷队一路前进，但是并不了解马拉多纳到底经历了多么痛苦的伤病。直到2020年，我看到了媒体对阿根廷队两个工作人员的采访，其中马拉多纳当年的私人体能教练费尔南多·西格诺里尼说，马拉多纳在开赛前的训练中被人踢掉了左脚大脚趾的指甲，同时左脚踝肿胀疼痛。当年的服装管理员米格尔·迪洛伦佐说，他一般会准备好几双足球鞋，让马拉多纳挨个试穿，看穿上哪双之后疼痛感更轻些。"由于脚踝和脚指甲的问题，迭戈的左脚不能正常着地，队医甚至说他踢不了比赛，可迭戈坚持上场，他甚至让队医们给他打封闭针。"此外，阿根廷队与巴西队的"蒙汗药"事件，事发多年后仍不断有细节透露出来，这让本书在回顾1990年世界杯时有了更多视角。

又如1998年世界杯，罗纳尔多虽然以4个进球、3次助攻当选最佳球员，但他的状态似乎离巅峰仍有距离，决赛前更是神秘患病。后来我看了一部英国纪录片，队友埃德蒙多回忆说，当时罗纳尔多已经被伤病困扰了一段时间，无法持续训练，巴西队只能经常给他打封闭针。因此我们能明白，罗纳尔多能有如此表现已是不易，而年轻时的损耗显然使他的伤病悲剧提前到来。

我相信，您看完这本书后，会对世界杯历史有更新的、更全面的认识。

爱足球，爱世界杯。让我们一起享受这段共处时光。

从这本书开始，搭建自己的足球史观

文/于鑫淼

我和黄博士特别能够理解现在很多球迷的需要，所以才决定写这本"对症下药"的世界杯历史书。

现在的球迷心中存在一个巨大的矛盾，那就是一方面非常想更深入地了解足球，但另一方面由于好玩的事情太多，抑或是因为在学业或工作上有着巨大的压力，所以不可能在足球这一项本应该是获得快乐的运动上，投入太多的精力。那么您现在翻开的这本书，是怎么解决这个矛盾的呢？

那就是简练的文笔、翔实的资料和鲜明的观点。

很多球迷都会在自媒体平台上让我推荐好的足球类书籍，但是我发现非常优秀且具有深度的足球历史类书籍基本都篇幅太长，很难让大家在这个时代的泛阅读习惯下看完。而《世界杯风云》这本书分别介绍了1930年至2018年每一届世界杯的情况，所以大家可以先阅读自己熟悉的几届世界杯的内容来尝尝鲜，然后在此基础上一篇一篇地读下去，了解世界杯的整个历史。

我和这本书的另外一位作者黄博士都是90后，可能会有不少球迷质疑：以你们的年龄怎么可能对世界杯的历史这么了解呢？这其实还是要感谢黄博士，黄博士是国内足球录像收藏界的专家，他手里几乎有着所有目前存在于世的世界杯比赛录像，于是我们就采用了最笨的办法，把这些录像从头到尾地看一遍，再结合当年国外的一些实时报道，为大家把世界杯的历史从头到尾捋一遍。

我和黄博士曾经就一个问题有过激烈的争论，那就是要不要在这本书里多发表一些我们的观点。发表个人的观点肯定没有直接采用主流的观点那样保险，毕竟主流观点即使会被一些专家质疑，但是大部分的球迷都不会有太多的意见。我们后来一想，这么多的比赛我们都看完了，有了发表自己观点的基础，那为什么不多说一些呢？况且国内的一些有关世界杯的观点，其实存在比较严重的"印象流"的情况，尤其是国内球迷最早接触的1982年、1986年、1990年、1994年这四届世界杯，受制于当时的客观条件，很多当年的主流观点都存在很大问题。

在现在这个互联网时代，大家如果真的想看流水账类的内容，其实可以在各种"百科"里轻松找到，但要去归纳总结却是非常困难的，再加上不是每一位球迷都有条件看到过去比赛的录像视频，因此自然会缺乏对于世界杯的准确认识。

我建议大家可以先从比较熟悉的几届世界杯的故事入手，这样我们之间也能够产生最初的碰撞，随后你可以逐渐去了解一些早年比赛的信息，在本书很多关于世界杯背景的描述中，你能对当时的足坛有一个更深的了解。

回到球迷内心的矛盾问题，大家如果想要对足球历史有更进一步的了解，那么通过世界杯的历史来构建认知体系是最合适的了。不过，通过这本《世界杯风云》深入地了解世界杯历史，只是我们写作这本书最基础的目的，我们更深一层的用意，在于能够让您初步形成属于自己的足球史观。

非常感谢骆明老师为这本书写的推荐序，骆明老师也对世界足坛历史，尤其是世界杯历史颇有研究。本书能够得到骆明老师的肯定，我和黄博士也非常开心，至少这证明我们的工作得到了认可。我也非常感谢每一个为本书付出努力的编辑老师，是他们在时间非常紧张的情况下，让这本书准时和大家相见。

我完成了我的梦想

文/黄轶文

写一本世界杯通史，是我一直以来的愿望。我想用自己的方式和内容，将足球领域最高级别赛事的发展历程完美地呈现给大家。

当鑫淼在今年3月份找到我的时候，我们两个一拍即合，我的梦想也就此实现。其实我们在很早以前就达成过共识，如果有朝一日能完成这样一部作品，我们一定要还原世界杯的全貌。

每一代球迷都有自己的专属回忆，所以寥寥数语的背景介绍，搭配先入为主的比赛叙述，在跳脱出读者熟悉的桥段之后，就显得苍白无力且难以共情。而我们要做的事，就是将每届世界杯以全面且没有门槛的方式呈现出来，当你读完一届杯赛的内容，就似乎有了灵魂穿越之感，亦能将那时的足球世界全面掌握。

在这个理念的指引下，本书的写作便成了"系统工程"——每个时代的竞技规则、战术打法、豪强格局、球星成色都有区别，在介绍单届杯赛的具体情况时，以上细节是不可或缺的。我们力求让读者在阅读任何一届世界杯的内容时，都有一种置身现场看球的感觉。

在整理浩如烟海的背景资料时，过去多年的回忆喷涌而出，布莱恩·格兰维尔、乔纳森·威尔逊、大卫·戈德布拉特等是绕不开的名字，他们曾如灯塔般指引着我探索的道路。每个国家都有自己的足球通史，每种理念都有相应的著作，即便当年如数家珍，在这个节点上重温仍是有必要的。

在此基础上还有很多"支线剧情"，例如1966年伊始，国际足联推出的历届世界杯技术报告，也是极有价值的参考文献。又比如多如牛毛的相关外文网站，其提供的内容虽然零碎，但汇总起来也是相当可观的史料。此般种种，皆是本书得以成文的重要保障，虽说"一切历史都是当代史"，但我们力求原汁原味地陈述旧事。

还原工程的第二部分，自然就是对于比赛叙述的打磨，传统的进程描述在我们看来毫无新意，球迷们读起来也索然无味。所以观看大量比赛录像，并提炼出其中的精华梗概，自然成了重中之重。截至2018年，世界杯正赛共进行了900场，存有比赛录像的大约有750场，自1966年杯赛至今，每场球赛都有影像可考，这项工作的艰巨程度可想而知。

更为困难的是，早期世界杯录像的清晰度相对一般，甚至有很多在肉眼可辨的范围之外。尽管我涉足比赛录像收藏领域已经10年有余,但仍无法确保所有比赛的录像都足够清晰、不影响观看。特别是1982年至1994年期间,录像的整体质量差到令人心灰意冷。

好在有各界朋友的支援,在多方的协助下,我尽可能地搜集了最为清晰的比赛样本,作为研究之用。从宏观上来看,本书的取材过程,并没有受到影像资料质量的影响,我和鑫淼要做的就是,确保相关的比赛描述与实际情况完全一致。

当然,细致地观看比赛永远是最煎熬的工作。虽说我个人在过去的10多年间,断断续续看了其中的大部分比赛,但对于系统地写成一本书来说,还是显得捉襟见肘。于是跟鑫淼商量之后,我们决定分头重看所有比赛,一届的核心比赛全部看完再交流观点,写成文字反而成了水到渠成的事情。

从3月份接下项目,到7月份最终定稿,四个月的时间显得非常紧迫。在这期间,我们一共看了几百场比赛,虽说无法面面俱到,但在能力范围内已经做到了极致。在这里,我可以自信地向读者朋友保证,这是你们能接触到的最翔实且最准确的世界杯通史。

在最终停笔的那一刻,我的脑海里浮现出了2001年10月7日第一次收看足球比赛的情形。那是属于中国足球的骄傲时刻,一个8岁的男孩意外地被那种氛围吸引,并一直走到了今天。很多事情是命中注定的,既然上天赋予了足球从业者这份使命,那我们便要用最大的诚意来回馈各位读者朋友。

最后要感谢为这本书做出贡献的每一位朋友:我的好搭档,也是本书的另外一个作者于鑫淼;我的前辈骆明老师;以及本书的策划团队直笔体育和每一位编辑老师。最重要的是感谢每一位读者——正在阅读这本书的您。

目　录

开篇　　世界杯的诞生　　　　　　　　　　　1

第一章　　1930，开天辟地　　　　　　　　　5

第二章　　1934，阴影下的胜利　　　　　　　13

第三章　　1938，动荡中挣扎　　　　　　　　19

第四章　　1950，马拉卡纳之殇　　　　　　　25

第五章　　1954，伯尔尼奇迹　　　　　　　　33

第六章　　1958，英雄出少年　　　　　　　　43

第七章　　1962，圣地亚哥的歧途　　　　　　53

第八章　　1966，足球回家　　　　　　　　　63

第九章　　1970，君临天下　　　　　　　　　73

第十章　　1974，全攻全守　　　　　　　　　83

第十一章　　1978，圆梦与足球之殇　　　　　93

第十二章	1982，浪漫主义之死	105
第十三章	1986，一个人的世界杯	119
第十四章	1990，意大利之夏	131
第十五章	1994，荒漠中的绿洲	145
第十六章	1998，世纪盛宴	159
第十七章	2002，冷风与黑暗	173
第十八章	2006，黄昏的离歌	187
第十九章	2010，新大陆与新王朝	201
第二十章	2014，征服与一步之遥	215
第二十一章	2018，远东的第二颗星	229

| 附录 | 世界杯经典图集 | 243 |

开篇　世界杯的诞生

1930年6月下旬的一天，途经法国滨海自由城的一艘邮轮，接上了在此等候的法国队①，他们的最终目的地是遥远的乌拉圭，去那里参加一项名为"世界杯"②（FIFA World Cup）的全新赛事。法国队中有位叫吕西安·洛朗的前锋，22岁的他彼时并不理解这趟旅程的意义，只当作年轻人的冒险。

半个月的颠簸之后，他们横跨大西洋，抵达乌拉圭的首都蒙得维的亚。由于法国队被分在A组，他们的比赛最早进行，为球队先拔头筹的洛朗，完成了世界杯历史上的首粒进球，并帮助法国队取得开门红。

然而"高卢雄鸡"（法国队昵称）高开低走，首战获胜之后，遭遇两连败，提前打道回府。不过法国队也只是在时任国际足联主席、法国人雷米特先生的游说之下，才勉强同意漂洋过海去参加这项新兴的赛事，结果似乎并不是那么重要。正如洛朗所言，一切只是未知的开拓之旅。

1998年7月12日，圣丹尼斯法兰西大球场，法国队在世界杯决赛中3∶0击败巴西队，历史上首次夺得冠军。整个国家陷入狂欢，香榭丽舍大道人头攒动，人们忘情地庆祝属于他们的胜利，而当时已经90岁高龄的洛朗先生，成为1930年那支先驱之队中唯一一位跑赢了岁月的球员，有幸见证了法国人在本土捧杯的荣耀时刻。当时距离他打进世界杯首球，整整过去了68年。

对于足球运动来说，这是何其辉煌的68年，从英国公学中的健体活动，到工人阶级的肆意消遣，足球最终成为毫无争议的世界第一运动。对于世界杯来说，这68年更是翻天覆地，从初创期饱受质疑的新鲜尝试，到辐射全球几十亿观众，成为品牌价值最高的大型体育赛事。洛朗先生当年出发前寻求的意义，时间最终给出了答案。

而今又过了24年，世界杯依旧在1998年的框架下，为足球世界书写全新的篇章。不过即便走得再远，也不要忘记为何出发，我们有必要回过头去，在历史的尘埃中，遍寻属于世界杯的最初记忆。

19世纪后半叶，足球已经成为英国民众喜闻乐见的运动项目，同时伴随着"日不落帝国"的影响，其范围不断扩大，传

---

① 全称法国国家男子足球队，本书后文简称法国队，其他情况以此类推，例如意大利国家男子足球队简称意大利队、英格兰男子足球代表队简称英格兰队、沙特阿拉伯国家男子足球队简称沙特队。
② 全称国际足球联合会世界杯，是象征足球界最高荣誉，并具有最高知名度和最大影响力的足球赛事。为方便阅读，本书统称为世界杯。

播到了世界的各个角落。参与的人多了，在共同的规则与框架之下，相互间的竞技便顺理成章地出现了。1930年首届世界杯举办之前，世界各地特别是欧美地区，各种区域性质的足球赛事已经随处可见。

英国作为现代足球的发源地，早在1884年就开始举办所谓的"英国本土四角锦标赛"（British Home Championship），包括了英格兰、苏格兰、威尔士和爱尔兰四大足协的代表队，考虑到当时的环境，这几乎代表了早期足球世界的最高水平。

不过在整个欧洲范围内，尽管足球运动在各地广泛开展，但更大范围的球队交流比赛始终没有出现。1916年南美足协"捷足先登"，在成立之后开始举办"南美足球锦标赛"（South American Championship），也就是美洲杯的前身，这开创了足球赛事在洲内广泛开展的先河。

直到1927年，欧洲才陆续启动了后世较为熟悉的中欧杯①（Central European International Cup）和米特罗帕杯②（Mitropa Cup），为欧洲中南部的几支国家队和相应的俱乐部提供了交流的平台，但整体来说，覆盖面还是相对较窄。不过考虑到当时整个欧洲错综复杂的局面，足球一体化的进程较为缓慢也是可以理解的。

与此同时，从1900年开始，奥运会也吸纳足球作为正式比赛项目，从此之后，只有1932年未将足球列入其中。但是考虑到奥运会在1984年之前恪守"业余选手"原则，早期完成足球职业化进程的国家与地区，就无法派出最强球员出战了。1930年之前，像英格兰足球（1888年开启职业化）、意大利足球（1929年开启职业化）、西班牙足球（1929年开启职业化），都已经拥有了全国性的职业化联赛，这些联赛的顶级球员若想在国家队层面展现自己的天赋，就需要全新的平台。

现如今在足球领域炙手可热的FIFA（国际足球联合会，简称国际足联），其实早在1904年就已经成立，其主旨自然是在全球范围内推广足球运动，因此举办相应的国家队间的足球比赛，按理说也是其职责，但这项浩大的工程需要循序渐进，最终由历史选择的人去完成。

正如早期的奥运会和后来的欧洲足球锦标赛③、欧洲冠军俱乐部杯④一样，浪漫的法国人也是世界杯赛事的早期推动者，1919年成为FIFA主席的雷米特先生，就是其中的核心人物。而参赛队伍水平参差不齐的奥运会，成为世界杯诞生的原动力。

上文提到早期奥运会的足球比赛只能派业余球员参加，但很多没有全面职业化的足球强国，还是能选择很多高手前去角逐。比如1924年和1928年奥运会男足两连

---

① 中欧杯：1927—1960年期间，中南欧地区举办的一项国家队赛事。
② 米特罗帕杯：1927—1992年期间，中南欧地区举办的一项俱乐部赛事。

③ 欧洲足球锦标赛，简称欧锦赛，也称欧洲杯，1960年举行首届，其后每四年举行一届。本书为方便阅读，后文统称为欧洲杯。
④ 欧洲冠军俱乐部杯，1955年创办，1992年改名为欧洲冠军联赛。本书为方便阅读，后文统称为欧冠。

冠的乌拉圭队，以及1928年的亚军阿根廷队，都是水准极高的球队。这样的球队如果无法遇到水平相匹配的对手，则是球迷的遗憾，不能因为一刀切的规则，让整个足球界蒙受损失。

雷米特先生和他的副手德劳内密切关注着事态的发展，等待着自立门户的时机。终于在1928年奥运会之后，国际足联最终下定决心，使足球摆脱奥运会的业余框架，允许职业运动员参加国家队赛事，打造全球最高水平的竞技舞台。在1929年巴塞罗那的国际足联全会上，1930年举办首届世界杯的决议被提上日程，我们今天热爱的一切，在不经意间拉开了序幕。

1929年这个不经意的决定，开始改变世界足球的发展轨迹，让一个新的体育赛事开始走向世界。毫不夸张地说，这个决定影响了世界，不只是踢个足球那么简单。转瞬即逝的93年光景之后，世界杯让我们领略了足球的魅力和风姿。

因此，让我们一起在历史的车轮中，回看这充满精彩故事的世界杯征程。

第一章
1930，开天辟地

当时的足球比赛，双方赛前敲定的11名首发球员，原则上必须踢满全场，中途是不能换人的。如果出现伤病或其他不可抗力因素，导致没法继续坚持比赛，那么球队就会以少打多，这样看似荒谬的规则，直到1970年世界杯才得以改变。

——引语

■ 一切从混沌开始

1929年国际足联确定举办首届世界杯之后，谁来承办本次比赛，就成了焦点问题。一段时间之后，乌拉圭、意大利、瑞典、西班牙、荷兰、匈牙利6个国家先后表达了申办意向，很明显欧洲国家占据了主导地位，但最终的名额却花落乌拉圭。

究其原因，虽说其他国家陆续退出了竞标，但乌拉圭人的热忱是不容忽视的，一是国内对足球的喜爱程度，二是对大型赛事的渴望程度——当时恰逢乌拉圭独立之后首部宪法出台100周年，需要这样的活动来纪念世纪荣光。

1930年前后的足球世界，与今天相比可谓天差地远，即便同是场上11人之间的对决，细节的区别也足以颠覆认知。无论是比赛规则和战术运用，还是球队格局和球星效应，那时的足球世界看上去都是那么不同，历史的呼吸感往往就来源于岁月的温存。

当时的足球比赛，双方赛前敲定的11名首发球员，原则上必须踢满全场，中途是不能换人的。如果出现伤病或其他不可抗力因素，导致没法继续坚持比赛，那么球队就会以少打多，这样看似荒谬的规则，直到1970年世界杯才得以改变。

当年对于犯规的把控无法量化，没有后来的红黄牌体系，完全依靠主裁判的个人把控。如果赛场上出现了不同程度的犯规，裁判可以视情节的严重性，给予警告或者罚令出场，但是相比如今直观的红黄牌及背后的准量化细则，早年的制度还是相对粗糙。这种原始的判定方法，也是直到1970年世界杯才发生改变，后续的篇章会着重介绍相关情况。

另外关于"越位位置"的判定，相关的沿革过程也需要详细说明。现代足球刚刚在英国诞生的时候，出于凸显男子气概的考量，个人持球向前冲击被认为是勇猛的表现，向前传球则显得有些婉约，甚至会被视为异端。所以我们可以理解为，在某个特定时期内，足球比赛甚至不能向前传球，只能横传或者回传。

不过在1925年之前通行了几十年的越位位置判定，倒没有这么极端。按今天的理解，就是在己方球员传球的一瞬间，如果本队队员比"球和站在最后第三位的对方球员"更靠近对方底线,那么他就处在越位位置,而且那时平线的情况也算越位。

由于刻意造越位的功利主义盛行,进球越来越难,比赛变得愈发难看,迫使规则制定者在1925年修改了核心条例:将原来的"最后第三位"改成"最后第二位"。这对于攻势足球来说是颠覆性的变革,而这样的框架在将近100年后的今天依然被沿用。后续出现了半场判定、定位球判定和平线判定等情况的修订,只能算是细枝末节的补充。

上文提到的越位位置判定,对于早期的足球阵形有着显著影响,既然向前传球十分困难,那么将球员堆积在前场是更好的选择,于是就出现了"127阵形"等今天看起来十分怪异的阵形。战术层面也相对简单,提倡简单直接的英格兰队,对于身体接触和风驰电掣十分向往,苏格兰队则在短传渗透中践行自己的哲学,但初级阶段的战术总是比较单一,并无太多亮点。

后来随着越位位置的"球和最后第三人"判定逐步普及,主流阵形也逐步固定为"235阵形",也就是2名后卫、3名中场、5名前锋。直到首届世界杯举办的1930年,"235阵形"仍然是占据主导地位的阵形。但随着1925年越位规则的变化,改良的步伐也在加快。

1925年之后的几年间,英格兰联赛的进球数暴增,单赛季进球数比变革前增加500球左右,甚至出现了迪克西·迪恩单赛季打进60球的情况,所以如何提升防守水平,让自己的防线逐步适应新规则,成为重中之重。在这些人当中,哈德斯菲尔德队与阿森纳队的传世名帅赫伯特·查普曼最为耀眼。

他尝试将"235阵形"中居中的那个中场回撤,补充为后防线,形成了所谓的三中卫体系。另外在5名前锋中,中锋身侧的两名内锋适度回撤,形成一个立体化的"W"形站位。这就是著名的"WM阵形",算是保守主义的产物,在1930年前后已经被部分球队接受,但并没有撼动主流足球世界的基本盘。

时至1930年,足球运动在世界范围内已经相当普及,欧美主要地区的各类比赛初具规模。作为现代足球的鼻祖,英国人在那时依然是足坛的核心力量。

只是英国几大足协与国际足联之间的关系并不和谐,1930年之前,英国的几大足协刚刚宣布与FIFA脱钩,这不仅导致他们在国际上的交流受到一定的阻碍,也给未来参加世界杯蒙上了一层阴影。不过考虑到当时英格兰队仍有所谓的"祖师爷思维",这种"傲慢与偏见"是可以被理解的。

除了英国之外,当时欧洲足球的重要力量聚集在中欧,也就是所谓的多瑙河流域。奥地利队、匈牙利队、捷克斯洛伐克队都是当时赫赫有名的强队,他们之间已经在1927年办起了互相交流的"中欧杯"和"米特罗帕杯"。其中最著名的还要数胡戈·迈斯尔执教的奥地利队,他们的传奇故事名垂青史,被后世称为"神奇之队"

（Wunderteam）。

这支球队的特点就是结构精细、踢法优雅，球员用思维主导比赛，有别于英格兰队传统的横冲直撞。他们精于短传与跑位，结合了中欧球员与生俱来的灵巧和优秀的身体机能，成为那个时代的顶级球队。

迈斯尔的奥地利队恪守主流的"235阵形"，但一些球员的位置非常灵活，最著名的要数他们的中锋辛德拉尔。他与古典的"攻城锤"有着明显区别，技术造诣极深的他喜欢回撤游弋，可以用球指挥队友跑位，也可以自己完成终结，后世经常将他视为"伪9号"踢法的鼻祖。

西欧的几个主要足球国家，当时尚处在不温不火的阶段。意大利开启了统一的全国联赛并下了外援禁令，国家队拿到首届中欧杯的冠军，但距离后来的巅峰水准还有差距。

西班牙跟意大利一样，在1929年开启了全国统一的西甲①联赛，他们的国字号球队早在1920年安特卫普奥运会上就带回了银牌，在那时已经算是足坛的新兴力量。到了1930年前后，尽管他们仍然在蛰伏期，但早已不容忽视。

德国队依然处在第一次世界大战后的动荡期，大萧条让他们雪上加霜，更为不利的是，他们的足球联赛呈现分区状态，始终没法拧成一股绳，这种情况直到1963年才完全终结。而在那个时候，他们也只能算是一支"不能被低估的"球队，在欧洲舞台上算不得主角。至于荷兰队、法国队等我们今天熟悉的豪门，那时只能算是配角，距离他们登堂入室还有很久。

美洲足球的中心自然在南美，而当时的焦点主要在拉普拉塔河两岸，乌拉圭队与阿根廷队这对宿敌的较量是那个年代南美争锋的主旋律。巴西队由于受到英国先驱的影响更深，摆脱固有架构还需要一段时间，加上各州之间的内耗，距离成为"足球王国"尚有很长的路要走。

那时的乌拉圭队可以说是足坛最强球队之一，他们连续拿下1924年和1928年两届奥运会冠军，即便存在其他一些国家职业球员不能参赛的情况，但他们所展现出的水准，早已征服了所到之地的球迷。阿根廷队在1924年奥运会并未参赛，在乌拉圭队登峰造极之后，他们认为自己也有能力与之比肩。

于是在1928年，两队一同远赴荷兰，参加阿姆斯特丹奥运会，在决赛中，乌拉圭队2∶1击败阿根廷队，捍卫了自己的霸主地位。这是前世界杯年代一场比较有代表性的巅峰对决，也是美洲足球征服世界的开端。

这一时期的美国队同样不能被忽视，咆哮的20世纪20年代不仅有柯立芝繁荣造就的璀璨光华，同样也是竞技体育与极限运动迸发的岁月。尽管当时美国人更追捧棒球之神贝比·鲁斯，以及驾驶飞机横跨大西洋的查尔斯·林德伯格，但足球的影响力也不容忽视。

---

① 西班牙足球甲级联赛，本书为方便阅读，简称西甲。其他情况以此类推，例如英格兰足球超级联赛简称英超。

在那个经济繁荣时期，美国东北部的制造业涌入了大量劳工，其中很多欧洲移民是足球的拥趸，在资本的加持下，他们办起了属于自己的足球联赛，叫作美国足球联盟（ASL）。该联赛集中了一批欧洲的实力派球员，其中部分人选择了归化，后来代表美国队参加了世界杯。

虽说ASL的影响力，比起后来的北美足球联盟（NASL）和今天的美国职业足球大联盟（MLS）都要低，但这次尝试作为开端也是值得肯定的。美国人如果抓住经济繁荣造就的足球契机，可能在很早就能达到2022年的水准。

至于亚洲和非洲，在那个时期，足球还处于一片混沌状态，人们尚且需要为了生存和独立挣扎，足球和他们的生活暂时还没有太多交集。待他们登上核心舞台，那已经是30年以后的事了。

在那个信息传播相对不发达的年代，想论证当时全球范围内有哪些知名球星，是一件相当困难的事情。多数球队与球员集中在自己的圈子里比赛，被本地的媒体报道，故事在自家球迷的小群体中口口相传，难以跳脱出来去判断其真实水平和影响力。

真正称得上标志性人物的，还得从顶级球队中寻找，英格兰联赛受益于越位规则大改，正处在进球数据爆棚的红利期，自然也捧出了迪克西·迪恩这样的超级射手。他创造的单赛季联赛打进60球的纪录，一个世纪之后依旧无人可以比肩。以现在的眼光来看，迪恩算是那时英甲联赛的牌面人物了。

"神奇之队"中被广泛称颂的辛德拉尔上文已经提及，由于他的身形特质与技术特点，被球迷称为"纸片人"，颇有点灵动传神的感觉。如果在1930年前后有金球奖评选，他应该是最大热门人选之一。

南美方面一向不缺个人英雄，霸主乌拉圭队的斯卡罗内、纳萨奇与安德拉德等人，都是那个时期的一线球星。特别值得一提的是安德拉德，在有色人种相对挣扎的年代，他依靠自己的实力获得认可，并成为世界杯历史上第一个打出成绩的黑人球星。

在阿根廷队中，后世流传最广的是他们的5号位巨星路易斯·蒙蒂，在"235体系"或者改良版本阵容中，他是攻防一肩挑的"大脑角色"，在转换的过程中尤其重要。他可以算是早期版本的莫德里奇，既要用技术能力串联全队，又要在防守层面起到屏障作用。

此时的巴西队虽然还未崛起，但已经出现了一位令万人膜拜的巨星，那就是初代"桑巴球王"弗里登赖希。至于被后世神化的两位亚洲系巨星——中国球王李惠堂和拥有菲律宾血统的巴萨队[①]神射手阿尔坎塔拉，由于缺乏国际顶级比赛交流，我们无从得知其真实水平。一些传言中的评选，也多为子虚乌有，在此不做过多评论。

[①] 全称巴塞罗那足球俱乐部，本书简称巴萨队，其他足球俱乐部以此类推，例如皇家马德里足球俱乐部简称皇马队、曼彻斯特联队简称曼联队。

■ 最初的"创世神明"

根据国际足联最初的设想,第一届世界杯应该有16支球队参加正赛,将它们平均分成4个小组进行单循环赛,每个小组的头名晋级半决赛,进而决出冠军。这样朴素的想法今天听上去很容易,但在当时操作起来却颇为困难。

一般来说,热门的赛事参与者甚众,需要举办预选赛来确定最终名额,但首届世界杯还在萌芽中,并没有多大的影响力。国际足联只好采取邀请制,号召旗下协会派代表前来参赛。然而直到1930年春天,离开幕只有几个月的时候,国际足联根本凑不齐16支球队,而且欧洲球队集体缄默。

此前有申办意向的几个欧洲国家,撤回申请之后就决定不会参赛,毕竟那个时候民用航空远未普及,从欧洲到乌拉圭坐船需要半个多月才能抵达。即便主办方愿意承担所有差旅费,欧洲各支球队仍未表现出积极的姿态。

被逼无奈之下,国际足联只能发动人脉资源,雷米特先生作为法国人,力劝法国队前往参赛,这算是解了乌拉圭方面的燃眉之急。此外,当时的国际足联副主席是比利时人,他也游说自己国家的球队参赛,再加上得到本国支持的罗马尼亚队与南斯拉夫队,首届世界杯总算凑来了4支欧洲球队。

除此之外还有一些同意来参赛的球队,比如来自非洲极少数主权国家之一的埃及队,但是因为交通等原因无法按时抵达,最终无缘大赛。所以待到开赛之前,首届世界杯只凑到了13支球队,除了上文提到的4支欧洲球队,其他都来自美洲。

从队伍构成上来看,代表着美洲水平的乌拉圭队、阿根廷队、巴西队、美国队等悉数在列,而欧洲来访的球队层次稍低,在竞技上无法代表当时的最高水平。

最后在妥协之下,13支球队被分成4个小组,A组4支球队,其他小组每组3支球队,每组的头名晋级半决赛。阿根廷队、巴西队、乌拉圭队、美国队被列为种子队,分别被分配到4个小组。此外4支欧洲球队也被当作"贵客",分别被分配到了各个小组,得到了应有的尊重。

当时是取胜积2分,平局积1分,输球不得分,而且没有"净胜球"等概念。按照后来几十年的晋级规则,小组内同分的球队一般要进行附加赛,不过首届比赛在规则上并不完善,很多情况并未给出处理方法,要等到问题出现再设法解决。

■ 首冠就这样诞生

一切准备就绪之后,首届世界杯正赛拉开帷幕,不过由于小组赛分组时按球队实力平均分配,各组实力的差距让场面显得波澜不惊。东道主乌拉圭队并没有分在A组,但4支球队还是让这组比赛稍显热闹。

在A组法国队对阵墨西哥队的揭幕战

中,"高卢雄鸡"的前锋吕西安·洛朗为球队拔得头筹,这也是世界杯历史上的首粒进球。法国队也取得了开门红,以4∶1取得胜利。

其他几场比赛也都是标准的实力局,阿根廷队明显技高一筹,3战全胜,头名出线。其中阿根廷队以6∶3击溃墨西哥队的比赛值得一提,上演首秀的年轻前锋斯塔比莱发挥出色,一人攻入3球。而他本人也在后续的比赛中再接再厉,最终打进8球,获得首届世界杯的金靴奖。

B组的情况稍稍出乎意料,作为种子队的巴西队1∶2输给了远道而来的南斯拉夫队,痛失出线资格。不过上文已经提到,"桑巴军团"(巴西队昵称)由于里约州和圣保罗州的内耗,影响到了球队的选人与用人,在硬实力本就没有绝对优势的情况下,提前打道回府也可以理解。

后两个小组毫无悬念,种子队乌拉圭队与美国队携手出线,最终的4强中美洲球队占据3席,这也基本符合球队实力的真实情况。半决赛是乌拉圭队对阵南斯拉夫队,阿根廷队对垒美国队。

虽说乌、阿两队携手晋级决赛在意料之中,但是比赛的碾压态势还是令人诧异,球星们尽情地发挥,贡献出两场6∶1的表演,让人看到了世界最强者的实力。于是,1928年奥运会男足决赛要在第一届世界杯上重演了,当年惜败的阿根廷队希望完成复仇,而乌拉圭队誓要捍卫霸主的地位。

拉普拉塔河两岸的宿敌,每逢大赛交锋都会引发热议,这场决赛前,众多阿根廷队的球迷乘船前往球场为球队呐喊助威。根据相关数据统计,本场比赛在限流的情况下,依然涌入了9万名观众,相关的安保配备规格也很高。

另外当届比赛对于比赛用球未做限制,两队都想用自己熟悉的球比赛,但球的规格并不相同。最后经过裁判的"硬币裁决",选择采用阿根廷制造的足球,有资料提到下半场更换了乌拉圭队的用球,但目前并无有力的佐证。

这场决赛中乌拉圭队的球员进入状态更快,刚过10分钟就先声夺人,在家门口取得领先。不过阿根廷队的球员似乎更适应他们自己的足球,很快便发起反击,又过了不到10分钟就将比分扳平。而阿根廷队持续闪光的灵活前锋斯塔比莱,又在乌拉圭队传奇队长纳萨奇面前攻入一球,帮助"潘帕斯雄鹰"(阿根廷队昵称)反超了比分。

然而下半场风云突变,乌拉圭队的球员找回了状态,他们用20分钟就打进2球,顺利反超比分。阿根廷队的核心蒙蒂则有些发挥失常,他在场上飘忽不定,几乎没有做出任何贡献。比赛结束前,著名的"独臂将军"卡斯特罗为乌拉圭队打进锁定胜局的一球,这位身残志坚的硬汉前锋,也在世界杯历史上留下了浓墨重彩的一笔。

这是继1924年和1928年奥运会之后,乌拉圭人连续第3次拿到大型国际比赛的冠军。尽管受制于多重原因,最强劲的对手并未

悉数到场，但目睹过他们表现的人，都会给予他们很高的评价。我们甚至可以说，一个世纪之前，他们就是地球上最强的国家队。

尽管连续两次折戟决赛的阿根廷队仍不服输，但这终究证明眼下其还不是最好的。但阿根廷队冲击王座的夙愿，会随着时间的推移，在48年后成为现实。

从宏观层面来说，首届世界杯算是相当成功，尽管筹备阶段遭遇了重重困难，各方的冷淡态度也让比赛本身的水准受到影响。但随着赛事的成功举行，标杆与灯塔效应还是很明显的，那些曾经持怀疑态度的人，会从中看到闪光点，这也为日后世界杯登陆欧洲打下了良好的基础。

乌拉圭的承办工作也相当出色，尽管因为天气原因耽误了体育场的工期，但大方向上没有出现偏差。而且在维持秩序和后勤保障方面，可以说乌拉圭已经拿出了自身的最高水平。在天性奔放、对规则并不敬畏的南美大陆，能做到这样实属不易。

从球队层面来说，乌拉圭队和阿根廷队两支顶尖强队的发挥符合预期，美国队和南斯拉夫队这样的生力军也可圈可点。要说比较失落的，就是内讧的巴西队，不过属于他们的时代还未到来，一切才刚刚开始。

从球员层面来说，本届杯赛"星光"稍显黯淡，即便是参与者甚众的美洲，也有一些球星没能参赛。不过亮点还是有的，例如世界杯首球斩获者吕西安·洛朗，长寿的他坚持到了1998年，目睹了"高卢雄鸡"本土世界杯夺冠，也算留下了一段时空呼应的佳话。

其他出彩的球星，多数来自乌、阿两队，其中值得特别强调的是，斯塔比莱以8球斩获金靴奖，至今仍是阿根廷队单届世界杯射手王。强如后世的肯佩斯、马拉多纳、巴蒂斯图塔，都难以打破这一纪录，而生涯暮年的梅西已经转型，创造历史的可能性也是微乎其微。

万事开头难，在众多的不确定因素下，第一届世界杯就在乌拉圭结束了自己的征程，而属于世界杯的故事，才刚刚开始。然而一切事物的发展都不会一帆风顺。就比如世界杯，当世人期待它愈发精彩的时候，一段黑暗时刻即将到来。

第二章

1934，阴影下的胜利

最后经过 120 分钟激战，双方 1∶1 收场，后面进行的重赛，意大利队因为个别球员受伤需要替换；西班牙队的情况令人瞠目结舌，第二场只有 4 名参与前战的球员首发，传奇门将里卡多·萨莫拉也因为受伤遗憾缺席。

——引语

■ 格局悄然改变

1930年首届世界杯在乌拉圭成功举办，为这项赛事打下了坚实的基础，后面的路就顺畅了许多。到了1934年，4年前广泛缺席的欧洲球队兴趣重燃，这项新兴赛事最终"落户"意大利，足球的沃土迎来了属于他们的世界杯。

从第一届世界杯结束到第二届世界杯举办的这4年间，足球圈的变化相对较小，尚处在一个试探与改良的阶段。竞赛规则没有触及核心的调整，1925年越位判定的余波还在震荡，进攻球员肆意挥洒天赋之后，进入20世纪30年代，防守体系逐步跟上了时代节奏，前些年的进球"盛宴"得到了抑制。

其中阵形演进的效应值得一提，赫伯特·查普曼的"WM阵形体系"日臻成熟，他率领阿森纳队取得了瞩目的成绩。越来越多的人选择保守主义，成为结果导向者，足球也从几十年前纯粹的消遣运动，开始被功利气息包裹，夹杂着一丝异样的味道。

当然各地的智者对于理念的变革也有自己的思考，多瑙河流域依然在坚守那套精细的"235体系"；纠结的意大利名帅波佐，却在摸索介于两个端点之间的平衡，中前卫也许不是非攻即防，如果他全能一些，活动范围大一些，事情可能会发生有趣的变化。

这几年足坛的豪强格局没有多大变化，欧洲的核心还是英国与中南欧地区，不过随着一些交流比赛的增多，各队彼此之间的了解加深了。当然岁月的力量不能完全忽视，几年前不可一世的"神奇之队"奥地利队，锋线上几名核心球员都在而立之年的门槛上，虽然仍有一战之力，但其巅峰的时代已经过去。

美洲主要还是乌拉圭队与阿根廷队争锋，巴西队还处在"低调发育"的阶段，不过1932年洛杉矶奥运会未设足球比赛，宿敌之间的故事并未进一步发酵。值得注意的是，随着欧洲少数国家足球政策的改变，阿根廷的足球人才开始流失，下文会着重介绍这方面的情况。

随着大萧条的来临，曾经红极一时的美国队遭遇了"灭顶之灾"。进入20世纪30年代之后，美国队依然靠着"金元模式"

吸引来的班底支撑，但经济上已经失去了造血的根基，属于美国队的足球时代很快就会被历史遗忘。

这4年的球星迭代比较平稳，弗里登赖希等老将已接近归隐，路易斯·蒙蒂、辛德拉尔与里卡多·萨莫拉这样的中生代球员，还在队中扮演着中流砥柱的角色。而一些新加入的球员，则是足球运动生生不息的原动力。

在当时，英格兰队的斯坦利·马修斯、奥地利队的约瑟夫·比坎、意大利队的朱塞佩·梅阿查、匈牙利队的吉奥尔吉·沙罗希，以及德国队的弗里茨·塞潘等名将，都已经崭露头角。在那些国际环境昏暗的日子里，足球明星的亮光也许能驱散一些阴霾。

预选赛的诞生

墨索里尼在20世纪20年代成为意大利的领袖，他的改造深入到社会的各个层面，足球自然也不例外。在他的理念指引下，原本稍显松散的足球体系被强力整合，1929年成立了统一的意甲联赛，并延续至今。

不过墨索里尼的思路相对偏激，他的种族优势论被严格贯彻，所以起初的意甲联赛禁止外援参赛，只允许意大利人上场。这种看似一刀切的严格规定，在潜移默化中催生了足球界早期的归化球员（Oriundi）。

一些思维灵活的足球相关从业者，在严格的禁令下开始寻求改变，他们很快领会到所谓的"外援"是个模糊概念，什么样的人算意大利人，什么样的人是外国人，并没有明确的界定。于是一些人就把目光投到了遥远的阿根廷，那里生活着很多早期的意大利移民，而且足球环境相当好，不少意大利后裔水平甚高，成为当地的球星。

给这些生活在阿根廷的意大利后裔发一本意大利护照，他们在名义上就成了意大利球员，符合上场要求。从20世纪20年代末开始，一些意甲球队就纷纷这样操作，并很快形成了一定的规模。

在早期的归化球员中，诸如切萨里尼、路易斯·蒙蒂、奥尔西和瓜伊塔等人，都算得上出类拔萃的球星，他们不仅可以帮助俱乐部取得胜利，也能迅速代表意大利队出战。当年国际足联对于归化完全没有限制措施，球员更换所属国家队虽然没有像更换俱乐部那样随意，但也比后来方便很多。

所以到了20世纪30年代前中期，意大利国家队的球员水平已经相当高，再加上善于摸索的名帅波佐压阵，意大利队已经跻身一流强队的行列。在此背景下，急需宣传手段的墨索里尼盯上了大型体育赛事，竞技体育的天然属性，就是可供利用的金字招牌。在1932年，预算充足、野心勃勃的意大利，顺利拿下了1934年第二届世界杯的主办权。

这届世界杯的赛制与首届相比变化巨大，

由于报名球队众多，选出16支球队进入决赛圈就需要进行预选赛，这也是世界杯历史上第一届预选赛。更有意思的是，意大利也得参加，这是唯一一次东道主球队需要参加预选赛的世界杯。

正赛阶段取消了小组赛，恪守所谓传统杯赛的框架，16支球队两两厮杀，单场淘汰决出8强。然后延续淘汰赛的模式，直至决出冠军。值得一提的是，本届世界杯首次设立了三、四名决赛，并且延续至今（其间有过中断）。

由于那时还没有点球大战的模式，单场定胜负的比赛中，如果常规时间出现平局，就要进行30分钟的加时赛。如果仍然难分胜负，就需要择日进行重赛。

1934年世界杯共有36支球队报名参赛，其中最大的遗憾是乌拉圭队选择抵制。作为上届赛事的冠军，乌拉圭队依然记恨4年前欧洲球队的冷漠，此番也不愿意漂洋过海来支持。这次抵制也造就了一个奇观，出现了唯一一届没有上届冠军参赛的世界杯。而傲慢的英国人依然看不上世界杯，自然不会派任何球队来参赛。

遗憾之外，比较大的亮点是埃及队和英属巴勒斯坦托管地队的参赛，从地理角度来说，这是非洲和亚洲球队首次参与世界杯的角逐。预选赛的安排比较简单，基本是按就近原则举办比赛，把挨在一起或者离得不远的国家分在一组，然后决出相应的名额。

■ 残酷的淘汰赛

最后，参与角逐的欧洲、美洲主流球队悉数晋级，意大利队、奥地利队、阿根廷队、巴西队等8支球队被列为种子球队。埃及队的入围更有意义，它成为非洲历史上第一支参加世界杯正赛的球队，这显得难能可贵。

首轮比赛8支种子球队对垒8支非种子球队，整体的战况相对平稳，稍显意外的就是巴西队与阿根廷队一起出局。那时两国的内耗相当严重，阿根廷队的情况似乎更复杂一些，此次派出的球员居然没有一人参加过首届世界杯。

当比赛进入8强赛之后，才算迎来真正引人注目的对决，其中尤以意大利队和西班牙队的比赛最受关注。这两国的职业化全国联赛都在5年前启动，到了这个阶段都有了不错的积累，但是这次对决却被蒙上了阴影。

自从意大利获得主办权以后，关于墨索里尼对比赛施加影响的传闻，时至今日都没有消散。这场意、西之战，就是争议比较大的对决，两边踢得相当粗鲁，意大利队的动作尤其大，但主裁判似乎显得比较软弱，在墨索里尼的主场不敢有所作为。

最后经过120分钟激战，双方1∶1收场，后面进行的重赛，意大利队因为个别球员受伤需要替换；西班牙队的情况令人瞠目结舌，第二场只有4名参与前战的球员首发，传奇门将里卡多·萨莫拉也因为受伤遗憾缺席。

重赛中意大利队凭借梅阿查的破门1∶0取得胜利，但随之而来的争议依旧不绝于耳，甚至有传言西班牙队很多球员下场都一瘸一拐。虽然因年代久远我们已经无从考证，但从粗略的比赛进程判断，意大利队多少占了一些便宜。

还有一场8强战同样令人期待，那就是奥地利队与匈牙利队的中欧巅峰对决，尽管胡戈·迈斯尔手下的几名球员过了巅峰期，但面对沙罗希等人领衔的匈牙利队，奥地利队依然被普遍看好。

果然这场球展现了奥地利"神奇之队"的威力，特别是辛德拉尔、霍尔瓦特和约瑟夫·比坎的"三叉戟"，他们活力十足且技术出众，帮助球队取得2∶0领先。后来匈牙利队扳回一球，但已经无力阻挡奥地利队晋级的步伐。

激战过后，意大利队、奥地利队、德国队和捷克斯洛伐克队会师半决赛，意大利队将与奥地利队展开巅峰对决，另一组的关注度相对低一些。毕竟当时意、奥两队几乎代表了欧洲足球的最高水准。

不过，奥地利队的霍尔瓦特因伤缺阵，其攻击线受到严重影响，加上波佐的针对性布置，用蒙蒂去限制辛德拉尔，意大利队从开场就显得如鱼得水。比赛到了这个阶段，如果双方实力没有质的差距，那么精神状态就显得非常重要。

全场状态低落的奥地利队，在这代球员最重要的一场比赛中，没有展现出往日的风采。归化球员瓜伊塔的进球，帮助意大利队拿到了决赛的门票，而"神奇之队"的命运，似乎在这场比赛之后已经注定，奥地利队终将走下神坛，被历史的尘埃覆盖。

在另外一场比赛中，劲旅捷克斯洛伐克队3∶1击败德国队，与意大利队成功会师。从纸面实力上来看，这次决赛是一场针尖与麦芒的对决，不过考虑到意大利队的主场优势，天平似乎还是有倾斜的。

从特点上来说，捷克斯洛伐克队的技术更好，传切更流畅，意大利队更加稳健，抗打击能力强，同时拥有单兵能力出色的球星。不过根据当时的记载来看，这场球赛还是稍显沉闷，双方前70分钟并没有什么建树，最后的一段时间双方各入一球，将比赛带入加时赛。

决定最终结果的，还要数意大利队主帅波佐，在那个不让换人的年代，他利用场上球员的换位占据了主动，安杰洛·斯基亚维奥最终打进了锁定胜局的一球，意大利队顺利在本土夺冠。

在首次出现的世界杯三、四名决赛中，德国队3∶2击败奥地利队收获季军。

不考虑一些若隐若现的场外因素，本届意大利世界杯取得了成功，除了个别强队缺席或者未派最强阵容之外，基本上代表了此时足坛的最高水准。主办方尽可能为参赛球队提供最好的保障，也在一定程度上激发了各队的状态。

从球队的角度考量，几支主流强队都发挥出了应有的水平，当然阿根廷队与巴西队被竞技之外的因素影响，不能算作发挥失常。意大利队、奥地利队、捷克斯洛伐克队、匈牙利队、德国队与西班牙队这几支球队，向世界充分展现出了足球的进化，这也是世界杯应该传递的价值。

在相对边缘的球队当中，埃及队的发挥相当亮眼，尽管首轮2∶4输给了匈牙利队被淘汰，但其打进了非洲球队在世界杯的第一球，这样的贡献不容忽视。在经历了众多风波之后，这片大陆的世界杯首胜要等到1978年。

对于各路球星来说，这届杯赛展现出了自己的特质，意大利队的几大归化球员和超新星梅阿查，奥地利队的几员锋线大将，捷克斯洛伐克队的赛事金靴奖得主内德耶利，以及匈牙利队的沙罗希等人，共同谱写了早期世界杯的英雄史诗。

属于意大利世界杯的故事暂时告一段落，但是属于意大利队的故事还在继续着。

第 三 章

1938，动荡中挣扎

两队的比赛就像点燃了火药桶，本来是技术流的对决，最后却成了武斗，谁如果没受点伤就仿佛没上场一样。最后两边3人被驱逐，有人腿断了，有人胳膊折了，有人眩晕了，只受了皮外伤都不忍心占用医疗资源。在这样恶劣的环境下，两队1∶1"握手言和"，还要通过重赛决出晋级名额。

——引语

■ 变化，不断变化

1934年的意大利世界杯，虽然饱受外界诟病，但依然为这项赛事在欧洲扎根起到积极的推动作用。因此世界杯在南美洲和欧洲都积累了一定的声望，所以下一届赛事的主办权竞争势必更加激烈。

1938年世界杯的主办权之争，主要集中在法国、德国与阿根廷之间。德国由于两年前已举办加尔米施-帕滕基兴冬奥会与柏林夏奥会，即便办赛能力出色，由于众所周知的原因，也很难再获得垂青。法国作为这项赛事的倡导者，自然希望世界杯能回归精神原乡。而阿根廷则认为欧美两个大洲应该轮替举办，这次该轮到自己了。

1936年8月，国际足联经过投票决定，将1938年世界杯的主办权授予法国。尽管阿根廷方面提出抗议，但结果已经无法更改，主办权的争议似乎为这届世界杯的动荡不安埋下伏笔。

一般来说，两届世界杯期间足球圈的变化，会深深影响下一届赛事的基调。然而1934年之后的这段时间，世界格局发生的重大变化，似乎成了影响足球的根本因素。

整个欧洲足球的核心区域都被阴影笼罩。多瑙河流域的几个足球强国，彼时的情况也各不相同。"神奇之队"奥地利队已近终点，核心球员过了巅峰期。捷克斯洛伐克队处在平稳期，虽然4年前亚军的班底也在更新，但不考虑外部环境的变动，其在竞技领域还是能守住基本盘的。

比较值得关注的是匈牙利队，4年前其就在世界杯上有着不错的发挥，到了1938年，沙罗希领衔的这支队伍有了长足的进步。尽管外界的关注度没那么高，但其实力有目共睹。

作为欧洲两大轴心国，德国队和意大利队的足球也发生了深刻的变化。意大利队归化球员的离开加速了真正的本土化进程，梅阿查成为绝对领袖，皮奥拉这样的超级射手也开始登上舞台。波佐接连率队拿下世界杯和奥运会的冠军，1938年世界杯是意大利队再度证明自己的舞台。

德国队在上届世界杯中打进4强，成绩也算可圈可点，但由于本土奥运会的失利，老班底和旧思路都被抛弃了。球队的新主帅是球迷很熟悉的赫尔贝格，就是创造"伯尔尼奇迹"的那位。他摒弃了此前的英式踢法，更加强调技术的运用和整体的传切，为此招入了不少当时国内联赛霸主沙尔克04队的球员，形成了以弗里茨·塞潘为首的体系架构。

这支新球队在1937年打出了一场载入史册的比赛——以8：0击溃了丹麦队，球队打出的进攻表现令人难忘。这支球队也被后世称为"布雷斯劳11人"（Breslau Eleven），载入德国足球的史册。

英格兰队始终恪守着"鼻祖的尊严"，依然游离于国际足联之外，但是事情也在发生微妙的变化。最根本的一点在于，英格兰队开始注意到足球世界的变化，比如1934年世界杯之后，其就决定与新科冠军意大利队过过招，在那场著名的海布里之战中，英格兰队3：2战胜对手，虽然过程充满争议，但结果还是让他们满意的。

这场比赛可以算是缩影，基本折射出当时英格兰队的水平，其依然算是一流足球强国，但并非那种不可撼动的王者之师。然而遗憾的是，此时英格兰队依然没有放下身段去博采众长，真正惊醒的那天还要很久才到来。

美洲在4年间变化相对较小，其更多地还是注重自我，与外界并没有太多的交流，所以在整体格局维持不变的情况下，一些细节很难具象描述。但可以肯定的是，乌拉圭队和阿根廷队水准依旧，而巴西队日臻成熟，已经具备了在国际赛场上取得佳绩的硬实力。

混乱，还是混乱

1938年世界杯的赛制与前一届大致相同，依然是16支球队入围正赛，从首回合开始就是淘汰赛。如果双方90分钟内战平，则需要进行30分钟加时赛，如果依然打平，那就需要择日重赛。

本届杯赛共有37支球队宣布参赛，除了东道主法国队和上一届冠军意大利队直接入围决赛圈，其他队都需要参加预选赛。然而就像当时的时局一样，这次预选赛也是动荡不堪，说是历史上最混乱的预选赛之一也不为过。

赛事早期，西班牙由于内战爆发，直接宣布退赛。欧洲区的其他比赛还算顺利，德国队、奥地利队、匈牙利队、捷克斯洛伐克队、瑞士队等悉数入围。然后因为一些历史事件的发生，奥地利队退出了杯赛，部分球员并入了当时的德国队。

美洲区的混乱情况超乎想象，南美洲的乌拉圭队仍然因为1930年的事生闷气，早早就宣布不参赛。阿根廷队因为没拿到主办权，宣布退出预选赛。但是根据相关记载，1938年初阿根廷队又被批准继续参赛，但其随后又弃赛，着实令人摸不着头脑。最后巴西队不战而胜，连续第三次参加世界杯。

中北美洲及加勒比海地区的参赛球队不少，但是除了古巴队，其他球队居然全部退赛，有的是因为经济因素，有的是因为赛事组织混乱，最终古巴队一场比赛没踢就拿到了晋级名额。令人啼笑皆非的是，这也是古巴队迄今为止唯一一次入围世界杯正赛。

比较值得关注的是亚洲地区，此次荷属东印度（今印度尼西亚）队与日本队双双参赛，两者分在一组争夺出线名额。结果日本队临时宣布退赛，本来国际足联决定亚洲的胜者应该与美洲对手打附加赛。由于美洲球队近乎全退，不得已只能让荷属东印度队直接晋级，幸运地成为首支参加世界杯正赛的亚洲球队。

最后值得一提的是，非洲的埃及队本届也报名参赛了，但这次却在预选赛与欧洲球队分在一起，遗憾无缘连续第二次参赛。埃及队下一次入围世界杯正赛，要等到1990年了。

■ 冠军，还是冠军

相比上一届，本届世界杯的首轮淘汰赛看点不少，比如德国队与瑞士队的比赛，瑞士队由名帅拉潘带队，他构建的"1333门闩体系"，被认为是链式防守的雏形，任何强队与瑞士队过招都不会好受。

比赛的进程也符合一些人的预期，首场比赛两边踢得比较焦灼，最终1:1战平。两队在5天之后重赛，德国队上半场2:0领先，结果却在下半场莫名其妙地连丢4球，首轮即遭淘汰。在那样一个军心不稳的环境中，足球沦为了陪葬品。

不过首轮最经典的比赛，还要数巴西队与波兰队的旷世之战，两队在斯特拉斯堡泥泞潮湿的场地上，奉献了精彩绝伦的一场比赛。巴西队由当家前锋、人称"黑珍珠"的莱昂尼达斯领衔，波兰队则由技术出众的神射手威利莫夫斯基带头。

比赛的前50分钟，巴西队占据了主动，展现出了团队技术的优势，连续打进3球；波兰队仅仅依靠点球破门，1:3的颓势看似难以逆转。但是威利莫夫斯基毫无征兆地状态爆发，在余下的40分钟里连入3球，最终双方4:4战平，进入加时赛。

延长期依然是双方头牌的对决，不过这次莱昂尼达斯占据了上风，他在10分钟内打进2球锁定胜局，威利莫夫斯基在最后阶段的进球已经无力回天。最终巴西队6:5险胜，威利莫夫斯基上演了世界杯历史上第一个单场大四喜，莱昂尼达斯也贡献了帽子戏法，为他夺得本届金靴奖奠定了良好的基础。

比赛进入8强赛之后，看点反而没有前面多了，甚至还出现了瑞典队8:0大胜古巴队这样的碾压局面，唯一的焦点战就是巴西队与捷克斯洛伐克队的对决。然而这组对决的进程，实在有些一言难尽。

两队的比赛就像点燃了火药桶，本来是技术流的对决，最后却成了武斗，谁如果没受点伤就仿佛没上场一样。最后两边3人被驱逐，有人腿断了，有人胳膊折了，有人眩晕了，只受了皮外伤都不忍心占用医疗资源。在这样恶劣的环境下，两队1:1"握手言和"，还要通过重赛决出晋级名额。

几天后的比赛，捷克队换了6名首发，内德耶利等名将均因伤缺席。巴西队动作更大，一口气换掉了9个人，但莱昂尼达斯依然被保留，也正是他决定了比赛走势。第二场双方之间气氛缓和了许多，比赛也慢慢步入了正轨，最后还是巴西队的技术更胜一筹。

巴西队在上半场落后一球的情况下，在下半场接管了比赛，"黑珍珠"又贡献了进球，最终率领球队2∶1取胜，晋级半决赛。这也创造了巴西队队史最好成绩，"桑巴之路"就此开启。

意大利队、巴西队、匈牙利队和瑞典队进入4强。相比于另一组实力差距较大的对决，意大利队与巴西队的巅峰之战，关注度应当与4年前其与奥地利队的一战处于同等程度。意大利队还是核心班底尽出，巴西队此前受伤或者被驱逐的球员有一部分能够复出，但令人意外的是，莱昂尼达斯没有出战，在没有替补的年代，这就意味着他全场只能作壁上观。

在这场身体与技术的较量中，意大利队占据了上风，其大中锋皮奥拉发挥出色，在与巴西队后卫多明格斯·达·基亚的较量中完全压制对手，并且创造了锁定胜局的点球。巴西队在缺少莱昂尼达斯的情况下，锋线主要依靠罗梅乌支撑，尽管他在比赛末段攻入1球，但已经无力挽回败局。

在另一块场地上，匈牙利队5∶1大胜瑞典队。匈牙利队与意大利队会师决赛，创造了本队的最好成绩。

论技术水准，当时的匈牙利队也许更胜一筹，从后来的普斯卡什、齐博尔、阿尔伯特与费伦茨·拜奈这些球员就能推断出沙罗希这批人应有的水平。但对于这样关键的决赛，精神力与意志品质往往在技战术层面之上，而意大利队恰是深知此道的高手。

从比赛的进程来看，意大利队占据了优势。在拥有皮奥拉的情况下，梅阿查更多选择回撤做球，帮助队友完成破门，加上其两翼不俗的突破能力，各种穿插与跑位让对手难以招架，半个小时左右，意大利队就取得了3∶1的领先，结果基本已经尘埃落定。

这种逆风球需要更多的身体对抗去争取主动，但沙罗希等人不擅长这种踢法，下半场自然也无力挽回败局，最终输球，屈居亚军。在本场比赛中，皮奥拉梅开二度，尽管他后来的职业生涯被第二次世界大战"拦腰斩断"，但却幸运地抓住了唯一一次参与世界杯的机会，成为意大利队图腾式的前锋。

波佐治下的意大利队，连拿两届世界杯与一届奥运会冠军，其硬实力是有目共睹的，称之为20世纪30年代足坛最强队伍应该也不为过。

后世关于1938年的决赛有一个传言，有消息表示决赛前墨索里尼给意大利队发去了电报，并给出指示"胜利或者死亡"，这则消息流传至今，但没有确切的来源。

在三、四名决赛中，巴西队4∶2战胜

瑞典队收获季军，莱昂尼达斯梅开二度，整届赛事一共打入7球获得金靴奖。值得一提的是，他可以说是巴西队队史上第一位世界杯巨星，也成了众多桑巴后辈的楷模。

不考虑外部环境的波动，仅从办赛的角度来说，1938年法国世界杯显然是成功的。借着1932年法国足球联赛的开启，这次世界杯也带动了其足球的发展，尽管距离"高卢雄鸡"真正崛起还有20年，但能在家门口欣赏到顶尖的比赛，客观上也有助于为提高民众对足球的热情奠定基础。

各档次的球队也基本发挥了自身的水平，像意大利队、巴西队及几支中欧球队，都拿到了与实力相符的成绩。一些中低层次的球队，在这届世界杯中的惊喜表现相对较少，荷属东印度队惨败匈牙利队且没能取得进球。人们可能想不到，亚洲球队的世界杯首球，居然还要等到28年后的1966年。

从球星层面考量，意大利队的皮奥拉、梅阿查与科劳西，巴西队的莱昂尼达斯，匈牙利队的沙罗希，波兰队的威利莫夫斯基等，都打出了上佳的表现。他们中的很多人，就因为这届杯赛的表现，直到80多年后的今天，依然常常被球迷们提起。

不知不觉间，三届世界杯已经结束，当意大利队连续夺得两届世界杯冠军之后，世人也都在期待着意大利队是否可以实现三连冠，或者期待着新的王者之师的出现。然而世界杯却因为战争陷入了停滞，下一届世界杯与我们再相逢，就到了1950年。

第四章

1950，马拉卡纳之殇

> 这是世界杯历史上唯一一次冠军不是通过单场定胜负决出的，尽管最初受到一些非议，但东道主巴西还是坚持了下来。从局外人的眼光看，巴西队绝对实力足够强，这种赛制能够降低偶然性，对其夺冠是有利的，然而结果却是残酷的。
>
> ——引语

■ 战争之后，百废待兴

1938年世界杯之后，1942年和1946年世界杯都因为第二次世界大战停办，直到1950年，足球世界终于迎回了这件盛事，这一次的主办国是巴西。由于战后的欧洲极度萧条，加之按照呼声很高的轮替原则，只要有南美国家提出申请，赛事"落户"就显得顺理成章。在这样的大背景下，日后的"足球王国"第一次成为举世瞩目的焦点。

虽说战争严重阻碍了足球的发展，各地的交流几乎成为奢望，但这项运动在10多年间的变化还是有目共睹的。竞赛规则方面没有质的改变，在百废待兴的节点上，很多想法也不宜摆上台面，而是需要更成熟的时机来实现。

战术理念的变革是循序渐进的，曾经风靡一时的"235阵形"逐渐消亡，"WM阵形"成为绝对主流，从发源地英国渗透到遥远的美洲，甚至连最注重自我表现的球队，都开始思考保守主义的价值。然而"WM阵形"的三后卫体系在多地并行的过程中，也开始随着人员的变动出现进化，四后卫的时代初见雏形。

所谓的"WM阵形"比较接近"325体系"，中场只有两名球员，而且主流球队多半不会选择同质化的人物，这两个角色之间需要一定的互补功能。攻击力更强的选手会更多地前插，防守水平高的会选择保护防线，这样中路的真空地带就更加明显了。

而前场的五个人早已不是平行站位，内锋的回撤其实就是自由度提高的表现，到了40年代之后，五人组的分工与活动范围也多元化起来。当中场空虚的时候，某一个内锋可以回撤接应，甚至帮助中场的队友协防保护，或者两名内锋顶上，中锋深度参与调度梳理，并且形成第一道屏障。

在这种架构中，四后卫的雏形已经相当明显了，前场的站位还稍显混乱，但各队都在摸索中寻找平衡。纯粹的盯人体系也显得有些僵化，流动性的加强在多个层面预示着更加深层次的变革。

战后欧洲足球的重心远离了中欧，奥地利队、捷克斯洛伐克队失去了往日的荣光，匈牙利队的黄金一代还在萌芽之中，暂时还未在国际舞台上大放异彩。

西欧诸国的情况喜忧参半。彼时的英格兰队也是名将辈出，斯坦利·马修斯与汤姆·芬尼这两大边锋，即便时至今日也常常被人提起，中后场的核心比利·赖特与尼尔·富兰克林，也是同时代出类拔萃的球员。他们在战后几年的热身赛中成绩出众，继续维护着英格兰队的传统尊严。

意大利虽然在战争中口碑不佳，但足球的核心力量却得以保存，借助此时都灵队的强势，"蓝衣军团"（意大利队昵称）依然是欧洲的一支劲旅。锋线上的瓦伦迪诺·马佐拉堪称球王级人物，加贝托与洛伊克等搭档也是进攻高手，这批人组成的"红色公牛"（都灵队昵称）收获了意甲五连冠，每个赛季能进100多粒球，惊人的火力是后世难以想象的。**只可惜他们过早地凋零了，1949年5月，都灵队遭遇坠机事故，全体葬身苏佩加山。都灵队的核心班底全部殒命，意大利队失去了七八名关键球员，以至于未来的20年都难以重振雄风。**

伊比利亚半岛的情况稍显特殊，1939年西班牙内战结束之后，西甲联赛得以恢复，其后的一段时间豪强格局并没有被颠覆，依然是巴斯克、马德里与加泰罗尼亚的较量。彼时皇马队与巴萨队远未达到双雄争霸的水准，毕尔巴鄂竞技队甚至要高出两队一头，战争前后西甲诞生的超级射手特尔莫·萨拉，就来自这支"巴斯克雄狮"（毕尔巴鄂竞技队昵称）。

葡萄牙的联赛虽然国际关注度不高，但葡萄牙体育队值得一提，球队的锋线五人组火力凶猛且技术能力不俗，被后世称为"五把小提琴"，几人携手拿下联赛四连冠。中锋佩洛特奥更是"王中之王"，俱乐部生涯334场打进544球，场均达到惊人的1.63球。在生涯总进球数超过300个的主流球星中，佩洛特奥的进球效率高居历史第一。

北欧足球迎来崛起，1948年伦敦奥运会男足半决赛，瑞典队与丹麦队上演巅峰对决，这也是"北欧三巨头"其中之二的一次直面对话。最终坐拥诺达尔、利德霍尔姆和格伦的瑞典队笑到了最后，并且最终收获金牌。不过丹麦队同样值得敬佩，普雷斯特与两位汉森都是一流球星，只可惜遇到了更强的对手。

在奥运会之后，这两支北欧劲旅的球员逐步被意甲"瓜分"，"瑞典帮"加盟了AC米兰队，"丹麦帮"去了尤文图斯队，也形成了1950年前后意甲争冠的主力集团。不过令人遗憾的是，当时的北欧足球恪守奥林匹克的业余原则，只要你去职业联赛踢球，就无法再代表国家队出战，这也间接影响了这批球员的知名度。

南美受到战争的影响较小，阿根廷队与乌拉圭队十几年间依然保持较高水准，另外后来居上的巴西队，此时已经可以与拉普拉塔河两岸的宿敌掰一掰手腕。那个时期阿根廷队比较封闭，陶醉在自我的足球成就之中，而此时的河床队诞生了一批天才巨星，锋线五人组尤其引人注目，他们被称为"机器"。其中曼努埃尔·莫雷诺被视为天王巨星,球技甚至可以与贝利、马拉多纳相媲美;阿道夫·佩德雷纳与安吉尔·拉布鲁纳同样出众,前者是皇马队主席伯纳乌垂青已久的对象,后者则是阿根廷联赛的历史射手王;另外弗利克斯·卢斯托与卡洛斯·穆尼奥斯也非常出色。

即便在"机器五人组"逐渐淡出之后,20岁出头的迪·斯蒂法诺仍率领阿根廷队拿下了1947年美洲杯的冠军。可以说在20世纪的前半叶,阿根廷足球的实力还是在巴西足球之上的。

至于世界的其他区域,特别是亚洲和非洲,二战后还处在一片混沌之中,足球作为生活中的调味料,暂时还无法立足于为温饱挣扎的广袤大陆。属于两大洲的世界杯高光时刻,还需要继续等待。

■ 崛起路上,桑巴足球

足球传入巴西之后,在20世纪早期,巴西并没有在主流足坛留下多少烙印。而且相比于竞争对手,他们的地域对立和种族问题显得尤为突出,这些都在一定程度上影响了战斗力。

在1916年美洲杯创立之后(当时叫南美足球锦标赛),虽说"桑巴军团"在早期就拿到过冠军,但如果各方硬碰硬全力以赴的话,还是阿根廷队和乌拉圭队更强。在20世纪20年代,阿根廷队与乌拉圭队实力极其出众,在两队共同参与的奥运会和世界杯中,都有过包揽冠亚军的表现。

不过巴西队也有自己的优势,其天真烂漫的个性,在球场上促成了各种即兴发挥的表现,虽然早期对于战术的理解相对单薄,纪律性也比较差,但呈现出的比赛依然看点十足。而且当时的足球战术组织相对松散,球员个人的发挥空间较大,这也给了巴西队尽情施展的空间。

在1930年之后,巴西队抓住了阿根廷队与乌拉圭队内部发生矛盾的机会,连续两届远赴欧洲参加世界杯,并且成绩越来越好,收获了比赛经验的同时,信心也得到提升。20世纪30年代中后期,巴西队的足球理念与时俱进,开始逐步接受"WM阵形",伴随着新一批天才球员的横空出世,未来的足球王国已经初露锋芒。

根据一些资料记载,巴西曾尝试申办1942年世界杯,可惜最终因为战争被搁置。到了1950年前后,巴西队已经成为当时世界上最好的球队之一,1949年几乎以横扫的姿态拿下美洲杯冠军,"锋线三叉戟"阿德米尔、济济尼奥、雅伊尔,满足了球迷们关于进球的所有幻想。

这届世界杯的赛制不同寻常,小组赛的基本框架是16个队分成4个小组,每组的第一名晋级最后的决赛轮。决赛轮中4支球队进行单循环,积分最高的成为冠军。当然那时依然没有净胜球等概念,如果出现同分,原则上还是需要重赛的。

这是世界杯历史上唯一一次冠军不是通过单场定胜负决出的,尽管最初受到一些非议，但东道主巴西还是坚持了下来。从局外人的眼光看，巴西队绝对实力足够强，这种赛制能够降低偶然性，对其夺冠是有利的，然而结果却是残酷的。

这届世界杯一共有34支球队报名参赛，东道主巴西队和上届冠军意大利队直接入围决赛圈。如果1938年世界杯预选赛（以下简称世预赛）堪称混乱，那么12年后的情况与当时相比，混乱程度有过之而无不及。

首先，多个球队并没有参赛：德国队和日本队被剥夺资格；东欧阵营的匈牙利队和捷克斯洛伐克队也都缺席，唯一的代表是南斯拉夫队。值得欣慰的是英国的四个足协（英格兰足协、苏格兰足协、威尔士足协与北爱尔兰足协）终于回归国际足联，首次派队参加世预赛。

其次，很多球队在预选赛进程中退出，比如欧洲区的奥地利队、比利时队，南美区的阿根廷队、秘鲁队和厄瓜多尔队，以及亚洲区的菲律宾队、印度尼西亚队和缅甸队。所以导致有些球队一场没踢就获得了正赛资格，比如亚洲的印度队和南美的几支球队。

混乱甚至发生在预选赛结束后。在预选赛结束且正赛名额确定之后，土耳其队因为高昂的差旅费用退赛；苏格兰队的弃赛理由比较荒唐，国际足联为了照顾英国，直接把英国的四角锦标赛当作世预赛，还给了两个正赛名额。结果那届英格兰队夺得第一名，苏格兰队以第二名的成绩顺利入围正赛。但是苏格兰足协主席要面子，赛前声称如果四角锦标赛不拿第一名就不去世界杯，结果硬是放弃了资格。

由于两队退赛，国际足联只能找别的球队替补，最终只有之前被淘汰的法国队接受了邀请，决定来参加正赛。然而谁也想不到的是，抽签结束之后，法国队和印度队也宣布退赛，这让国际足联措手不及。

事已至此，国际足联决定本届不再递补球队，就由这13支球队分成4个小组进行角逐。最后的分组情况非常奇特，只有A组和B组是满额4支球队，C组有3支球队，D组只有2支球队。

"三狮军团"，耻辱之战

小组赛阶段值得关注的主要是前两个小组，毕竟4支球队之间的竞争才像是正统比赛，而且强队晋级的过程比想象的要困难。需要着重提及英格兰队所在的B组，有关它的传说很多。

"三狮军团"（英格兰队昵称）几乎是全主力出征，只有核心中卫尼尔·富兰克林因为去哥伦比亚淘金而放弃了这次机会。其他球星几乎全员在列，包括斯坦利·马修斯、汤姆·芬尼、杰基·米尔本、维尔夫·曼尼恩、斯坦·莫滕森、罗伊·本特利等，其中好几位都是处在当打之年的历史级巨星，防线上还有比利·赖特和阿尔夫·拉姆齐压阵。即便不把英格兰队视作夺冠最大热门，也应算是第一档球队。

英格兰队跟西班牙队、智利队、美国队分在一组，主要的竞争对手就是"斗牛士"（西班牙队昵称），而且是末轮才碰面，之前的比赛只能算是热身。首战英格兰队2∶0击败智利队，一切都显得波澜不惊，然而次战美国队却造就了世界杯历史上著名的"耻辱之战"。

1950年的美国队早已不复20年前的盛景，几乎就是东拼西凑的班底，各色人等混杂其中，没有什么章法可言。因此，强大的英格兰队从一开始就完全掌控比赛局面，压着对手进行了半场攻防演练，但就是不进球。结果美国队一个反击就形成破门，让骄傲的英格兰队错愕不已。其实这球是上半场打进的，但是英格兰队始终无法扳平比分，最终0∶1输球，一时间舆论哗然。

同组的西班牙队前两场顺利取胜，末轮的直接较量就成了英格兰队的生死战，如果赢球，在不统计净胜球的年代，还是有附加赛可以踢的。针对末轮的首发阵容，英格兰队做出关键调整，西班牙队的三人防线呈现扁平化，比较害怕速度流的冲击。所以主帅温特伯特姆派上了马修斯和米尔本，两人都是冲刺高手，应该会给西班牙队造成很大的威胁。

比赛进程符合观察家们的预期，双方都有进球机会，米尔本的能力确实制造了杀机，但他的进球被裁判认定为越位犯规，引发不小的争议。最后特尔莫·萨拉依靠门前抢点，为西班牙队打进制胜球，这也是西甲前历史射手王在世界杯最为高光的时刻。就这样，英格兰队的首次世界杯之旅，以不太光彩的方式结束了。

■ 巴西之殇，马拉卡纳

巴西队所在的A组整体实力较强，南斯拉夫队技术水平高，能跟巴西队踢得有来有回，瑞士队延续了所谓的"门闩体系"，宛若牛皮糖一般令对手难以挣脱。"桑巴军团"只在揭幕战横扫了墨西哥队，整个出线的过程很不顺利。

次战瑞士队，尽管巴西队长时间保持领先，但瑞士队的韧性极强，在最后时刻2∶2逼平巴西队。最后一轮是"桑巴军团"的生死战，必须战胜南斯拉夫队才能进入决赛轮。幸好这场球赛巴西队迎来了王牌球员济济尼奥的复出，他与阿德米尔、雅伊尔的"三叉戟"终于亮相世界杯，经过了一番苦战，巴西队2∶0艰难取胜。

其他两个小组波澜不惊，最终巴西队、西班牙队、瑞典队和乌拉圭队进入决赛轮。然而，最后的循环赛跟之前相比却有着极大的变化，磨合完毕的巴西队开始火力全开，在前两场对阵瑞典队和西班牙队的比赛中接连打出7∶1和6∶1的成绩，夺得冠军似乎只是时间问题。

而巴西队的对手乌拉圭队，面对西班牙队和瑞典队却踢得极其艰难，一场最后时刻险胜，一场勉强收获平局。最后一轮巴西队、乌拉圭队直接对垒，主队只要打平就可以夺冠，在球迷看来就是来走个过场，因为之前的比赛已经证明了一切。

1950年7月16日，里约热内卢马拉卡纳体育场，17万球迷涌入，他们期待着"桑巴足球"的加冕。只是两个小时之后，内心的兴奋演化为哀号，成为一代巴西人撕心裂肺的痛苦回忆。

比赛进程并无异常，巴西队实力明显占优势，锋线核心三人从一开始就掌控住了局面。他们相互间的穿插传递非常灵活，多次射门也颇具威胁，只是乌拉圭队的抗击打能力较强，加上其门将高接低挡，才使得上半场双方互交白卷。

乌拉圭队的锋线水准也很高，他们是有反扑实力的，核心内锋斯基亚菲诺是一名技术能力出众、场上表现灵活且狡黠的射手，后来在AC米兰队留下了光辉的印记，成为20世纪意甲最出色的外援之一。球队的右边锋吉贾也是"小、快、灵"的类型，反击推起来的时候，他的单兵作战能力突出，擅长人盯人体系的队伍往往跟不上他的节奏。

下半场刚开始两分钟，巴西队就抓住机会首开纪录，但乌拉圭队反击的号角也就此吹响。第66分钟斯基亚菲诺将比分扳平，巴西队的心态随即出现问题，球员在重压之下即将崩溃。足球史上的名场面在比赛的第79分钟到来，乌拉圭队的右边锋吉贾在侧翼得球，面对巴西队后卫比戈德的防守，他从容地闪开角度打近角破门。巴西队门将巴尔博萨尽管做出反应，但显然为时已晚。

最后10分钟，高度紧张的巴西队已经有些失控，即便全员压上也很难再像上半场那样打出有层次的进攻。随着主裁判乔治·里德的终场哨鸣响，马拉卡纳体育场瞬间陷入一种莫名的绝望之中。

这场球赛在后世获得了一个专有名词，叫"*Maracanaço*"（马拉卡纳惨案），相关的流言甚多，但都不足以凸显当时巴西球迷的内心世界。也许这样一个民族熔炉需要找寻认同感，在蹉跎之中他们上下求索，终于发现了与精神内核完全契合的足球，却倒在了距离实现夙愿最近的地方。

作为战后的第一届世界杯，主办方巴西的传承作用功不可没。在欧洲沦为一片废墟的情况下，巴西延续了这项赛事的香火，并且圆满完成任务。从竞技角度来说，尽管有一些劲旅缺席，但比赛的整体成色尚可，从硝烟中重生的足球，让很多人看到了生活的希望。

从球队的角度来说，一线豪门基本发挥出了自身的水平，也取得了相对应的成绩，哪怕是最终折戟的东道主巴西队，也没有什么可以指摘的。唯一令人失望的就是英格兰队，其输给美国队的比赛是世界杯历史上最大的冷门之一，这也给英国队的首次世界杯之旅蒙上阴影。但是每组仅一个出线名额，容错率确实显得有些低。

二、三线球队亮点偏少，基本上就是"陪跑"的角色，单场的大比分碾压就是最好的例证。最大的亮点是两年前的奥运会冠军瑞典队，在失去"传奇三人组"的情况下，仅靠斯科格伦德等优质新人及主帅的成熟运作，就获得了季军的好成绩。如果没有所谓的职业禁令，这支瑞典队也许比8年后的本土球队更加令人惊艳。

这一届在球星层面也算得上百花齐放，巴西队的阿德米尔打进9球获得金靴奖，成为巴西队在世界杯上单届进球最多的人。济济尼奥和雅伊尔的表现也有目共睹，如果人类更早进入电视时代，这组"三叉戟"的知名度应该会更高。

其他球员如乌拉圭队的斯基亚菲诺、巴雷拉、吉贾，西班牙队的特尔莫·萨拉、门将拉马雷茨，以及瑞典队的斯科格伦德等，上文也基本都有提及，在此就不一一赘述。令人失望的还是英格兰队，坐拥豪华班底，巨星们却没能拿出令人信服的个人表现，也为"三狮军团"的后辈开了一个不好的先例。

巴西首次举办的第一届世界杯就此结束，但是属于巴西足球的故事才刚刚开始，我们一起期待"桑巴足球"的绽放之旅。不过在这之前，还有一个奇迹等着我们仰望。

英格兰队10∶1美国队

上文中已经提及，首次参加世界杯的英格兰队意外地0∶1输给"杂牌军"美国队，然而英国的媒体自视甚高，他们连欧美其他主流强队都不放在眼里，就更别提那些不入流的球队了。

在比赛结束之后，甚至有英国媒体以为比分搞错了，不可能是0∶1，于是自作主张改成了10∶1。这则传闻已经得到国际足联的证实，也在官网上给出了相应的解释。在如今这个信息飞速传播的年代，以讹传讹的事情尚且时常发生，在70多年前出现这样的情况，似乎也可以理解。

但那是权威媒体单向传播的年代，作为公众的眼睛，如此不负责任的做法，确实让人大跌眼镜，只能成为如今球迷的笑谈。

第五章

1954，伯尔尼奇迹

> 就像对阵瑞士队的比赛一样，奥地利队的防线短时间内突然"断电"，连丢 3 球，瞬间让结果失去悬念。最终联邦德国队 6∶1 击败奥地利队，在 2014 年德国队 7∶1 击溃巴西队之前，这是世界杯半决赛的最大分差纪录。
>
> ——引语

■ 变革者，华丽的匈牙利队

瑞士从来都不是足球强国，但是在战后那个百废待兴的节点上却拥有独特的吸引力。瑞士在第二次世界大战中没受太大影响，当多数欧洲国家试图从废墟中重生的时候，它已经于1946年拿到8年后世界杯的主办权。

作为一个相当富裕的国家，瑞士在承接大型体育赛事方面也拥有相当丰富的经验。1948年冬奥会，国际奥委会就选择了瑞士的"冬季明珠"圣莫里茨，对于一片充满原始悸动的热土来说，世界杯是其证明自己的另一个舞台。

纵观世界杯前20年的历史，瑞士队在二、三线球队中属于特点鲜明的存在。名帅拉潘打造的混凝土防守体系，让一些强队吃尽苦头，1938年就淘汰了剑拔弩张的德国队，1950年又在小组赛中逼平东道主巴西队。以瑞士队的履历和即战力而言，其完全配得上世界杯东道主的身份。

战后的世界虽然满目疮痍，但劳苦大众在追求物质满足的同时，精神层面的需求也日益高涨。几年间足球运动蓬勃发展，距离坐实世界第一运动的名号已经不远。不过这几年中竞技规则没有太大变动，颠覆性的改变主要体现在阵形与打法上。

当时四后卫的趋势愈发明显，只需要一个契机让其发扬光大。最终登上历史舞台的是被誉为"黄金之队"的匈牙利队，其主宰了那个时代的足球世界。这支匈牙利队拥有一批世界顶级球星，王牌前锋普斯卡什是欧洲足球史上综合技术水准最为出色的球员之一。他的金左脚无与伦比，射程几乎覆盖对方半场，而且准度超群，在任何位置拿球都有惊人的威慑力。

与此同时，普斯卡什的球性也极其出众，脚下细腻度比肩南美顶级球星，通过节奏的变换摆脱防线，一脚出球同样拿捏到位，可以成为球队的进攻发起者。除了脚下动作频率偏低之外，几乎找不出他的任何弱点。

普斯卡什的锋线搭档柯奇士，是足球史上头球得分能力最出色的球员之一。尽管他的身高只有1.77米，即便在那时也算不上出类拔萃，但他的核心力量极好，对于时机的把握堪

称一绝，多次在关键比赛中用他的"金头"帮助球队渡过难关。**

除了这二位之外，当时球队的边锋齐博尔，是脚下技术出色、游弋能力不俗的撕裂者；中场大师博日克，是整个球队的节拍器，你可以将他视作50年代的布斯克茨；防线核心洛兰特与反应奇快、擅长出击的门将格罗西奇，也都是当时的翘楚。

这批天才在主帅塞贝什的领导下，展现出惊人的赛场统治力，从1950年到1954年世界杯之前，球队仅仅在一场友谊赛中输球。这期间他们拿下赫尔辛基奥运会的足球金牌，1953年还在温布利球场6∶3击溃强大的英格兰队，缔造了流芳百世的"世纪之战"。

一支球队能达到后世难以企及的高度，除了天才球员之外，一般都具备开创性的理念，这支匈牙利队也不例外。当时球队阵容已经从"WM阵形"中演化出新的形态，引领时代的"类424阵形"横空出世，在主流舞台上光芒万丈。

在既有"WM阵形"的基础上，匈牙利队选择让中锋希代古提回撤，两名内锋往上顶。原有的两名中场球员，左中场佐考里亚什防守能力更强，他选择更多地回收去保护防线，另一名中场博日克则负责稳压与调度。

在这种架构下，锋线上就是两名内锋与两名边锋，内锋承担起得分重任。中场变成了希代古提与博日克，前者类似当代的前腰，后者酷似所谓的后腰。防线上，在一名中场加入后，四人组的雏形就显露出来，宏观来看这就是早期的"424阵形"。

新的阵形产生，往往是球员功能分化与流动性加强的结果，"WM"体系显得较为死板，人盯人的观念深入人心。而在匈牙利的体系中，希代古提与传统中锋不同，他的辐射面很广，在前场拿球极具威胁；边锋齐博尔也是飘忽不定，甚至可以在左路与右路之间来回切换，至于中后场的球员位置，要根据对手的实际情况来做选择。

在这种划时代思路的引领下，匈牙利队呈现出降维打击的态势，1953年面对英格兰队的"世纪之战"，英格兰队中卫约翰斯通面对希代古提，整场都显得手足无措，跟住对手，自己位置就丢失了，不跟出去，对方的传球也极具威胁，这组攻防也成了足球博弈的经典桥段。

以当代的眼光来看，匈牙利队的新阵形与新理念，已经走到了区域概念的前沿。英格兰队面对如此大范围的穿插跑动，传统的盯人思路已经无力回天，但所谓的区域划片与全能足球还在酝酿之中，那是下一个时代的故事了。

匈牙利队是那时当之无愧的灯塔，但在其光芒之下，其他球队也有亮点。中欧和东欧片区，在战后经历了大环境的动荡，足球运动自然也受到一定的影响，不过在1950年之后则逐步走出了泥潭，整体的竞技水平也开始慢慢恢复。较有代表性的是奥地利队，虽然没有了20年前的威名，但球队骨子里流淌的多瑙河血脉，依然在支撑着其浪漫主义的比赛方式。队中的核心奥克威尔克，甚至被誉为最后一个传统的进攻型中前卫，在"WM阵形"即将消亡的年代，"235阵形的遗风"听起来更为魔幻。

除此之外，像中场大将哈纳皮、防线上的恩斯特·哈佩尔，也都是出众的球星。在1954年这个节点上，奥地利队具备相当强的竞争力，只从即战力的角度来看，甚至不逊于20年前的"神奇之队"。

西欧片区可以算得上稳中有变。联邦德国队连统一的国内联赛都还没有成形，国家队想恢复战前的水准似乎比较困难。不过它有几位球星，在几年间收获了一些关注，比如出色的内锋、老队长弗里茨·瓦尔特，犀利的攻击手赫尔姆特·拉恩，以及突破高手汉斯·舍费尔。当时国内的凯泽斯劳滕俱乐部正值巅峰，为球队贡献了不少才俊。

意大利队还处在苏佩加空难的阵痛期，这几年国内的北方三强陆续崛起，但其核心成员几乎都是外援。国家队的核心班底稍显脆弱，博尼佩尔蒂与洛伦齐等人勉强撑起门面，很少有人对这样的阵容报以过高期待。

西班牙足球进入一个全新的时代，随着巴萨队引进库巴拉，皇马队拿下迪·斯蒂法诺，属于"皇萨争锋"的西甲时代终于开启。不过在这个节点上，西班牙队还没有发生质变，归化球员的使用还存在规则争议，本土的才俊也没有那么出众，从哪方面看都还算不上一线劲旅。

英格兰队的情况倒是平稳，虽说3∶6和1∶7两败匈牙利队让其颜面尽失，但英格兰队的基本盘还在，联赛的运营也在正常范畴，依然属于欧洲主流强队。不过从此时开始，英格兰队就奠定了不上不下的基调，谁也不会忽视这支球队，却也很少有人敢奢望太多。

美洲区依然是乌拉圭队、巴西队和阿根廷队的天下，不过由于阿根廷队依然处在相对封闭的状态，从外部世界来看，巴、乌两队的关注度显然更高。作为上届世界杯的冠亚军，两队在之后几年的影响力可以想见。

巴西队在上届世界杯遭遇打击之后，开启了一波大换血，为1954年世界杯准备的班底摒弃了上届的核心"三叉戟"。不过这次巴西队依旧有天赋溢出的边锋儒利尼奥，他将技巧与实用性有机结合，既能穿花绕步又能致命一击。中场核心迪迪算是内敛版的罗纳尔迪尼奥，水准与观赏性兼具，是球队新一代的领军人物。

防线上球队也逐步进化到了四后卫体系，后世极负盛名的尼尔顿·桑托斯与贾尔马·桑托斯，已经被主帅泽泽·莫雷拉推上了首发阵容。更为重要的是，新帅摒弃了过去略显华而不实的踢法，开始变得保守且注重效能。

乌拉圭队上届的核心中轴基本保留，斯基亚菲诺、瓦雷拉与门将马斯波利依旧能战。只是有些关键位置发生了变化，比如马拉卡纳的英雄吉贾淡出，博格斯等新锐显得较为亮眼。防线上也补充了名将圣塔玛利亚，后来他因为随皇马队连续问鼎欧冠而闻名。

由于当时信息较为闭塞，跨大洲的交流也比较稀少，在瑞士世界杯开始之前，即便匈牙利队再强势，也很难把它与巴西队或者乌拉圭队进行直接比较。毕竟足球是当面硬碰硬的游戏，如果有实力，那就场上见。

至于世界其他地方的足球力量，暂时还无法在主流舞台谋得一席之地，在此也就不加赘述了。

■ 诡异规则，造就无数经典

1954年世界杯，一共有37支球队报名参赛，上一届冠军乌拉圭队和东道主瑞士队直接入围决赛圈。相较于二战前后的两届赛事，本届世界杯的预选赛显得平缓了很多，弃权等突发情况虽然存在，但相比于之前都可以忽略不计。

本次世预赛依然是各大洲就近分组，舆论认同的核心球队悉数晋级，匈牙利队甚至由于对手弃权，一场没踢就直接入围决赛圈。值得一提的是，韩国队击败日本队成为战后首支参加世界杯正赛的亚洲球队。

唯一的意外出现在西班牙队所在的组，它跟土耳其队争夺一个正赛名额，双方前两场比赛一胜一负，当时依然不考虑净胜球等因素，所以需要择日重赛。结果附加赛两队踢平，最后居然找了一名儿童，通过蒙眼抽签的方式选中土耳其队，它幸运地拿到了正赛资格。

这组预选赛的争议，除了戏剧性的结果之外，巴萨队核心库巴拉的参赛资格问题也比较棘手。当时国际足联对于归化的态度不明确，没有可参考的严谨规则，导致决策有些随意。最后库巴拉只踢了三场中的第二场球，对比赛的整体走势肯定存在一些影响。而且由于本届赛事的奇葩规则，这个结果对于正赛的影响之大，在现在几乎难以想象。

本届世界杯16支球队，依然分成4个小组，每组4支球队。但是16支球队中有8支成为种子队，所以每组有两支种子队。组内的种子队之间、非种子队之间不用交手，每个队原则上只需要踢两场比赛。

而且小组赛如果两队90分钟打平，则需要进行30分钟的加时赛，如果依然是平局，那本场就以平局结束。小组赛结束之后，如果前两名同分，则抽签决定谁是第一；如果第二和第三同分，则需要通过附加赛决出谁是第二（拿到出线资格）。

更为不可思议的是，小组赛出线之后的8强战，按规定4支榜首球队分在同一半区，半决赛后产生一个决赛名额。4支小组第二的球队分在另一半区，半决赛之后产生另一个决赛名额。这等于故意让最强的球队提前碰面，放在今天来看让人难以理解。

在诡异的规则之下，最受瞩目的就是匈牙利队和联邦德国队所在的B组。早在预选赛没结束的时候，国际足联就划定了8支种子队，西班牙队名列其中，但不包括联邦德国队。结果西班牙队意外出局，击败它的土耳其队成为种子队，土耳其队与匈牙利队、联邦德国队同在一组，另外还包括亚洲的新军韩国队。

第一场匈牙利队9∶0击溃韩国队，柯奇士上演大四喜；联邦德国队4∶1战胜土耳其队，两强的格局非常明显。然而联邦德国队不是种子队，第二场就要跟匈牙利队碰面。联邦德国队主帅赫尔贝格开始考虑对策：如果联邦德国队跟匈牙利队硬碰硬，大概率打不过，消耗还比较大，而另外一场比赛土耳其队击败韩国队则板上钉钉。因此，联邦德国队不如战略性放弃对阵匈牙利队的这场比赛，然后去跟土耳其队踢附加赛。考虑到首战已经摸了底，赫尔贝格可谓信心满满。

因此面对匈牙利队，联邦德国队"雪藏"了舍费尔、奥特马·瓦尔特、图雷克等主力球员，只有弗里茨·瓦尔特跟拉恩等人出场迎战。匈牙利队全场占据主动，哨响之后就火力全开，最后柯奇士上演帽子戏法，8∶3击败联邦德国队。

不过老谋深算的联邦德国队也有"收获"，比赛中普斯卡什的脚踝被对手铲伤了。这在当时来看也许只是插曲，但是在半个月之后的伯尔尼球场，一切就变得不同了。附加赛中联邦德国队7∶2大胜土耳其队，与匈牙利队携手出线。

另一个关注度较高的小组，是巴西队和南斯拉夫队所在的A组，法国队与墨西哥队基本上就是来"陪跑"的。当时的"高卢雄鸡"虽然已经由荣凯领衔，科帕也开始崭露头角，但跟一线劲旅相比还有差距。

巴西队展现出的才华精妙绝伦，儒利尼奥和迪迪从首秀开始，就成了当之无愧的场内焦点，曼妙的跨拉绕扣，奇幻的"落叶球"，让墨西哥球员成了位置最好的观众。南斯拉夫队也凭借米卢蒂诺维奇等人的稳健发挥，基本锁定出线名额。

由于法国队赛前被定为种子队，巴西队与南斯拉夫队需要直接对话，这场两队1∶1握手言和。从比赛进程中可以看出，即便巴西队的能力更胜一筹，但南斯拉夫队显得张弛有度，像4年前一样，给对手造成了巨大的麻烦。最后经过抽签，巴西队获得小组第一，南斯拉夫队位列第二。从那个节点上看，A组出线的这两支球队综合实力加起来要在B组之上。

C组的种子队乌拉圭队与奥地利队实力突出，捷克斯洛伐克队与苏格兰队几乎没有招架之力。首次参加世界杯的苏格兰队，原本还被寄予厚望，不料队内出现矛盾，主教练甚至萌生去意，结果被乌拉圭队趁势拿下，0∶7的结果令球迷们伤心欲绝。

捷克斯洛伐克队的情况也好不到哪里去，虽说抵挡住了乌拉圭队的狂轰滥炸，保住了相对体面的结果，但是第二场面对奥地利队，捷克斯洛伐克队还是净吞5球并且遭遇零封（表示未进一球）。经过抽签，乌拉圭队获得小组第一，奥地利队位居第二。

D组的4支球队，实力相对均衡。英格兰队与意大利队作为老牌劲旅，眼下并没有高人一等的底气，瑞士队作为东道主战斗力十足，比利时队也不是来旅游的。

小组赛的进程也反映了各支球队的真实水平，英格兰队面对谁都没有必胜的把握，一上来就与比利时队战成4∶4。意大利队处境更加艰难，在夹杂着裁判问题的情况下输给了瑞士队，小组出线都成了问题。

最后英格兰队击败瑞士队，拿到小组第一，算是保住了底线。意大利队则在小组附加赛中再次输给了瑞士队，这也反映出球队确实还没有从几年前的阴霾中走出来。

由于4个小组第一捉对厮杀，所以8强战可以算是提前上演的决赛。其中最为引人关注的，肯定是匈牙利队与巴西队的旷世对决，这也是当时欧洲与南美洲的巅峰之战。匈牙利队虽说缺少了普斯卡什，但整体实力依然过硬，并没受到致命的削弱。

本场的开局阶段，马扎尔人（指匈牙利人）依然延续了三板斧模式，这支球队进入状态出奇地快，在大多数关键比赛中都能在10分钟以内给对手一个下马威。这场也不例外，匈牙利队7分钟内连进2球。而巴西队则踢得太不果断，禁区内的炫技球经常被断，然后白白送给对手反击机会。

不过随着比赛的深入，"桑巴军团"慢慢找到状态，以其攻击力来看，匈牙利队要想守住也比较困难，球队很快依靠点球将比分追成1∶2。而且特别值得关注的是，这支看似无敌的匈牙利队，在持久力和专注度上存在重大缺陷，即便是两场教育英格兰队的经典比赛，加起来也丢掉了4球。匈牙利队的几名防守队员，除了洛兰特之外，只能算是中规中矩，更何况佐考里亚什还是中场回撤来协助的，随时会暴露隐患。

不过这场球赛后来的走势出乎意料，两支技术流强队将注意力转到了足球之外，匈牙利队一直保持领先，两边的火气越来越大。下半场开始之后，双方的肢体冲突愈演愈烈，博日克与尼尔顿·桑托斯的纠缠尤为明显，在一次冲突之后最终被双双驱逐。

比赛第60分钟匈牙利队罚进点球，第65分钟儒利尼奥打进漂亮的劲射，匈牙利队依然3∶2领先。如果巴西队能够将更多注意力用在比赛上，也许真的还有机会扭转颓势。然而"金头"柯奇士在比赛尾声再度爆发，他的头槌破门将比分锁定在4∶2。

赛后双方在更衣室又爆发了新一轮冲突，原本的大师论剑变成短兵相接，实在令人遗憾。甚至有传言称，本场作壁上观的普斯卡什，在赛后有击打对手的嫌疑，不过此事缺乏直接证据，也就不了了之了。这场球赛在后世被称为"伯尔尼混战"（Battle of Berne），经典对决不幸沦为荒唐的注脚。

另一场头名对决在乌拉圭队与英格兰队之间进行，这场球赛完全体现出双方实力的差距，也证明了英格兰队早已不是什么霸主，只能算是欧洲第二梯队的劲旅。最终乌拉圭队4∶2战胜对手，轻松晋级。

联邦德国队与南斯拉夫队的对决，虽然只是小组第二的碰面，但风格不同的两队间的碰撞还是值得期待。从实力上来说，南斯拉夫队显然高出一筹，但日耳曼人与生俱来的坚韧，成为联邦德国队在绿茵场上不断前进的保障。

这场球赛的进程有些出乎意料，南斯拉夫队开场就出现失误，送给联邦德国队一个乌龙球。南斯拉夫队自己却陷入怪圈，围着对手连续进攻，却始终无法将球打进。联邦德国队坚守到比赛的最后一刻，随着拉恩一脚技惊四座的远射入网，球队2∶0锁定胜局。从当时的舆论来看，本场也算是不大不小的冷门，然而属于联邦德国队的奇迹还在继续。

东道主瑞士队与奥地利队的比赛，原本是8强中关注度最低的，双方实力有差距，看点也不是很多。结果两边居然联手打进12个球，奥地利队最终7∶5取胜。时至今日，这依然是世界杯单场进球数之最。更令人惊讶的是，两边在半场就打进9球，包括3分钟3球和7分钟5球的戏码，连当代的电子游戏都难以模拟。

事实上，拉潘的瑞士队靠防守起家，在本届小组赛及附加赛，三场也只丢了4球。根据后世的一些记载，这场比赛中瑞士队防线突然崩溃，跟队长罗杰·博凯特有关。作为球队的防守核心，他当时受到重疾困扰，神志有些不清醒，但仍然坚持要上场比赛。不知道主教练为何会默许这种情况，最终酿下苦果。

但是一个巴掌拍不响，奥地利队的防线此前一球没丢，本场开局没多久就被对手连下三城，也出乎各路人士的预料。无论从当时还是后世来说，这只能算是一场意外到无法解释的比赛。

半决赛匈牙利队对阵乌拉圭队，新老王者碰面，几乎可以说谁赢谁就是冠军。普斯卡什依然不能出战，但上一场被驱逐的博日克没有受到惩罚，所以这场球赛仍是强强对决。

匈牙利队依然是标准的开局，齐博尔很快就为球队取得领先，半场之后希代古提再下一城，2∶0的比分将乌拉圭队推到悬崖边上。不过随后匈牙利队开始习惯性"短路"，乌拉圭队多次打穿对手防线，单刀机会层出不穷，最终15分钟内连下两城，将比赛拖入加时赛。

这种局面对于匈牙利队极其不利，其球员是那种天赋流选手，拖得时间越长越容易撑不住。然而这一次乌拉圭队浪费了机会，匈牙利队的柯奇士突然爆发，用两个金子般的头球赢得了比赛，护送球队进军决赛，乌拉圭队则尝到了征战世界杯的第一场败仗。

另一场半决赛是联邦德国队对阵奥地利队，按照实力来说还是后者更强，但此前的比赛已经证明，联邦德国队丝毫不怵技术水准在自己之上的强队。比赛前50分钟算是波澜不惊，联邦德国队2∶1领先，奥地利队显得有些萎靡，然而随后的比赛发生了重大转折。

就像对阵瑞士队的比赛一样，奥地利队的防线短时间内突然"断电"，连丢3球，瞬间让结果失去悬念。最终联邦德国队6∶1击败奥地利队，在2014年德国队7∶1击溃巴西队之前，这是世界杯半决赛的最大分差纪录。

■ 奇迹代名词，"伯尔尼奇迹"

1954年7月4日，瑞士伯尔尼万科多夫体育场，大雨之中涌入了6万多名球迷，共同来见证世界杯新王的诞生。无论从哪方面来看，这都不是一场对等的较量，匈牙利队已经用过去的四场比赛证明了世界第一并非浪得虚名，联邦德国队虽然一路逆袭，但走到这一步似乎已难有作为。

本场赛前最大的焦点自然是普斯卡什，他的脚踝依然没有痊愈，但是在国内强大的压力之下，"飞翔的少校"决定复出。联邦德国队很难想到，小组赛之后居然还能与其碰面。

比赛前10分钟是常规的匈牙利队时间，很快连入两球，普斯卡什虽然受到伤病困扰，但正脚背的抽射破门依然力道十足。看上去小组赛8∶3的"惨案"又要重演了，赫尔贝格的策略在绝对强者面前似乎都是一样的结局。

然而这场比赛中，匈牙利队防线的走神来得更早一些，10分钟之后，联邦德国队利用高举高打居然迅速扳平比分。从进球方式来看，匈牙利队的防空问题很大，联邦德国队用自己的老套路稳住了局面。

下半场开始匈牙利队祭出"狼群战术"，普斯卡什、柯奇士、齐博尔与博日克轮番冲击防线，联邦德国队门将图雷克显得手忙脚乱，但始终能将球阻挡在门外。不知道是不是上天眷顾，联邦德国队上、下半场至少躲过了五六次必进球。

在抵挡住对手的狂轰滥炸之后，联邦德国队开始组织反击，其套路相对单一，主要依靠拉恩在右肋部创造空间，连续几次射门尝试都没有结果。然而比赛的第84分钟，足球史上的又一个名场面就诞生在这个区域。

拉恩还是在这个位置接球，但此时他没有选择之前的近角，而是在调整之后打向远角。匈牙利队门将格罗希奇来不及反应，只能看着球从手边滚进球门，此时距离比赛结束不足10分钟。

匈牙利队随后发起疯狂的反扑，普斯卡什在第87分钟曾打进一球，但当时的裁判员认为他越位在先，判此球无效。从影像资料来看，此球是否越位由于视角问题无法做出判断，这几乎成了永久的悬案。此后齐博尔还有一次准单刀的劲射，但被图雷克神勇化解，这场球赛除了梅开二度的拉恩，图雷克的超常发挥也值得铭记。

最后随着主裁判威廉姆·林的哨声响起，联邦德国队缔造了超级冷门，成为新的世界杯冠军。匈牙利队为挥霍机会付出了代价，打出了几年以来罕见的败仗，葬送了一代人的荣耀。这场比赛被后世称为"伯尔尼奇迹"，那

一天的大雨，在德国被称为"弗里茨·瓦尔特（联邦德国队队长）天气"。

就这样，瑞士圆满完成了本届世界杯的办赛任务，在战后欧洲最困难的时候，延续了这项赛事的"香火"。而且本届赛事第一次有了大规模的电视转播介入，为后世留下了数量可观的影像记录，这也是世界杯历史上开天辟地的进步。

本届世界杯特别值得一提的就是进球数，场均5.38个，位列历史第一，匈牙利队五场打进27球，韩国队两场丢掉16球，均创下世界杯历史纪录。而奥地利队与瑞士队联袂奉献的12球激战，也是杯赛历史上单场进球之最。在攻守博弈快速迭代的大环境下，赛场上才能出现如此震撼的进球表演。

从各路球队的发挥上来看，一线豪门的表现基本达到预期，最为遗憾的当数匈牙利队，但没人会因此质疑其当时世界第一的水准。巴西队则是被不合理的赛制牺牲了，如果没有过早碰到匈牙利队，它本可以有更多的作为。

二线球队的代表自然就是联邦德国队，赛前它与冠军甚至4强头衔毫无关联，毕竟预测时选择更有竞争力的球队也在情理之中。但从8强开始它一路逆势而上，也为其后来的风格奠定了基调。

从球星层面来看，大多在赛前被寄予厚望的人物，都打出了相应的表现，哪怕是过早出局的巴西队，你也无法否认迪迪与儒利尼奥的表现。最遗憾的还是普斯卡什，如果没有小组赛时造成的伤病，他也许可以一路率队夺冠，自己拿下金靴奖，成为一代球王，可惜历史没有如果。

属于瑞士的故事结束了，4年之后，我们将在瑞典见，而这一次的主角又会是谁？真正的"足球王国"即将迎来华丽的绽放。

第六章

1958，英雄出少年

> 结果魔术师般的加林查碰壁了，阿尔塔菲尼也在围追堵截之下一筹莫展，迪迪面对复杂的局面，要想找到空当也很困难。按照上帝预设的剧本，该轮到真正的主角横空出世了，那就是17岁零239天的贝利。
>
> ——引语

■ 潮起潮落

1954年的世界杯在欧洲举行，根据潜在的大洲轮替原则，1958年这项赛事应该回到美洲。不过稍显意外的是，瑞典最终击败阿根廷、智利、墨西哥等国，拿到了主办权。

早在1938年世界杯上，瑞典队就曾经闯进4强；1950年世界杯，它也紧随乌拉圭队和巴西队拿到季军。值得一提的是，瑞典队始终恪守奥林匹克的业余原则，其在世界杯上取得的成绩，几乎都是在业余对抗职业的情况下取得的。

不过拿下世界杯主办权之后，事情开始发生微妙的变化，瑞典方面在1956年最终松口，允许职业球员代表国家队出战。它可以凑齐一支战斗力十足的球队，以最好的姿态迎接本土世界杯。

20世纪50年代，足球赛事进入了战后的高速发展期，不过相关的竞赛规则并无大的变动，即便瑞士世界杯的场面稍显混乱，在攻势足球大行其道的情况下，国际足联也没有改弦更张的动力。与此相对应的是，这期间阵容打法与战术理念也在逐步迭代，但并没有出现革命性的跃进。

四后卫的阵法已经逐步散播开来，即便"WM阵形"仍为众多球队所采用，但大趋势已经相当明显。正如名帅马斯洛夫所言，足球比赛就像飞机航行，当速度越来越快的时候，头部必然要往流线型演进，锋线堆人的方式已经难以跟上节奏，中后场的博弈将慢慢成为主旋律。除了名震天下的匈牙利队之外，南美的巴西队成了新思潮的代表，其向来蔑视顽固的体系，在自我实践中走出了全新的道路。

在既有的"424体系"之下，"桑巴军团"已经开始摒弃人盯人的理念，主动探索区域防守的可能性。在球员位置越来越灵活的背景下，盯人体系容易造成场面的混乱，即便拿下球权也很难第一时间发起反击。如果区域体系成形，每个人固守自己的片区，当离开位置的时候，相邻的队友会补过来，保持闭环的完整性。这种体系显得井然有序，是全能足球的雏形，也是整体足球向前演进的核心。

这4年间，欧洲足坛的豪强格局变化明显，中东欧的衰落与西欧的复苏是主旋律。曾经的霸主匈牙利队遭遇了毁灭性的打击，1956年由于国内局势的动荡，多位核心球员被迫流亡国外，其中就包括了普斯卡什、柯奇士与齐博尔。

事实上1954年兵败伯尔尼的时候，除了希代古提等个别球星，匈牙利队大多数核心球员都处在25—29岁的黄金年龄。如果事情正常发展的话，4年之后他们完全有能力卷土重来，可惜历史没有给他们这样的机会。到了1958年，球队只剩下博日克与希代古提等老将苦苦支撑，即便有拉约什·蒂希、费韦利希等人补充进来，球队的整体实力还是一落千丈。

上届季军奥地利队的情况也不容乐观，几名老将淡出之后，奥地利队已经逐渐被时代抛弃，很难再被球迷们视为劲旅。捷克斯洛伐克队的情况稍好一些，然而与其曾经的高光相比，一点小的起色也不会被过分渲染。南斯拉夫队历来都被视为实力派，不过连续几届世界杯过早被淘汰之后，其底气稍显不足，在舆论场中也只能退居二线。

这片区域最大的变数来自苏联队，它已经开始和主流世界接触，并且拿到了1956年奥运会的男足金牌。球队中涌现了出色的门将雅辛，中场有内托坐镇，锋线上的西蒙尼扬与瓦伦丁·伊万诺夫也都是响当当的人物。在做足了铺垫之后，球队已经准备报名参加世界杯，新势力也许会颠覆旧格局。

唯一遗憾的是当时球队的超新星，后来被称为"俄罗斯贝利"的斯特列尔佐夫，因为场外的问题被迫入狱。他的球技出神入化，可惜最好的年华被蹉跎了。在他去世之后，莫斯科卢日尼基球场外为他树立了雕像。这座球场承办了2018年世界杯决赛，也算是以另一种方式弥补了他的遗憾。

西欧片区最值得一提的是英格兰队，曼联队在这一时期诞生了很多天才球员，他们被主帅巴斯比视为珍宝，成为早期欧冠赛事中的明星，自然也充实了英格兰代表队的阵容。锋线上的汤米·泰勒，中场的邓肯·爱德华兹与博比·查尔顿，以及防线上的罗杰·拜恩等人，引发了球迷们无限的遐想。

只是天有不测风云，1958年2月6日，曼联队在参加欧冠比赛从慕尼黑返航时遭遇空难，多名核心球员不幸殒命。其中就包括泰勒、爱德华兹与拜恩，查尔顿尽管捡回一条命，内心受到的创伤也是难以愈合的。英格兰队几乎损失了一整条主力中轴线，只剩下老将汤姆·芬尼、比利·赖特等人勉强维持。

上届冠军联邦德国队处在换血的阵痛期，"伯尔尼奇迹"中的老臣悉数淡出，只剩下弗里茨·瓦尔特、拉恩与舍费尔等几名攻击核心还在坚守。不过联邦德国队的新鲜血液颇具实力，扎实的汉堡队前锋乌韦·席勒、中场多面手希马尼亚克，以及未来的全能后卫施内林格，在这个周期都已经非常有名。

西班牙队的情况比较复杂，尽管皇马队在早期欧冠中取得了空前的成功，但

"斗牛士"的实力不好量化分析。球队涌现了路易斯·苏亚雷斯、亨托这样的本土明星，也有库巴拉和迪·斯蒂法诺这样的大牌球星归化加入，只是实际的战斗力飘忽不定，这也是"杂牌军团"长期难以解决的问题。

意大利队依然处在苏佩加空难后的阵痛期，国内联赛看似热火朝天，核心人物却多数都是外援。这种情况与21世纪某段时间的英超比较接近，联赛的成功与国家队的实力无法对等，本土球员的水准一言难尽。

法国队的进步算是一个惊喜，在前几届的欧冠比赛中，冠军兰斯队表现出色，甚至能与巅峰皇马队一较高下。"高卢雄鸡"最出色的球星，自然是雷蒙德·科帕与皮安托尼，前者是技术能力出众的组织大师，有他在身后，锋线不用担心进球的问题；后者是进攻端的多面手，盘带能力更为突出，是撕裂对手防线的利器。

美洲区这一阶段的主角是巴西队与阿根廷队。乌拉圭队的实力比起过去则逊色不少，球队的后备力量本就不足，像斯基亚菲诺和吉贾这样的功勋人物还被意甲挖走，随后便开始代表意大利队踢比赛。也是从这个阶段开始，乌拉圭队再也没有重回最高峰。

巴西队在1954年过早出局，主要是因为不合理的赛制，它当时的阵容已经颇具竞争力。而在之后的4年中，"桑巴军团"进行了平稳的过渡。巴西队保留了迪迪、尼尔顿·桑托斯和贾尔马·桑托斯这样的老球星，也补充了加林查、扎加洛与瓦瓦这样的中生代，更加值得关注的是阿尔塔菲尼与贝利两名不满20岁的小将，他们代表着足球的未来。

阿根廷队在1958年之前刚刚经历了大起大落。"潘帕斯雄鹰"先是在1957年美洲杯上旋风夺冠，完全展示了自己精细的技术风格，用精彩的表现横扫各路高手，诠释了足球的震撼之美。西沃里、安杰利洛、科巴塔与马斯基奥等人组成的锋线，如果拿到世界杯的赛场上，也许会掀起另一阵狂潮。

只可惜美洲杯之后，西沃里、安杰利洛与马斯基奥都被意大利俱乐部挖走，也就此告别了阿根廷队。其华丽的锋线失血严重，甚至召回了河床队黄金时代的射手王、39岁的拉布鲁纳来"救火"。尽管其残阵尚有一定的战斗力，却显得那么无可奈何。

■ 英雄辈出

本届世界杯共有55支球队报名参赛，相比于之前几届增加了不少，中国队和苏联队都是首次参赛。东道主瑞典队与上届冠军联邦德国队直接入围决赛圈，其他球队要争夺剩下的14个正赛名额。

这届世预赛中，以色列队与埃及队被放在亚洲区进行比赛，不过最后的局面稍显混乱。中国队第一轮对阵印度尼西亚队，客场0∶2输球，主场4∶3赢球，在那个年代需要进行附加赛。结果在缅甸两队战成0∶0，国际足联裁定印度尼西亚队晋级。

该区域其他的比赛，由于土耳其队、埃及队等陆续放弃了之后的比赛，以色列队居然一场没踢，就自动拿到了世界杯正赛的入场券。

然而国际足联此时选择介入，不再允许一场世预赛没踢就直接入围的情况发生，以色列队只能暂时待定。以色列队之后要与其他大区的球队踢附加赛，来争夺正赛名额。

欧洲区的比赛冷门频出，最有代表性的就是意大利队，它居然不敌北爱尔兰队，历史上首次在世预赛中被淘汰。另一大冷门就是西班牙队的出局，它跟苏格兰队、瑞士队在同一小组，本土巨星携手大牌归化球员的战略看似是强强联合，实际踢起来却宛如一盘散沙。西班牙队在早期比赛中根本无法取得胜利，最终落后苏格兰队1分，连续两届无缘世界杯正赛。

美洲区巴西队与阿根廷队都顺利入围，比较意外的是乌拉圭队，它居然被巴拉圭队压在身下，没能拿到去瑞典的门票。

在各大区世预赛基本尘埃落定的情况下，国际足联要来解决以色列队的问题，他们选择了一些被淘汰的球队，并从中抽出一支球队与以色列队踢附加赛。本来乌拉圭队也被选进了待定池，但其可能因为面子问题拒绝了，最终抽出的是曼联队助教吉米·墨菲执教的威尔士队。

可能这就是命运，因为威尔士队与以色列队的附加赛和曼联队的欧冠比赛时间冲突，墨菲才没有踏上"红魔"（曼联队的昵称）的死亡之旅（指曼联队遭遇空难）。他不仅带队轻松击败以色列队进军世界杯，还在后来巴斯比重伤的情况下，成为曼联队重建的功勋人物。

相较于上届小组赛的奇特赛制，本届比赛回归常态，16支球队分为4个小组，每组4支球队进行单轮循环赛，小组前两名晋级8强。

另外，本届赛事引进了一个全新概念，叫作Goal Average（得失球比例，简称GA），即进球数与失球数的比值。如果小组前两名同分，谁的GA高谁就是第一；小组二、三名如果同分，依然需要进行附加赛决出第二，如果附加赛仍然打平，GA高的球队获得出线名额。

D组备受各界关注，巴西队实力超群，英格兰队即便折损多名大将，依然被视为一支劲旅。苏联队已经在奥运会上证明了自己，除了中场核心内托因伤缺阵之外，几乎派出了最强班底。唯一弱势的就是日暮西山的奥地利队，不过这依然能算作"死亡之组"。

巴西队小组赛首战奥地利队，巴西队3∶0轻松取胜，贝利、加林查和瓦瓦都没有登场，主要依靠阿尔塔菲尼的发挥。当然在"424体系"之下，扎加洛、迪迪和尼尔顿·桑托斯的表现都值得关注。

英格兰队与苏联队的比赛相当激烈，从场面来看世界杯新军似乎还有一定的优势，不过英格兰队即便两球落后，仍然依靠芬尼等球星的发挥强行逼平了对手。但是球迷们可以明显看出，球队元气大伤，本届赛事难以走远。像博比·查尔顿这样的新锐，在心理阴影的笼罩下，连出场比赛都很困难。

次轮比赛为该小组奠定了基调，"桑巴军团"仍然在调试阵容，贝利和加林查还是无法登场，巴西队被顽强的英格兰队0∶0逼平。这也从侧面印证了"三狮军团"的实力，残缺不全的班底依然坚韧顽强，气势层面比之前反而有所提升。苏联队击败奥地利队也在意料之中，他们占据了小组出线的主动权。

小组赛最后一轮，巴西队与苏联队的比赛事关出线名额与小组位次，巴西队主帅费奥拉不满此前与英格兰队的场面，再加上队内一些老球员的谏言，他对阵容做了大幅度的调整。锋线上贝利顶替阿尔塔菲尼踢内锋，与瓦瓦形成双人组合；右边锋位置排上了加林查，中场迪迪的辅助也从迪诺·萨尼换成了济托。后世闻名的"桑巴军团"首冠阵容，从这场比赛开始正式亮相。

比赛一开始巴西队就火力全开，加林查绝妙的突破过人戏耍了苏联队的防线，可惜最后的射门中柱。紧接着初出茅庐的贝利也跃跃欲试，然而射门同样中柱。不过巴西队还是很快打破僵局，迪迪送出妙传，瓦瓦突入禁区完成破门。这一连串的进攻表演，被后世称为"足球史上最伟大的三分钟"。

开局阶段的形势也为全场比赛奠定了基调，尽管苏联队硬朗且顽强，但是面对巴西队华丽的技巧显得无所适从。在当时集体主义足球的优势还难以显现，面对天才个体的轮番冲击，只能甘拜下风，更何况他们遇到的是有史以来最伟大的球员组合。

苏联队的落败给了英格兰队机会，英格兰队只要击败奥地利队就能直接出线。不过球队还是受制于锋线的平庸，唯一当打的明星球员只有富勒姆队的约翰·海尼斯，之前的比赛透支了36岁的汤姆·芬尼，结局似乎已经注定。英格兰队勉强2∶2逼平了奥地利队，要和苏联队踢附加赛。

客观来说，在这场决定出线名额的附加赛中，英格兰队的发挥还是有些亮点，但其运气欠佳，连续击中立柱葬送了大好机会。结果下半场苏联队一锤定音，首次参赛就打进8强。不过这次"三狮军团"也算"昂首出局"，在慕尼黑空难的毁灭性打击之下，能来瑞典参赛已经实属不易。

另一个看点十足的小组是联邦德国队、阿根廷队、捷克斯洛伐克队与北爱尔兰队所在的A组，这组中的球队整体实力差距不大且特色鲜明，赛前很难预知结果。从实际比赛的过程来看，联邦德国队的水准明显下降了，其过分依赖拉恩这样的老将，只能靠着韧性勉强支撑，面对捷克斯洛伐克队与北爱尔兰队都只能收获平局，也只在"准新军"阿根廷队身上找到了些许自信。

"潘帕斯雄鹰"在严重失血之后，攻击端的水准大打折扣，几乎只能依靠科巴塔一人制造威胁。而且由于球队长期自我封闭，其节奏完全跟不上这个时代，小组末轮面对捷克斯洛伐克队，球队完全被对手强度碾压，1∶6的结果放眼世界杯历史也算得上耻辱性失败，这场赫尔辛堡球场的惨败足以与2014年巴西队在家门口1∶7输给德国队相提并论。

令人稍感意外的是，小组中除了上届冠军之外，笑到最后的是新军北爱尔兰队。其队中确实拥有边路好手麦克帕兰，以及慕尼黑空难中幸存的曼联队门将哈里·格雷格，但支撑他们一路前行的还是顽强不屈的意志。球队在实力不如对手且伤病较多的情况下，不仅2∶2逼平了联邦德国队，还两胜捷克斯洛伐克队（包含附加赛），最终抢到了小组第二个出线名额。

B组的形势相对明朗，法国队和南斯拉夫队的优势明显，巴拉圭队与苏格兰队只是"陪跑"。不过"高卢雄鸡"的表现还是充满惊喜，科帕与皮安托尼的发挥在意料之中，而替补前锋方丹的大爆发让人颇感意外。

方丹虽然是欧冠劲旅兰斯队的核心前锋，但在法国队一直是边缘角色，此前4年一共只出场2次，没有进球，此番能有机会登场，还是因为主力前锋受伤。结果他抓住了千载难逢的机会，首战对阵巴拉圭队就贡献帽子戏法，帮助球队7∶3大胜。后来两场又贡献3球，小组赛结束就成了金靴奖的最大热门。

南斯拉夫队虽然与苏格兰队、巴拉圭队都打成平局，但3∶2强势战胜法国队，还是确保了小组第二的位置。这次南斯拉夫队保留了泽贝茨与米洛什·米卢蒂诺维奇等上届功勋，还加入了"魔术师"舍库拉拉茨这样的表现型球星，虽说竞争力可能不如之前，但依然是不可低估的力量。

关注度相对较低的，反而是东道主瑞典队所在的C组。瑞典队自身实力超群，而落魄的匈牙利队、新军威尔士队与纯粹来"度假"的墨西哥队，实在无法使观众提起兴趣。在彻底放开职业球员准入之后，本届的瑞典队阵容异常豪华，此后60多年都难有阵容与之比肩。

球队依然采用比较老派的"WM阵形"，锋线五人组特点鲜明，37岁的格伦与35岁的利德霍尔姆司职内锋，都是节奏偏慢但技术精度极高的组织型球星。两个边锋分别是国际米兰队大将斯科格伦德与尤文图斯前名将哈姆林，这两位都是技巧出色同时具备得分能力的边锋。尽管诺达尔遗憾缺席，但中锋位置的西蒙森完全够用，是抢点能力出色的9号。

此外球队的中后场还有意甲名将古斯塔夫松，综合能力出众的帕林也颇具看点。尽管有些球星已经过了自己的巅峰期，但他们依然处于第一梯队，面对任何对手都有一战之力。

小组赛前两场瑞典队轻松取胜，已经锁定出线名额，末轮对阵威尔士队完全就是走过场。这倒是帮助了首次参赛的"欧洲红龙"（威尔士队昵称），它靠着关键的平局将没落的匈牙利队逼到了附加赛。没想到众志成城的威尔士队居然笑到了最后，它在附加赛中逆袭匈牙利队，这在当时也算小冷门。

17岁天才

首轮淘汰赛，更改了上届4个小组第一同半区的赛制，变成小组第一与其他小组第二交手，尽可能将重头戏留到最后。这样的思路延续至今，成为各类赛事的核心理念之一。

巴西队与威尔士队的交锋，看上去没有什么悬念，而且"欧洲红龙"还缺少了当家球星约翰·查尔斯。巴西队延续了小组赛末轮打出高光表现的阵容，只是用阿尔塔菲尼替换了瓦瓦，但此战的难度是超乎想象的。威尔士队显得异常顽强，从一开始就坚定了"铁桶阵"的策略，考虑到双方实力的差距，球员们执行起来异常坚决。

结果魔术师般的加林查碰壁了，阿尔塔菲尼也在围追堵截之下一筹莫展，迪迪面对复杂的局面，要想找到空当也很困难。按照上帝预设的剧本，该轮到真正的主角横空出世了，那就是17岁零239天的贝利。

比赛的第66分钟，他在禁区内精妙地挑球摆脱防守，随后迅速转身完成抽射破门，打破了场上僵局，这也是他在世界杯上的首粒进球。直到今天，贝利依然是世界杯历史上最年轻的进球者。凭借着这粒金子般的制胜球，巴西队艰难淘汰威尔士队，杀进了半决赛。

法国队遇到了顽强的北爱尔兰队，后者的主力门将哈里·格雷格及时复出，希望能够撑起球队的防线。从比赛的进程来看，前45分钟他们确实限制住了状态火热的科帕与方丹，但这样的强度无法支撑全场，很快就崩溃了。

方丹在下半场迅速梅开二度，北爱尔兰队一泻千里，最终以0∶4败下阵来。不过对于一支首次参加世界杯的新军来说，能够取得这样的成绩已经非常难得。

东道主瑞典队碰上了纪律严明的苏联队，这可以算是欧洲版的个人与集体之战。从比赛场面来看，苏联队的中前场缺乏创造力，面对瑞典队几位技术流球星，只能够被动应付。这样的被动挨打，除非运气极好，否则很难支撑90分钟。

结果也不出所料，哈姆林在下半场刚开始，就打破了场上僵局。对于技术劣势明显、仅依靠防守维持的球队来说，落后就意味着世界末日。此后的半场时间，苏联队很难组织起真正的反扑，瑞典队的西蒙森在终场前再入一球，东道主瑞典队昂首挺进4强。

联邦德国队与南斯拉夫队算是8强战中实力最接近的一组，而且两队的对决有点4年前的感觉，区别就是此刻上届冠军稍被看好。从客观来说，拉恩开场的小角度破门，也跟上届他们早早进球占据主动有点类似，南斯拉夫队踢逆风球的能力一般，过早处于被动就很难追回来了。这场比赛最终的结果是1∶0，不过对于整体水准遭遇滑坡的联邦德国队来说，打进前四名就已经完成任务。

半决赛巴西队碰上法国队，瑞典队遇到联邦德国队，两场颇具含金量的对决，将本届世界杯的声浪推向最高潮。

在巴西队与法国队的较量中，双方都是最强阵容出战，瓦瓦与方丹两大射手从一开始就较上了劲。10分钟内双方各入一球，尽管没有东道主球队参与，还是迅速点燃了场内观众的热情。这场球赛的节奏相较于此前的中下游球队的对决要快很多，不过受限于当时的整体传切水平，场面显得有些混乱，球权易主很频繁，双方陷入了拉锯战。

转折点出现在上半场结束前，法国队防守核心、老队长荣凯因伤下场，在那个不能换人的年代，球队接下来只能10人应战。雪上加霜的是，几分钟后迪迪一脚超级世界波破门，帮助"桑巴军团"带着领先优势进入半场休息。

下半场巴西队依然维持着高强度状态，整体技术能力处于劣势且少了一个人的法国队很快败下阵来。贝利趁机在对手禁区发起了排山倒海般的连续攻势，他在20多分钟内上演帽子戏法，比赛彻底失去了悬念。比赛结束前皮安托尼扳回一球，巴西队最终5∶2取胜，轻松进入决赛。

另一边瑞典队对阵联邦德国队，东道主赛前把啦啦队放入场内，带起了现场观众的巨大声势。此前稍显内敛腼腆的本国球迷，此刻的热情也被充分点燃，瑞典队距离世界杯决赛仅有一步之遥。

上半场双方还算平稳，舍费尔与斯科格伦德各入一球，半场的僵局带来了诸多不确定因素，但谁也想不到随之而来的却是无尽的暴力。下半场火药味渐浓，尤斯科维亚克与哈姆林纠缠在一起，结果后者遭到小动作报复后，略显夸张的动作让裁判果断驱逐了联邦德国队后卫。自此之后场面失去平衡，联邦德国队完全依靠韧性在支撑，但平局还是有希望的。

然而瑞典队没有收敛，比赛进行到75分钟左右，其后卫帕林又实施了凶狠的犯规，这次倒霉的是联邦德国队的老队长弗里茨·瓦尔特。结果帕林没被驱逐，瓦尔特被迫下场治疗，比赛一度变成了9打11，瑞典队也抓住了机会。

比赛最后10分钟，格伦的惊天远射、哈姆林的小角度破门，帮助瑞典队完成反超并锁定胜局。不可否认这两粒进球确实精彩，也体现了他们的技术天赋，但联邦德国队的出局多少有些争议。如果裁判多进行一些思考，也许最终的走势会有所不同。

打进世界杯决赛，意味着瑞典队在家门口创造了最佳战绩，它与巴西队的终局之战，无论谁获胜，都将诞生一个新王。1958年6月29日的斯德哥尔摩，将成为全世界足球爱好者瞩目的焦点。

赛前巴西队做了一处阵容调整，贾尔马·桑托斯替下了此前一直首发的索尔蒂。换上一个经验更为丰富、身材健硕、往返冲刺能力强的右边卫，应该是比较忌惮对手左边锋斯科格伦德的能力，这也在情理之中。

结合之前的比赛来看，巴西队进入状态较快，瑞典队则很少刚开局就全力以赴。不过这场决赛有些不同，瑞典队刚开始就掌控了球权，右内锋格伦位置更深，他的稳压与短传梳理，是球队向前输送的保障。而左内锋利德霍尔姆位置更靠前一些，他的最后一传穿透力十足，经常能奉献精妙助攻。

开场4分钟，利德霍尔姆在禁区前沿拿球之后，依靠娴熟的技巧连续摆脱两名防守人，随后从容起脚破门。这位来自AC米兰队的古典主义大师，虽然节奏缓慢，但动作精度无可匹敌，这次慢动作般的古典主义破门，也成了世界杯历史上的经典之作。

不过巴西队的锋线状态也不错，右路的加林查尤其活跃，他迅速撕裂防线，帮助门前抢点的瓦瓦破门。这场球赛后来的走势与半决赛不太相同，巴西队的优势更加明显，贝利的状态越来越好，只是一气呵成的远射被门框拒绝。后来又是加林查在右路强突制造机会，帮助瓦瓦打进反超的一球。

到了下半场，瑞典队疲态尽显，毕竟两大核心球员年龄加起来超过70岁，面对正当年的"桑巴军团"，他们实在无力招架。第55分钟，贝利接到左侧尼尔顿·桑托斯的传中球，打出了经典的挑球过人加弹射破门，这个画面已经被反复播放60余年，成为球王生涯的永恒经典。

之后扎加洛也在决赛中收获进球，巴西队以4∶1领先。好在瑞典队没有放弃，利德霍尔姆还能凭借意识上的优势，送出远距离直塞球，帮助球队扳回一城。但贝利在最后时刻的头球吊射技惊四座，将比分最终锁定在5∶2。

未来的"足球王国"在瑞典拿到了自己的首个世界杯冠军，这是一届美妙的杯赛，诞生了不可思议的贝利与加林查。8年前的国殇终于成为历史，这一代球员实现了全体巴西人的梦想，他们成为无可争议的王者。

从办赛情况来看，整届赛事相当平稳，基本令人满意。从赛事传播的角度来看，电视转播的介入规模在逐步扩大，一些关键比赛首次留下全场影像，世界杯的全球化进程也借此逐步推进。

在球星层面可谓百花齐放，巴西队的贝利惊艳天下，17岁参加世界杯，3场淘汰赛打进6球，再震撼的描述都难以凸显他的伟大。同样是首次参赛的加林查，也奉献了魔术师般的盘带表演，将美感与实效有机结合，成为球队破局的利器。

法国队的方丹打进13球获得金靴奖，科帕贡献8次助攻（仍有争议），这两项数据时至今日都是世界杯的历史纪录。尽管存在特定比赛输出过高的情况，他们的神迹依然值得称赞。其他一线球员，例如联邦德国队的拉恩、苏联队的雅辛等，也基本发挥出了自身实力。

在其他球员当中，拔尖的人物极少，最令人惊喜的要数北爱尔兰队的门将哈里·格雷格。他是慕尼黑空难中少数毫发无损的球员，事故之后不久就恢复训练，并且带伤参加了整届世界杯，多次奉献出关键扑救，帮助球队打进8强。最终，哈里·格雷格力压巴西队的吉尔马与苏联队的雅辛，当选为本届世界杯最佳门将。

属于瑞典的故事结束了，4年之后，我们智利见！

第七章
1962，圣地亚哥的歧途

这种先入为主的认知传导到赛场上，很快引发了灾难，两队从一开场就近身肉搏，各种缠斗多次让比赛暂停。意大利队球员费里尼因为不冷静的动作，开场几分钟就被罚下，还导致比赛中断很久。

——引语

功利足球的雏形

1954年和1958年,连续两届世界杯都在欧洲举办,美洲国家显得焦急又愤怒,非常迫切地希望下一届世界杯能在家门口举办,甚至不惜以抵制相威胁。最后,阿根廷与智利两国成为角逐1962年世界杯主办权的热门候选。

智利人民对足球有着令人难以置信的原始热情,他们最终打动了国际足联,于1956年拿到了世界杯的主办权。不过随后发生的事情,险些让他们失去一切。

1960年5月22日,就在智利人民为世界杯做准备之时,人类具备观测能力以来最大规模的地震降临在这片热土之上。这次地震的震级在9.4到9.6之间,还引发了巨大的海啸,8座承办城市遭受了不同程度的损毁,想在2年之后举办世界杯,成为看似不可能完成的任务。

在这种情况下,如果国际足联把主办权临时交给竞争对手阿根廷,似乎也比较合理,但智利方面坚称他们可以在开赛之前完成修缮工作。最终在不懈的努力之下,智利保住了主办权,不过只剩下4座城市有能力承办比赛,这也成为除首届世界杯之外,承办城市数量最少的一届世界杯。智利足协主席卡洛斯·迪特伯恩表示,智利必须拥有世界杯,因为这个国家已经一无所有。

自从1958年世界杯巴西队首夺冠军之后,足球世界发生了较为明显的变化。虽然竞技规则并没有显著的改良,但新思潮的核心出现在理念层面,功利足球开始占据上风。潇洒随性的表演如果无法带来胜利,已经很难被主流舆论认可。

巴西队登峰造极的"424阵形",在过去的周期中逐渐成为主流,统治足坛20余年的"WM阵形"则慢慢被覆盖上了历史的尘埃。不过"桑巴军团"更为强调的区域防守理念,在很多地方并未被广泛接受,特别是遭受了空难重创的意大利队,演化出了一套以盯人思路为主导、"清道夫"为核心的"链式防守体系"(Catenaccio)。

该体系的主旨是防线上安排多位盯人球员,但有一名球员相对自由,他没有具体的盯人任务,埋伏在防线身后随时查漏补缺，尤其在对方拥有个人能力出众的球星时，这名球员的作用更为凸显。人们将此类球员称为"清道夫"，一般是防线上能力最出众的领袖级球星。

当然，亚平宁（指意大利队）的链式防守还有一些附属特征，比如左边后卫擅长进攻推进，右边锋要适时回撤，作为第一道防线紧盯对方的边路球员。这一整套的闭环体系是比较完美的防守反击阵形，最开始只被一些弱队采用，后来渐渐成为联赛队伍的标准配置。

在既有的时代大背景下，我们再来审视1962年世界杯来临之前足坛各支国家队的情况。意大利队自从苏佩加空难之后，已经挣扎了10余年，在这个节点上，国际米兰队的核心班底相对年轻，无法给"蓝衣军团"及时输血，国家队更多依靠AC米兰队的班底与归化球员支撑。

"红黑军团"（AC米兰队昵称）在罗科治下涌现了一批青年才俊，防线上的切萨雷·马尔蒂尼、中场功能选手特拉帕托尼，以及全民偶像、被称为"金童"的里维拉，当时都已经入选了意大利队。再加上从巴西队来投的著名前锋阿尔塔菲尼，以及之前入籍的阿根廷队巨星西沃里和马斯基奥，此时的球队比起之前实力明显增强，即便达不到空难之前的水准，至少也恢复了几成功力。

西班牙队的情况与意大利队类似，国内两大豪门皇马队与巴萨队，在取得优异战绩的同时，也为国家队输送了不少人才。知名边锋亨托，前场核心路易斯·苏亚雷斯（后加盟国际米兰队），中场多面手德尔·索尔，都是当时的一线名角。另外西班牙队还归化了迪·斯蒂法诺、普斯卡什与圣塔玛利亚等几位巨星，从阵容上看极其豪华，甚至有成为夺冠热门的实力。

相比之下，联邦德国队出现了人才断档的情况，"伯尔尼奇迹"中的那批老臣，除了汉斯·舍费尔之外，悉数淡出。中生代能独当一面的，仍然是希马尼亚克、乌韦·希勒、施内林格几张老面孔。而后来统治德甲乃至欧洲的"拜仁帮"与"门兴帮"，多数都是生于1945年左右的球员，此时还没有登上主流舞台，球队多少显得青黄不接。

英格兰队在慕尼黑空难之后，并没有经历太长的阵痛期，因为球队迅速涌现了一批年轻的翘楚。曼联队的空难幸存者博比·查尔顿，已经走出阴影，此时已经是整个英格兰队最出众的攻击手之一。从切尔西队出道的前锋吉米·格里夫斯，更是展现出了惊人的进球效率，甚至被AC米兰队用天价转会费挖走，在当时引起了巨大的轰动。

球队的中后场也不缺人，后来的传奇队长博比·摩尔，此时已经是"三狮军团"的主力后腰，防线上的阿米菲尔德、雷·威尔逊等人同样值得信赖。主帅温特伯特姆在经历了多年低潮之后，终于可以打一次"富裕仗"。

上届世界杯的季军法国队，这几年间却乏善可陈，老一批球星伤的伤、退的退，新人却难以挑起大梁。西欧值得期待的，反倒是过去10年毫不起眼的葡萄牙队，本菲卡队黄金一代连拿两次欧冠冠军，他们在国家队的发挥自然会引发关注。

球队锋线上人才辈出，核心射手阿瓜斯效率不低，左边锋西蒙斯是突破高手，右边路的奥古斯托活动范围较大，多面手科卢纳内锋与中场都能踢，攻守两端都有着出色的能力。更让人惊喜的是，有一名20岁的天才射手，甚至吸引了贝利的关注，这个孩子叫作尤西比奥。

欧洲其他地区的情况各不相同，上届亚军瑞典队已经日暮西山，老将陆续退出之后，球队的竞争力大不如前。多瑙河流域的几支中东欧劲旅中，奥地利队沦为边缘球队，匈牙利队在补充了阿尔伯特与梅瑟伊等新锐之后，似乎有复苏的迹象。

南斯拉夫队与捷克斯洛伐克队的情况难以观测，虽说在1960年首届欧洲杯上两队分别获得二、三名，但由于西欧强队基本都没报名参赛，很难做出有价值的判断。加之两队在之前的世界杯上，表现多少有些不尽如人意，很难对其报以过高的期待。

不过苏联队算是处在历史的高点，球队上届首次参加世界杯，整体的发挥可圈可点，参加的首届欧洲杯还顺利夺冠。苏联队的球星可以算是身经百战，经过了大场面的洗礼，水准已经获得了主流舆论的认可。

锋线上的瓦伦丁·伊万诺夫能力全面，可以说是苏联队历史上最好的攻击手之一。偏边路的梅特列韦利速度较快，是撕裂防线的高手，中锋波内杰尔尼克抢点能力出色，在欧洲杯决赛打进制胜球，也算是青史留名了。球队中后场有内托和沃洛宁坐镇，防线上还有传奇"门神"雅辛，在智利世界杯上，这股力量是任何强队都无法忽视的存在。

与欧洲的整体情况相比，美洲显得逊色一些，美国队和墨西哥队依然是"陪跑"的角色，足球的重心仍然在南美。不过随着阿根廷队与乌拉圭队的众多球星远赴欧洲豪门踢球，就此告别曾经的国家队，拉普拉塔河两岸的宿敌，纸面实力都严重下滑。

以阿根廷队为例，1958年世界杯之前被挖走的西沃里、安杰利洛与马斯基奥，都是球队的锋线顶梁柱。乌拉圭队的情况要更糟一些，乌拉圭是一个人口只有两三百万的小国，足球人才出产的速度是有限的，失血之后的很长时间内都无法恢复元气。

巴西队虽然也有阿尔塔菲尼离队的情况发生，但"足球王国"的人才储备量是其他国家难以比肩的。这4年间巴西队的阵容变动较小，只有两名中卫的人选出现了变化。

到了1962年的节点上，37岁的尼尔顿·桑托斯，以及同样年过而立的迪迪、贾尔马·桑托斯、吉尔马等老将还在坚守，中生代的加林查、瓦瓦处在巅峰水准。巴西队还拥有名满天下的贝利，21岁的他此时已经是毫无争议的世界第一球星，具备了成为球王的潜质。

这个周期内非洲大陆的情况值得一

提，二战后这片土地上宣布独立的国家如雨后春笋。仅在1年内就有17个国家独立的1960年，甚至被称为"非洲独立年"。不过由于时间太过仓促，此时大多数非洲国家还没有为世界杯做好准备，它们仍需时日才能成为舞台上的主角。

■ 保守与凶狠防守

本届世预赛一共有56支球队报名参赛。东道主智利队和上届冠军巴西队直接入围决赛圈，其他球队争夺剩余的14个名额。最值得关注的变化就是，有7支非洲球队参与进来，除了埃塞俄比亚队仍被分在欧洲区参与角逐，其他6支球队组成了独立的非洲区世预赛，也算是开了世界杯的先河。

不过本届世预赛有个重大弊端，那就是亚洲区、非洲区、中北美洲及加勒比地区都没有独立的参赛名额，球队在各自区域突围出来之后，还需要跟实力强大的欧洲及南美球队争夺正赛资格，这无形中大大增加了出线难度。

欧洲区的竞争依然十分激烈，最值得关注的是英格兰队与葡萄牙队的竞争，2支活力十足的青年军，只有1支能去智利参加正赛。不过从比赛进程来看，无论是实力还是经验，英格兰队似乎都要更胜一筹，他们以不败的战绩力压葡萄牙队，拿到了宝贵的正赛门票。

比较让人意外的是瑞典队与法国队的出局，虽说两队早已不是4年前的水平，但沦落至此还是让人稍感意外。相对好理解的是瑞典队，高水平的老将离开之后实力大减，预选赛又与"硬骨头"瑞士队分到一组，血战之后在附加赛中输球，也算战至最后一刻了。

法国队被保加利亚队淘汰，就显得有些难以理解了，即便没有了科帕，即便方丹这两年遭遇严重的伤病，就凭借剩余的班底，也足以从小组中突围。更何况此时的保加利亚队还不是60年代中后期那支劲旅，足球发展还在萌芽之中就击败"高卢雄鸡"，算得上一大冷门。

南美区的比赛一向波澜不惊，实力稍强的球队，除非自己弃权，打进正赛都不难。阿根廷队与乌拉圭队顺利晋级，再算上巴西队和智利队，南美4支球队希望在自己的土地上有所作为。

比较倒霉的就是亚非球队，非洲区突围的摩洛哥队在附加赛遇到了西班牙队，亚洲区突围的韩国队在附加赛遇到了南斯拉夫队。这样的安排，与2014年世预赛约旦队抽到乌拉圭队没什么区别，比赛还没开始就注定了结果。幸亏在第三组附加赛中，墨西哥队击败巴拉圭队晋级，成为本届赛事唯一非欧洲与南美的参赛队。

本届小组赛的模式沿袭传统，16支队分成4个小组，种子队是巴西队、英格兰队、意大利队和乌拉圭队，它们各自落入一个小组。小组前两名晋级8强，不过这次排名规则有变化，上届引入的GA被赋予更大的作用，在小组同分的情况下，GA更高的球队排名靠前，不再有任何形式的附加赛出现。

最受瞩目的有两个小组，首先是东道主智利队所在的B组，该组包括了联邦德国队、意大利队与瑞士队，颇有点"死亡之组"的味道。智利队虽然是世界杯的老熟人，但整体实力并不突出，也鲜为外界所知，本届比赛是其展示自我的好机会。

从小组赛展现的水准来看，智利队确实有独到之处，不仅紧跟时代启用了"424阵形"（有时切换成"433阵形"），各条线上也都有实力不俗的球员。锋线上的莱奥内尔·桑切斯是技术出众的得分手，兰达与拉米雷斯突破水平较高，中场豪尔赫·托罗则有大师的感觉，控场与组织流畅自如，还有一脚出色的远射。

防线上比较亮眼的是右后卫埃萨吉雷，他具备了现代攻击型边卫的属性，往返能力出众。在1年之后，他甚至作为本国代表参加了举世瞩目的英足总百年纪念赛。

首战击败瑞士队只能算是"开胃菜"，不过和联邦德国队与意大利队战平相比，东道主智利队还是给球迷们带来了精彩的表演。但是谁也没有想到，后来的故事会成为世界杯的永恒之耻。

第二场智利队对阵意大利队之前，舆论就显得有些诡异，个别意大利记者撰文贬低智利这个国家，一些粗鄙之词不堪入目。加上归化球员的品行，以及链式防守的坏名声，导致"蓝衣军团"在智利很不受欢迎。

这种先入为主的认知传导到赛场上，很快引发了灾难，两队从一开场就近身肉搏，各种缠斗多次让比赛暂停。意大利队球员费里尼因为不冷静的动作，开场几分钟就被罚下，还导致比赛中断很久。

紧接着桑切斯又与意大利队的马里奥·戴维杠上了，桑切斯在边路护球，戴维上来就是一顿猛踢，将桑切斯扫倒。作为拳击手的儿子，桑切斯起身之后立刻用拳头还击，直接将戴维打翻在地。可令人惊讶的是，主裁判肯·阿斯顿经过商议之后，居然只罚下了戴维，桑切斯却安然无恙。

半场没到，意大利就要以9打11，从竞技层面来说，比赛已经失去了意义。后面双方各种摩擦依然不断，"蓝衣军团"苦苦支撑，还是在最后时刻崩盘了。智利队连入两球，晋级淘汰赛，不过哨响之时双方又有要开战的架势，这场球赛被后世称为"圣地亚哥之战"（Battle of Santiago），是世界杯历史上最肮脏的比赛之一。而这场比赛也似乎成为本届世界杯的缩影，各种凶狠的犯规导致的受伤，在后面的比赛中不断出现。

在一片混乱之中，意大利队军心全乱，瑞士队实力有限，难以招架，除了智利队以外，还是老到的联邦德国队昂首前进。联邦德国队攻防两端其实发挥得都一般，球员也远没有达到顶尖水准，但凭借着与生俱来的韧性，还是以两胜一平的成绩小组头名出线。

第二个备受关注的小组，是巴西队、西班牙队、捷克斯洛伐克队与墨西哥队所在的C组，该组不仅竞争激烈，而且大牌球星众多，可谓看点十足。

不过比赛的进程多少有些出乎意料，首先是巴西队选择让左边锋扎加洛回撤踢"433阵形"，算是又一次创新，但整支球队多少有点暮气沉沉的感觉。首战巴西队对阵墨西哥队，依靠贝利静止启动后连过数人的经典进球，才艰难击败墨西哥队。而防守坚韧的捷克斯洛伐克队，有些意外地小胜西班牙队，形势开始变得混乱。

次战巴西队对阵捷克斯洛伐克队，贝利面对凶狠的防守不幸受伤，"桑巴军团"面对铜墙铁壁也没什么办法，双方0∶0战平，但是两队在本届世界杯的故事才刚刚开始。在西班牙队击败墨西哥队之后，末轮之前小组的形势比较混乱，一切皆有可能。最后的焦点战自然是巴西队与西班牙队的正面交锋，"斗牛士"的主帅正是国际米兰队的主帅埃雷拉，贝利缺席，加林查成了主要威胁，但这难不倒老谋深算的"蓝黑教父"埃雷拉。

此战他祭出了代表性的链式防守，在右路派专人缠住加林查的同时，让"清道夫"殿后随时进行二次扫荡。从1958年开始，几乎横扫世界的"火箭鸟"加林查却在本场显得无所适从，标准的双层防线让加林查相当不适应。而普斯卡什、亨托与佩罗组成的攻击线，则给巴西队施加了巨大的压力。

上半场"斗牛士"不仅1∶0领先，还制造了多次威胁，巴西队在加林查受阻的情况下，依靠阿马里尔多等人很难撑起大梁。如果这个比分维持到结束，巴西队有出局的风险。

然而埃雷拉的球队没能抵抗90分钟，比赛进入最后30分钟，西班牙队的体力出现问题，巴西队的攻坚策略开始取得成效。先是阿马里尔多追平比分，随即就是加林查标志性的突然加速后突破传中，帮助阿马里尔多梅开二度，也终结了比赛的悬念。

其实在墨西哥队3∶1击败捷克斯洛伐克队后，西班牙队做好防守的话，就有很大的出线希望。只可惜西班牙队终究输给了举世无双的加林查，对于这种天才攻击手，一刻的松懈就意味着万劫不复。最终巴西队与捷克斯洛伐克队携手出线，打道回府的西班牙队将迎来一场足球"地震"。

英格兰队、阿根廷队、匈牙利队与保加利亚队所在的B组，似乎成了马扎尔人的独角戏。经历了1956年的重创之后，匈牙利队恢复的速度相当快，毕竟在那个节点上一大批优秀的青训球员接近毕业，到了1962年他们中的多数已经可以为国出战。

从小组赛的表现来看，阿尔伯特几乎就是未来的普斯卡什，年仅20岁的他攻击力惊人，同时还具备组织属性，在这个小组中实力属于降维打击。在球队6∶1大胜保加利亚队的比赛中，他更是上演了帽子戏法，匈牙利队最终以两胜一平的成绩头名出线。

英格兰队与阿根廷队要争夺另一个出线席位，客观来说英格兰队的实力还是要强一些，它也在直接对话中胜出。此时的"潘帕斯雄鹰"稍显弱势，圣菲利波、马尔佐里尼等球员难以撑起大局，在格里夫斯、查尔顿、约翰·海尼斯的冲击下，年轻的"三狮军团"笑到了最后。

A组的关注度相对较低，不过比赛的进程有一定亮点，还诞生了被后世铭记的场面。苏联队整体的发挥比较平稳，两胜一平小组头名晋级，但是第二轮4：4被哥伦比亚队逼平，爆出了大冷门。其实这场球赛苏联队10分钟就取得了3：0的领先，半场4：1几乎锁定胜局。但是下半场雅辛突然走神，被对手的角球偷袭前点直接破门，后来哥伦比亚队乘胜追击将比分扳平，雅辛在赛后遭遇了媒体的口诛笔伐，甚至被认为走下了神坛。

小组第二是实力不俗的南斯拉夫队，前几届世界杯它的成绩稍显一般，此次它迎来了一批新锐，期待取得突破。其中最突出的是球场"魔术师"舍库拉拉茨，他多变的脚法鬼魅至极，在欧洲球员中属于异类。加利奇和斯科布拉尔等人也颇具实力，后者在多年之后扬名马赛队，法甲单赛季打进44球，至今仍是历史最高纪录。

本届的淘汰赛延续了之前的模式，两队如果90分钟战平将进入加时赛，如果加时赛结束仍然打平，则抽签选出晋级球队。不过如果是最后的决赛，两队战平之后需要重赛，如果重赛120分钟还是平局，再进行抽签决出冠军。

8强战关注度最高的，自然是巴西队与英格兰队的遭遇战。巴西队的"433阵形"没有什么变化，英格兰队这届主打"424阵形"，查尔顿此时更多在左路活动，格里夫斯负责得分，海尼斯与摩尔搭档中场，各种类型的球员都有。

从比赛进程来看，巴西队逐渐找到了大赛的感觉，贝利受伤缺阵之后，加林查接管球队。本场也正是他的头球破门帮助巴西队首开纪录，不过随后英格兰队依靠定位球幸运扳平比分。下半场开始后，巴西队连续发难主导了比赛，瓦瓦发挥了门前抢点的特长，加林查更是打出了气贯长虹的远射。3：1成为最终的比分，这还是属于"桑巴军团"的一届世界杯，但英格兰队的未来不可限量。

联邦德国队与南斯拉夫队，连续第三届在世界杯8强赛相遇。南斯拉夫队在终场前打进绝杀球，12年的蛰伏之后，终于杀进了世界杯4强。智利队遇到了劲敌苏联队，从实力上来说其胜算不大，但早年间东道主的优势极其明显，往往战斗力十足，甚至能弥补实力的差距，从而创造队史最好成绩。

这次智利队自身发挥谈不上出色，但苏联队更是有失水准。特别是小组赛中自信心受到打击的雅辛，被智利队的两脚远射打蒙。按照他以往的水准，这两个球应该都能拿下，毕竟身高1.89米的他身体极为舒展，鱼跃扑救本是他的招牌强项。

最终苏联队以1：2败下阵来，这次失利相当可惜，以它的实力来说，如果球员正常发挥，是有实力角逐冠军的。只可惜一次简单的错过，可能就是永久的遗憾。

匈牙利队与捷克斯洛伐克队的比赛关注度较低，最终捷克斯洛伐克队以下克上，有些意外地闯进了半决赛。

东道主智利队能进前四名，已经大大超过了球迷们的预期，而在半决赛遇到巴西队，则算是送给灾后的智利队的礼物。享受足球的快乐，是这场球最赛重要的意义，结果似乎早已注定，反而显得没那么重要。

按照后世的渲染，这是一场属于加林查的比赛，他在上半场头顶脚踢完成梅开二度，帮助巴西队奠定胜局。从某种意义上来说，他的表现确实是决定性的，但这样的说法有些片面，低估了智利队的发挥。

其实在这场比赛中，智利队的右路进攻比巴西队更迅猛，其右后卫埃萨吉雷的攻击欲望甚至超过两个年迈的桑托斯。只不过他的效率不高，边路创造出空间之后，最后两下的处理有失水准，得分手把握机会的能力也不如巴西队。尽管那时没有确切的数据统计，但仅就控球率和制造机会而言，智利队完全不逊色于巴西队。

当然到了这种"高端局"，球星个体的实力对比赛结果是起决定作用的，智利队输给了加林查和瓦瓦，也没什么好遗憾的。更何况智利队还收获了两粒进球，其中核心托罗30米开外技惊四座的弧线任意球，比1982年济科的传世"香蕉球"早了20年，只可惜受限于他的知名度，此球几乎无人提起。

另外一边，南斯拉夫队对阵捷克斯洛伐克队，可能是世界杯历史上关注度最低的半决赛之一，现场只来了5000名观众，也算是一个反面纪录了。从整体实力上来说，南斯拉夫队也许稍占上风，但它却被捷克斯洛伐克队压制。本场捷克斯洛伐克队找回了进球的感觉，前面最多单场进一球，本场居然打进三球。在牢固防线的加持下，捷克斯洛伐克队一路杀向圣地亚哥的决赛场地，这在开赛前恐怕没有人能预见到。继1934年之后，捷克斯洛伐克队再一次为中欧足球增添了荣光。

最后的成功卫冕

1962年6月17日，智利圣地亚哥国家体育场，世界杯决赛即将举行。客观来说本届决赛的关注度偏低，一是因为没有东道主球队参与，二是两支球队实力相差较大，能够广泛吸引中立球迷的，还得是传统豪门之间的碰撞。

之前提到捷克斯洛伐克队中卫组合很强劲，巴西队前两场的高空抢点很难获得机会，所以加林查的边路突击就显得格外重要。不过比赛开始后，捷克斯洛伐克队进入状态更快，居然通过中路传递打开缺口，由马索普斯特插上首开纪录。巴西队连续两届决赛开场就落后，其球员需要打起十二分的精神。

然而这场球赛加林查受到的限制不小，他的状态也没有前两场那么好，球队需要其他人站出来接管比赛。但令人意想不到的是，帮助巴西队实现逆转的居然是捷克斯洛伐克队的门将施洛伊夫。

就在马索普斯特进球之后不久,顶替贝利的阿马里尔多在左翼突击后,选择冷射打近角,判断失误的施洛伊夫没有封住,只能目送足球入网。随后比赛就陷入僵持,最后为"桑巴军团"荣耀奠基的还是施洛伊夫,比赛进行到70分钟左右,巴西队左路起球看似没有什么威胁,结果施洛伊夫判断失误,贸然出击丢掉防守位置。在门前等候时机的济托轻松将球撞进球门,巴西队取得领先。

10分钟之后,巴西队在禁区右侧前沿故技重施,贾尔马·桑托斯看似漫无目的地高吊球打入禁区,施洛伊夫扑球脱手,力助瓦瓦打进锁定胜局的一球。这也是瓦瓦连续第二届世界杯决赛破门,后世能在两届决赛收获进球的,也只有贝利、布莱特纳与齐达内这三位球星。

本届世界杯的卫冕,充分证明了巴西队的整体实力,在开赛即失去贝利的情况下,凭借加林查、扎加洛、阿马里尔多等人的协作发挥,在相当困难的情况下卫冕成功,铸就了流芳百世的"黄金一代"。巴西队也是迄今为止世界杯历史上最后一支实现卫冕的球队。

从赛事筹办的角度来说,智利的表现可以给出超越满分的评价,在史无前例的自然灾害侵袭之后,他们在废墟之中从零开始,展现出惊人的勇气与执行力。在已经举办的21届世界杯中,从没有哪届组委会遭遇的困难比智利更大,而他们通过不懈的努力,让这届世界杯的主办权留在了重生后的家乡。

唯一令人遗憾的是,智利足协主席、赛事的总负责人卡洛斯·迪特伯恩先生,在世界杯开赛前去世,年仅38岁,他没能亲眼见证自己所创造的人间奇迹。

从竞技层面来说,本届赛事却有些不尽如人意,在功利主义大环境的影响下,各队的球风趋于保守,暴力的犯规场面层出不穷,对赛事本身造成恶劣的影响。比赛的场均进球数,也从1958年的3.60个降至本届的2.78个,这也是世界杯场均进球数首次低于3.00个。1954年的5.38个是混乱无序的规则所致,本届的2.78个则是另一个极端的体现。

在球星方面,可以着重讲讲归化球员。意大利队与西班牙队都归化了不少球星,诸如迪·斯蒂法诺、普斯卡什、西沃里与阿尔塔菲尼等等,但这些人在赛场内外都是事端的制造者,而且场上表现实在难以与其名望相匹配,除了引发更多的敌意,很难起到正面效果。也正是1962年世界杯之后,国际足联开始严格限制归化球员,虽说规则跟今天相比还有出入,但门槛已经高到无法随意进出的程度。

在大牌球星方面,最为突出的自然是巴西队头牌加林查,在贝利缺阵的情况下,他依靠自身优秀的发挥,将巴西队扛进决赛。淘汰赛前两场打进4球,还并列获得赛事金靴奖。这足以证明除了贝利之外,他同样拥有出类拔萃的带队能力,足以载入史册。

至此,智利世界杯画下句号,下一个4年的等待对于现代足球来说,有着别样的意义,因为那将是一次回乡之旅。

第 八 章
1966，足球回家

后世的争议都来自"门线悬案"，通过存世的资料，即便借助如今的高科技手段，也无法给出令所有人信服的结论。赫斯特的射门，进与不进只在毫厘之间，当场的主裁判和边裁，都很难在电光石火间做出判断。时至今日，交战双方始终各执一词。

——引语

■ 回家，与悄然改变

如果有一天世界杯来到英格兰，那我们便可以说足球回家了。从1950年英格兰队首次参加世界杯开始，众多球迷都在期盼这一天的到来。终于在1960年8月22日，他们的愿望成真，这一天英格兰击败了西班牙与联邦德国，拿到了1966年世界杯的主办权。

智利世界杯后的几年间，足球世界依然在平稳过渡，旧的思潮渐渐消亡，新的理念仍处在博弈之中。尽管保守主义足球大行其道，但国际足联仍然没有从根本上改变竞赛规则，毕竟这是牵一发而动全身的事情，必须经过多年的论证才可以投入到实践之中。

从阵形上来看，巴西队极大地推动了四后卫体系的普及，无论是最初的"424阵形"还是变种的"433阵形"都成为主流球队的标配，曾经统治足坛的"WM体系"已经难觅踪影。不过同样是四后卫，主打区域体系的平行站位与主打盯人体系的类链式防守仍然有着本质区别。

以巴西队、英格兰队为代表的一派，在区域防守这条路上越走越远，其防线上不设"清道夫"，在比赛轮转越来越快的情况下，可以更好地适应节奏变化。不过以意大利队、联邦德国队为首的盯人体系仍有大批的拥趸，其认为防线的层级结构非常重要，在面对劲敌时，如果不形成多重保护是难以保全自身的。

这一时期拉姆齐治下的英格兰队迎来了人才井喷期，其实在1962年世界杯中，其年轻球员就发挥得相当不错，只可惜面对巴西队仍欠打磨，但是4年之后情况就完全不同了。博比·摩尔、博比·查尔顿、吉米·格里夫斯、戈登·班克斯等核心球员，都迎来了生涯的全盛时期，他们处在黄金年龄，到了该收割荣誉的时候了。

而且英格兰队作为东道主不用踢预选赛，主帅有大量时间考察新人，诸如阿兰·鲍尔、马丁·彼得斯、杰夫·赫斯特、诺曼·亨特等新锐，再加上杰克·查尔顿这样的"老新秀"，球队的阵容深度达到了非常高的水准，拉姆齐为了寻找最合适的踢法，需要进行不间断的比赛实践。

这期间他用过"424阵形"，考察过

"433阵形"，甚至还希望在此基础上更进一步。每种思路他都有可供选择的球员，但是这还牵扯到各俱乐部的平衡问题，也是幸福的烦恼。无论从哪方面来说，此时的英格兰队都是世界杯的夺冠热门。

老牌劲旅联邦德国队也在经历了阵痛期之后，迎来了一波小高潮。国内出现了一批20岁左右的年轻才俊，尽管很多人还未达到为国出战的标准，但他们的天赋肉眼可见，假以时日定能帮助球队重现荣光。

在新帅舍恩的调教下，联邦德国队建立了以席勒、舒尔茨、施内林格等老臣为主力的班底，贝肯鲍尔、奥弗拉特、沃尔夫冈·韦伯这样的青年才俊也获得了机会。联邦德国队的即战力比起4年前提升了不少，即便距离争冠集团还有差距，但闯进4强并不会让人觉得意外，毕竟其韧性是有目共睹的。

意大利队在这个周期内拟定了外援禁令，不仅国家队彻底清除了归化球员，意甲联赛也对外籍球员关上了大门。圣地亚哥的乱象让其痛定思痛，也许做好自己才能东山再起。

当然这个阶段意大利队并不缺乏人才，"米兰双雄"继续称霸欧洲，本土球星也层出不穷，里维拉、桑德罗·马佐拉、法切蒂等人都是历史顶级名将，可供主帅法布里随时调遣。但"蓝衣军团"此时并不团结，内部的争端时常被曝光，队内暗流涌动。

在敲定世界杯名单的时候，国际米兰队的皮济与科尔索两员大将落选，卡利亚里队的天才前锋里瓦也只进了预备名单，这些都掀起了舆论的波澜。即便其阵容依然豪华，但是大赛之前队内稳定是第一位的，团结程度往往决定了豪门的上限。

西班牙队与意大利队的情况有些类似，在经历了失败的归化时代之后，这个周期内国家队完成了大换血。西班牙队依靠一批年轻人拿到了1964年欧洲杯的冠军，从某种意义上证明了新战略的可取之处。

不过在备战世界杯的时候，"斗牛士"没有选择太过极端的方式，像苏亚雷斯、德尔·索尔、亨托与佩罗这些老骨干，依然获得了相应的位置。搭配了一些年轻人之后，整体阵容让人期待，不过考虑到欧洲杯时有强队缺席，球队的水准应该还不足以争夺世界杯冠军。

中东欧片区的情况各不相同，苏联队依然处在巅峰状态，继首届欧洲杯夺冠后，第二届又拿下了亚军。另一支备受期待的球队，就是重生的匈牙利队。它已经从10年前的阴霾中走出，在1964年欧洲杯中成功入围正赛（前四名），其绝对核心仍是阿尔伯特，在整个匈牙利足球的历史上，技术水准和大局意识能出其右的，也只有普斯卡什一人。

南美球队的情况不容乐观，巴西队处在新老迭代的阵痛期，在一系列混乱的操作之后，不仅球队的常备人员无法确定，甚至连日常集训都没法进行。要知道巴西队之所以能够蝉联世界杯冠军，除了球技之外，其训练保障工作也是一流的。

最后球队找到了1958年的老帅费奥拉，顺势召回了很多冠军老臣，像贝里尼、奥兰多、吉尔马、贾尔马·桑托斯与加林查等等，无论多大岁数，只要还能踢，就回来继续征战。哪怕球队有贝利坐镇，并补充了托斯唐与雅伊济尼奥等超新星，在如此混乱的局面下，球队前景仍充满了不确定性。

阿根廷队与乌拉圭队的起色都不大，"潘帕斯雄鹰"经过了理念的改革，从过去的技术流派强队变成了"屠夫"流派队伍，更注重身体对抗与铲抢拦截，哪怕出现了奥内加这样的"精灵"，也很难唤起人们对于过往的记忆。乌拉圭队的风格也开始向高强度转变，即便有古典主义大师佩德罗·罗查，但像队长特罗切这样的"清道夫"才是球队新风格的代言人。

在1966年的节点上，足球真的改变了许多，但至于其他大洲，足球的发展仍然处在混沌之中。

■ 精彩，从开始上演

本届世界杯有超过70支球队报名参赛，东道主英格兰队和上届冠军巴西队自动入围决赛圈。与此前几届不同的是，此次话题度最高的并不是欧洲区，而是亚非与大洋洲区域。

国际足联要求非洲区的胜者要跟亚洲及大洋洲赛区（以下简称亚大区）的胜者踢附加赛，非洲方面对此十分不满，他们认为自己区域内国家数量众多，完全配得上一个独立参赛名额。

再加上非洲足联与国际足联在一些问题上的不同立场，双方的矛盾日益加深。最终非洲方面宣布集体退出1966年世预赛，亚洲与大洋洲的球队将争夺一个出线名额。

当然亚洲区也不太平，由于各种问题导致的对立，多支球队陆续退出，只剩下朝鲜队与澳大利亚队两队竞争。最终朝鲜队凭借一套快速灵活又不失强硬的体系，两回合9：2击溃了略显笨重的对手，历史上首次打进世界杯正赛。在当时恐怕不会有人想到，这是一段奇迹旅程的开端。

欧洲区整体波澜不惊，传统强队悉数晋级，比较意外的就是南斯拉夫队与捷克斯洛伐克队的出局。不过考虑到两队硬实力较弱，小组中还存在葡萄牙队这种黄金新锐，被淘汰也在情理之中。尤西比奥和他的搭档们，在上届折戟预选赛之后，终于第一次踏上了世界杯正赛的赛场。美洲区晋级的仍然是那几支劲旅，唯一值得强调的就是智利队，尽管它失去了上届的一些核心球员，但是球队还是延续了以往的水准，拿到了世界杯的正赛资格。

本届的小组赛延续了传统的16队模式，分成4个小组，每组前两名晋级正赛。赛前预设的种子队是英格兰队、巴西队、联邦德国队与意大利队，它们分属不同的小组。如果出现同分的情况，还是GA更高的球队排名靠前。

虽说东道主英格兰队引人注目，但小组阶段只能沦为配角，因为其他球队的故事实在太过精彩。由巴西队、葡萄牙队、匈牙利队与保加利亚队构成的D组看点十足，豪强之间的碰撞吸引了全世界的目光。

从比赛的进程来看，巴西队的主力阵容难以确定，球员之间默契度不够，奉献震撼表演的反而是葡萄牙队与匈牙利队。尤西比奥的球队攻击力极其强劲，他个人既是进攻的发起者，也是终结者。脚下技术与速度结合得相当完美，擅长长距离持球后破门得分，在任何位置都需要被重点盯防。

而他的队友何塞·托雷斯身高超过1.9米，是不折不扣的空霸，争抢第一点成功率很高，且擅长头球摆渡助攻，这几乎成为球队惯用的进攻套路。而两翼的西蒙斯与奥古斯托，一个擅长突破，一个擅长大范围游弋衔接组织，几个人的配合非常默契，球队的进攻呈现出立体化姿态。在凶猛火力的加持下，葡萄牙队三战全胜豪取小组第一，末轮3∶1战胜巴西队的比赛，更成为世界杯历史上的经典。

匈牙利队则是球风更加柔和且流动性更强的艺术之队，传切速度快、到位率高，如果对手不采取强硬的防守姿态，就很容易陷入被动。最典型的就是它3∶1击败巴西队的比赛，堪称世界杯历史上最极致的对攻表演。最终匈牙利队三战两胜，拿到了小组第二个出线名额。

至于巴西队，球队内部的混乱自然是出局的主因，但场上对手粗野的犯规，也让球员苦不堪言。贝利首战保加利亚队就被踢伤，休整一场之后，末轮对阵葡萄牙队，又被对方的莫赖斯双铲击倒，在没有换人规则的年代，这种打击是致命的。

意大利队、苏联队、智利队与朝鲜队所在的C组，原本没有引起大众的关注，但是随着比赛的进行，这里却成了球迷们瞩目的焦点。从前两轮比赛来看，苏联队一枝独秀，显然是小组中最强的球队。意大利队稍显混乱，但正常发挥出线不是问题，智利与朝鲜两队看样子只是来走过场的。

小组末轮，意大利队只要战平朝鲜队，基本上就能确保出线名额。但神秘的"东方千里马"（朝鲜队昵称）却制造了世界杯历史上最大的冷门。这支球队赛前鲜为人知，人们无法得知它的情况，只能通过实际比赛来观察。其实在对阵智利队的比赛中，朝鲜队队长朴承振的绝平抽射，就已经创造了历史，这是亚洲球队在世界杯上的首个进球。但要想小组出线，朝鲜队需要击败意大利队，这几乎是不可能完成的任务。

这支朝鲜队的特色是速度与硬度兼具，其阵形介于"424阵形"与"433阵形"之间，锋线上的韩奉镇与杨成国属于不错的边路选手，韩奉镇的突破能力尤其突出。中前场的衔接主要靠勤勉的朴斗翼完成，而掌舵中场的则是队长朴承振，他是体能充沛的指挥官。球队的防线比较稳定，核心是多面手林重善与门将李赞明。

这场比赛其实意大利队精英尽出，里

维拉、马佐拉与法切蒂等人都首发出场，但朝鲜队利用自己不惜力的跑动来维持场面。再加上门将的出众发挥，朝鲜队抵挡住了"蓝衣军团"的前几波攻势，随后便迎来了转机。

上半场刚踢了半个多小时，意大利队队长布尔加雷利就因伤下场，朝鲜队获得了11打10的机会。随后便诞生了足球史上的经典一幕，朴斗翼利用意大利队中卫瓜尔内里的失误，在禁区边缘一脚抽射破门，为完成奇迹奠定了基本盘。

下半场意大利队试图反扑，但场面并非一边倒，朝鲜队毕竟有人数上的优势，加上球员充沛的体能和强大的意志力，硬是将1∶0的胜果守到最后。这是亚洲球队在世界杯上的首场胜利，也是亚洲球队第一次实现小组突围。

相比之下，英格兰队所在的A组显得乏善可陈，一方面乌拉圭队、墨西哥队等都采取极端的防守策略，另一方面英格兰队自己的阵形还在摸索阶段。球队的"433阵形"钝感十足，格里夫斯被安排打不擅长的左边，右边锋三场换了三个人，面对密集防守，只能依靠查尔顿的远射和不讲理的边路传中，这样的进攻发挥，很难让东道主球迷满意。好在他们的成绩稳住了下限，两胜一平拿到了小组第一，与乌拉圭队携手晋级淘汰赛。不过以此时的状态来看，英格兰队距离夺冠还有很长的路要走。

联邦德国队、阿根廷队、西班牙队与瑞士队所在的C组，比赛也是近乎肉搏，联邦德国队与瑞士队一直是硬派足球的代表，阿根廷队几年间的转型也比较彻底，很多比赛都有成为武斗的趋势。哪怕西班牙队技术出众的选手更多，但面对身体流派，其可施展的空间也有限，加上硬实力并非高人一筹，小组出线都变得很困难。在艰苦搏斗之后，联邦德国队保下限的能力再次显现出来，两胜一平拿到小组头名。阿根廷队虽然一路磕磕绊绊，但也如愿以偿地拿到了出线名额，这似乎坚定了球员用身体死磕到底的决心。

■ 高潮，极致个人秀

本届淘汰赛与上一届的赛制一样，不多加描述。首轮淘汰赛，最受关注的对决自然是英格兰队与阿根廷队的正面碰撞，"三狮"主帅拉姆齐临场变阵，用杰夫·赫斯特替换了格里夫斯，并且正式取消传统边锋，扶正阿兰·鲍尔与马丁·彼得斯，球队阵形十分接近当代的"442阵形"。

这套体系的双中锋罗杰·亨特与赫斯特，都是硬派的抢点选手，鲍尔与彼得斯踢两个边前卫，主要通过频繁的穿插跑动制造机会，并且打乱对手的防线。博比·查尔顿踢前腰扮演指挥官，斯泰尔斯拖后防守，专门搞定对手的进攻核心。这种放弃高位边锋，以跑动和覆盖创造机会的阵形，被后世称为"无翼奇迹"。

巧合的是，阿根廷队本届的核心思路也是如此，其阵形也接近"442阵形"。中场两个侧翼负责换位冲击，也有奥内加这样的大脑指挥进攻。球队追求的也是依靠大量跑动与覆盖支撑的现代理念，遇到变阵的英格兰队之后，这场球赛注定充满了荷尔蒙的气息。

两边整场都充斥着身体接触，各种小动作层出不穷，导致比赛支离破碎，场面十分难看。阿根廷队队长拉廷持续在裁判面前喋喋不休，导致他很早就被罚出场，一度让比赛长时间中断。最终还是裁判监督肯·阿斯顿出面才平息了事端。

英格兰队凭借赫斯特的头球绝杀终结了悬念，但阿根廷队永远无法接受这样的失利。从竞技的角度来说，这场球赛没有胜利者，双方用极端的方式诠释了现代足球理念，然而却背离了这项运动的初衷——带给人们快乐。

苏联队与匈牙利队的比赛是两种不同风格的对抗。匈牙利队的美丽足球，已经通过小组赛展现在世人面前，而苏联队的硬朗与犀利，似乎正是艺术的天敌。苏联队派出沃洛宁专职盯防阿尔伯特，这虽让其防线层次看上去不明晰，效果却是显而易见的。虽说匈牙利队是多点开花的传切体系，但阿尔伯特是绝对轴心，如果没有他作为发起点，很多进攻套路是没法实现的。因为顶尖球星往往能在瞬息万变中捕捉到战机，一个简单的处理就能决定比赛的走势。

在阿尔伯特被冻结之后，匈牙利队可谓处处受阻，面对巴西队时的华丽场面不见了，只能在苏联队的城墙下自怨自艾。而对手则平稳地连下两城，锁定了晋级名额。收获了无数赞誉的匈牙利队，只能在8强战之后就打道回府了。

朝鲜队与葡萄牙队的比赛，原本被认为是一边倒的较量，毕竟两队的实力相差甚远。但开场之后，葡萄牙队却被对手的三板斧给上了一课，突然间的连续走神，让其居然半个小时之内连丢3球，到了被淘汰的边缘。

这样的剧情，恐怕连朝鲜队球迷都无法想象。毕竟小组赛朝鲜队只打进两球，多数时候都处在被动挨打的局面。朝鲜队此番主动出击令人意外，取得的效果也是空前的。好在葡萄牙队还有尤西比奥，球队的大半进攻都跟他有关，此刻倚仗队友不太现实，只能自己站出来逆天改命。大比分落后让"黑豹"的攻击欲望倍增，他很快通过个人能力扳回两球，半场一球的劣势给之后的比赛增加了悬念。

下半场完全成为尤西比奥的个人秀场，他先是一脚劲射扳平比分，随后又沿着左路一条龙长驱直入制造点球，用不可思议的个人大四喜帮助球队逆转了比分。也许这才是两队真实差距的体现，但这样的比赛过程，再好的编剧恐怕也难以驾驭。

最终葡萄牙队5∶3实现了超级翻盘，尤西比奥上演了世界杯历史上最令人震撼的单场表演。但是这支朝鲜队配得上所有的掌声，它创造的奇迹赋予了世界杯更深层次的意义——足球运动是世界的。

相对而言，联邦德国队与乌拉圭队的

8强战，关注度要低很多。其实乌拉圭队与对手的差距不算大，开场还有机会取得领先。但乌拉圭队输在情绪管理上，在被对手意外破门之后，球员情绪失控导致动作变大，连续被罚下两人之后，悬念就终结了。最终4∶0的结局，完全不能体现双方的实力对比。但这也是足球，是必须认命的艺术。

半决赛的英葡大战可谓万众瞩目，比赛几经周折最终被安排在温布利大球场举行，尽管事后有一些争议，但这只能算是竞技之外的插曲。从实力上来说，英格兰队更为均衡，但葡萄牙队锋线更锐利，不过防线的隐患可能被对手利用。这场球赛的结果，完全取决于临场发挥。

从策略上来看，英格兰队祭出斯泰尔斯缠住尤西比奥，这样冻结核心的做法，在本届比赛中已经多次出现。与匈牙利队一样，头牌人物被拖住之后，整体的进攻节奏受到严重影响。此前葡萄牙队的绝对机会，除去空中球的二点争抢，其他大半来自尤西比奥的个人冲击。

然而在斯泰尔斯的纠缠之下，"黑豹"很难获得从容的拿球机会，在发挥空间不足的情况下，也没法施展推进爆破的撒手锏。所以在比赛的大部分时间中，英格兰队是占据一定主动权的。

不过这场比赛中葡萄牙队的防线还算过得去，只是在盯防查尔顿的时候出现破绽，被他抓住机会梅开二度。其实英格兰队的绝对机会也不算多，但顶级巨星的价值就在这里，在决定命运的时刻，他们就能站出来左右比赛。

到了比赛的最后阶段，葡萄牙队的反扑势头很猛，英格兰队稍显力不从心。尤西比奥利用点球扳回一分，托雷斯又利用高空争顶，给队友创造出了必进的单刀机会，但却被挥霍掉了。如果葡萄牙队能在90分钟内扳平比分，后面也许能占据上风。

可惜终场哨响之时，2∶1的结局已经锁定，英格兰队在家门口闯进了世界杯决赛，葡萄牙队的天才一代没能翻越横亘在面前的山峰。也许他们会在悲愤之余默念"属于自己的时代终将来临"，可惜有很多事情错过了注定抱憾终身。

另一场半决赛在苏联队与联邦德国队之间进行，双方在前进之路上，都已经将自己的特点显露得淋漓尽致。这种比赛往往需要球星来左右，或者被意外的情况改写。从场面上来看，双方难以分出高下，而且由于身体接触太多，对决略微显得枯燥乏味。即便哈勒在上半场结束前冷射破门，也难以掀起太大的波澜，看上去两边还要纠缠至少45分钟。不过就在同一时刻，比赛的天平倾斜了。

苏联队边锋基斯连科被对手犯规后，极不冷静地报复踢人被裁判抓住，随即就被驱逐出场。落后一球且缺少一人，换作任何球队，恐怕都凶多吉少。在不利的局面下，下半场苏联队的反扑相对有限，与此同时，一名20岁的日耳曼少年在关键时刻站了出来。第67分钟，当时还主踢中场的贝肯鲍尔，在禁区弧顶处左脚突然发炮，视线受到干扰的雅辛毫无反应，只能目送足球入网，成就了"贝皇"早期生涯的经典时刻。比赛结束前，苏联队利用高举高打扳回一城，但时间所剩无几，球队也显得有心无力。在球队拥有最好机会的时候，他们被挡在了世界杯决赛的大门外。

悬案，永恒的争议

英格兰队与联邦德国队，将在世界杯决赛上演巅峰对决。此时的联邦德国队还不是英格兰队的克星，而英格兰队在自己的土地上，仍然持有一种难以名状的自傲情绪。事实上自从双方正式组建的代表队首次交锋以来，直至这届世界杯决赛之前，英格兰队取得了六胜一平的成绩，占据绝对优势。

而几十年来能在温布利大球场击败英格兰队的球队，一只手就可以清点完毕。主帅拉姆齐试验"类442阵形"的成功，也给他们取得最终胜利增添了一些信心。1966年7月30日，伦敦温布利大球场，决战一触即发。英国女王伊丽莎白二世携丈夫菲利普亲王现场督战，作为本届杯赛的主办地，作为现代足球的发源地，作为战后重生的代表，他们太需要这座金杯。

双方的阵容与踢法没有大的变化，联邦德国队虽说坚持踢盯人体系，也设有舒尔茨这样的"清道夫"，不过其阵容流动性与英格兰队相比毫不逊色。鲍尔与彼得斯反复穿插试图制造盯人的混乱，而埃梅里希、黑尔德与哈勒等人的跑位，何尝不是新思潮的体现，没有人再拘泥于同一位置、保持同样的角色，球员需要不断填补空白，并在新的区域发挥自己的能量。这就是所谓的"全能足球"的雏形，这种新理念已经处在破土而出的前夜。

令人欣慰的是，虽然双方都秉承力量型踢法，但比赛场面还是比较开放的。20分钟未到，哈勒与赫斯特已经为双方分别建功。不过在1：1之后，双方陷入了僵持，大开大合的场面被不断的跑动覆盖抑制住了。

尤其值得关注的是博比·查尔顿与贝肯鲍尔的相互纠缠，两人是各自中场的灵魂人物。查尔顿不必多说，是英格兰队进攻的绝对发动机；年轻的"贝皇"虽然技术精度一般，但十足的冲击力和过硬的脚头，也让他在联邦德国队的进攻框架中扮演着不可替代的角色。他们把精力都放在限制对方上面，创造力自然也就枯竭大半。

核心兑子之后，想实现破门只能多打高空球，但这种方式往往是一锤子买卖，需要一定的运气。比赛第78分钟，英格兰队率先找到了机会，利用空中球制造了联邦德国队禁区内的混乱，彼得斯抓住机会破门得分，东道主英格兰队终于将比分反超。

按照常理来说，此时"三狮军团"扎好营寨，就可以等待最终问鼎了。然而他们的对手是以铁血意志著称的日耳曼人，各种绝杀与绝平堪称标配。比赛最后一分钟，联邦德国队赢得了前场任意球，这也是其标志性的得分手段。

同样，这次定位球也在英格兰队的禁区内制造了混乱，联邦德国队的左路传中在碰到施内林格后发生折射，后插上的中卫韦伯补射破门，神奇地将比分扳平。不过根据当场多角度的影像资料来看，施内林格存在极大的手球嫌疑，如果当时就有如今的VAR系统（视频助理裁判系统），英格兰队很有可能90分钟结束比赛，也就不存在后来的争议了。

在加时赛中，双方虽然还有一战之力，但都接近"油尽灯枯"的极限了。后世的争议都来自"门线悬案"，通过存世的资料，即便借助如今的高科技手段，也无法给出令所有人信服的结论。赫斯特的射门，进与不进只在毫厘之间，当场的主裁判和边裁，都很难在电光石火间做出判断。时至今日，交战双方始终各执一词。

在比赛结束之前，杰夫·赫斯特打进锁定胜局的一球，自己也上演了帽子戏法，成为男足世界杯历史上迄今为止唯一一个决赛"戴帽"的球员。（2015年劳埃德在女足世界杯中决赛戴帽。）英格兰队在家门口首次成为世界杯冠军，"足球回家"的故事也拥有了圆满的结局。

在那时恐怕很难有人会料到，半个多世纪之后，英格兰队居然还在为下一座金杯苦苦挣扎。时至今日，英格兰队距离再度圆梦应该不远了。

回首本届世界杯征程，英格兰人完美地承办了这次回家之旅。另外需要着重称赞的是电视转播方式，本届赛事首次通过卫星直播实现了全场次覆盖，也成为历史上第一届每场比赛都存有全场影像的世界杯。

不过在功利主义理念大行其道的时代，本届赛事多半比赛显得粗野又乏味，很多过去主打技术流派的球队，如今都成了身体流派。场均进球数也维持了前一届的2.78个，各种暴力场面随处可见，国际足联快到坐不住的时候了，一场大变革正在酝酿。

在球星层面，本届的对比异常鲜明，进球最多者自然是尤西比奥，他以9球获得金靴奖，还奉献了单场大四喜的惊艳表演。运筹帷幄者如博比·查尔顿，撑起了英格兰队的脊梁，也正是在他的调度之下，才铸就了冠军之师。艺术表演者还得是阿尔伯特，他领衔的匈牙利队，将美丽足球推向了全新的高度，毕竟成绩不能代表一切，我们还需要单纯的快乐。

失意者自然就是贝利、里维拉、法切蒂等人，头顶当世翘楚的名号，却因为各种原因无法在顶级舞台上兑现天赋，注定留下遗憾。好在此时的他们都还年轻，未来仍有发挥的空间。

我们都知道，贝利是"球王"，那么球王如何加冕？或许4年之后就有了答案。

第九章
1970，君临天下

当然史诗级的胜利还需要一个精彩的结尾点缀，最后时刻"桑巴军团"开始在后场秀脚法，科洛多阿多连续摆脱4人防守后从容出球，雅伊济尼奥适时将球分到中路，贝利再度施展大师风范，轻描淡写地一拨，帮助后插上的卡洛斯·阿尔贝托完成致命一击，这与绝杀英格兰队的模式何其相似。此球也是世界杯早期最著名的团队配合破门，巴西队告诉全世界什么才是艺术足球的极致。

——引语

■ 规则发生巨变的时代

前八届世界杯都在欧洲或者南美洲举办，但是这一次墨西哥击败阿根廷，获得了1970年世界杯的主办权。

从本国的足球底蕴上来说，1930年首届世界杯的揭幕战，墨西哥队就是参与者。从承办大型赛事的角度来说，墨西哥既有机遇，又面临着巨大的挑战。墨西哥国内的许多办赛城市海拔较高，最低的瓜达拉哈拉也达到了1500米，更何况世界杯的热潮会裹挟着雨季的湿热一同到来，在兼顾电视转播的情况下，球员们将承受难以名状的身心煎熬。

不过1968年墨西哥将率先举办夏季奥运会，足球部分的比赛可以当作世界杯的测试赛。如果届时遇到比较棘手的问题，赛事组委会还有两年的时间进行协调，各支参赛球队也可以着手研究解决办法，所有人都在为了同一个目标而努力。

从前两届世界杯来看，功利主义思潮已经统治足球世界，很多球队摒弃美丽足球的传统，为了取得胜利而不择手段。球场上粗野暴力的犯规随处可见，比赛的观赏性大打折扣，在1970年世界杯的风口上，国际足联尝试进行改革，从竞赛规则下手，试图让足球重回锋芒毕露的岁月。

首先要解决的问题就是球场暴力，1962年意大利队与智利队的"圣地亚哥之战"，1966年贝利遭遇的双飞铲，以及同年"英阿大战"的混乱局面，都是世界杯历史上的重大污点。如何有效地惩罚犯规球员，成为核心议题。

知名裁判肯·阿斯顿是"圣地亚哥之战"的主裁判，同时也担任了1966年"英阿大战"的裁判监督，亲历了无序的乱象之后，阿斯顿决定将量化处罚引入足球世界。在红绿灯的启发下，他经过长期思考，创造了划时代的红黄牌体系，这套模式一直沿用至今，成为足球竞技规则的基石之一。对于犯规球员的惩罚，从口头约束到黄牌警告，再到红牌罚出场外，搭配各种实施细则之后，球场暴力得到了很好的管控。

遏制住暴力倾向之后，如何提升比赛的观赏性，也是国际足联亟待讨论的议题。基础规则的变动影响深远，可能会遭到集体抵制，1925年越位规则改动之后，长达数年的进球狂潮就是最好的佐证。而在1970年的节点上，国际足联选择适时推出换人规则，这一举措堪称妙笔。

在过去100年间的正式比赛中，换人几乎是不被允许的，即便20世纪50年代到60年代出现了重伤之后的对位换人名额，也只是小范围内的尝试，并没有被广泛采用。然而近几届世界杯，因为受伤减员导致比赛的观赏性大打折扣，让大众开始认真审视替换球员的必要性。

1966年因为贝利被过早铲伤，留在场上却无法跑动，10打11的巴西队在小组赛即遭淘汰；同年意大利队与朝鲜队的比赛，意大利队队长布尔加雷利也是半场不到就伤退。更让人揪心的是，很多球员即便已经受伤，却不愿意看到球队以少打多，很多人还会选择回到赛场勉强维持，从而增大了伤势加重的可能性。1970年世界杯开始正式引入换人规则，每支球队单场比赛可换两人，堪称开天辟地的变革。

在没有触动竞技根基的情况下，换人规则的引入保障了比赛的活力属性，也增加了比赛的容错率。各支球队在正常情况下可以放开手脚施展才华，足球运动终于开始从泥沼中脱身，这将是一段全新旅程的开始。

■ 诸神混战的格局

1966年世界杯之后的几年间，足坛进入了由40后主宰的全盛时代，英格兰、联邦德国、意大利、苏联等队都处在历史高位。南美的巴西队也在阵痛期后焕然一新，即将到来的世界杯，可以说是诸神之战。

英格兰队的阵容日臻完善，弗朗西斯·李替换罗杰·亨特出任二前锋，穆莱利接替斯泰尔斯出任后腰，左后卫威尔逊的位置由特里·库珀顶上。这几个关键位置的更迭，使得球队传切体系更加丰富，技术水准进一步提高，边路的冲击力也有所增强。诺曼·亨特、彼得·汤普森等人，也都是豪门球队的牌面人物，这样的"三狮军团"有着卫冕的雄心。

上届亚军联邦德国队，也是在保留了核心班底的情况下，迎来了人才的井喷式爆发。

出自拜仁慕尼黑队的"天才轰炸机"盖德·穆勒，是足球史上得分能力最出色的球员之一，他没有惊艳的技术和出众的身材优势，却凭借灵敏的嗅觉和特殊小腿结构所赋予的反应力，成为禁区内的超级猎手。对于他来说，进球从来不是问题。

随着利布达、格拉博夫斯基与洛尔等边路突击手的出现，球队的战术体系更加丰富，可以根据对手及时调整。防线上则迎来了两大强援助阵，知名门将塞普·迈耶和后卫福格茨，都是足球史上的顶尖人物。

意大利队的情况要复杂一些，国内联赛下了外援禁令，曾经不可一世的国际米兰队也开始走下坡路，然而其球星成色依旧过硬,战术思路也很鲜明。即便上届世界杯不敌朝鲜队是奇耻大辱,但任何时候都没人能低估"蓝衣军团"。"大国际王朝"的功臣马佐拉、法切蒂与布尔尼奇等人,这个周期依旧处在黄金年龄,再搭配上"红黑军团"的基石里维拉,就足以彰显球队核心班底的厚重程度。而随着意甲联赛中卡利亚里队的一鸣惊人,像阿尔贝托西、切拉这样的防线中坚登堂入室,再加上被后世歌颂的传奇前锋里瓦,意大利队的前景也值得被看好。

西欧片区的其他劲旅,葡萄牙队黄金一代呈现出衰落趋势,甚至没能打进1968年欧洲杯正赛。西班牙队在经历了年轻化与老将淡出之后,暂时处在阵痛的阶段,短期内不具备冲击好成绩的能力。在中东欧片区中,苏联队在上届世界杯抱憾止步4强之后,在2年后的欧洲杯上,也将最后的冠军意大利队逼入绝境,最后也只是因为平局之后的特殊规则(掷硬币决定胜负),才在半决赛之后被淘汰出局。

南美洲依然是巴西队的天下,这几年间,贝利在深思熟虑之后回归国家队,托斯唐和雅伊济尼奥等青年才俊逐步成熟,再加上里维利诺、热尔松与卡洛斯·阿尔贝托等人助阵,此时球队的硬实力已经接近巅峰期的水准。即便巴西队的阵容存在头重脚轻的问题——天才球星多数集中在中前场,中卫和门将暴露出的问题相当明显——但当巴西人集结的时候,他们往往能用艺术造诣去掩盖传统意义上的缺憾。阿根廷队与乌拉圭队倒是在硬派的道路上越走越远,在这个阶段,曾经的"拉普拉塔河双雄"已经掉出足坛一线的行列,何时能回归初心,也许才是重新崛起的开始。

亚非等足球边缘大陆,在这个周期内完成了平稳的过渡,在朝鲜奇迹的感召之下,很多球队充满了信心,期待书写属于自己的传奇。

本届世预赛也是充满波折的。在中北美洲及加勒比地区的比赛中,足球甚至成为一场战争的导火索。这起冲突的主角是洪都拉斯与萨尔瓦多两个国家,双方在种种原因的影响下,最终爆发战争。

回到足球本身,这两队在世预赛中相遇,由于两战一胜一负,双方还要移师墨西哥进行附加赛。1969年6月26日,萨尔瓦多队在附加赛中击败洪都拉斯队晋级下一轮。然后萨尔瓦多队一路高歌猛进闯入正赛,这也是其历史上首次参加世界杯。

欧洲区上届大放异彩的葡萄牙队与匈牙利队双双无缘正赛。南斯拉夫队与西班牙队两支传统劲旅被分在同一小组,但却都被新锐比利时队力压,没能拿到去墨西哥的"机票"。南美区最大的冷门自然是阿根廷队意外出局,虽说它早已不是巅峰期的艺术之队,力压它的秘鲁队也确实拥有库比拉斯、加拉尔多、楚比塔斯等球星,但就这样无缘世界杯依然让球迷难以接受。在世界杯将近100年的历史中,"潘帕斯雄鹰"只有这一次预选赛出局的经历。

对于非洲区和亚大区来说,这届世预赛具有历史意义,它们分别拿到了一个独立的正赛名额。既不用像1962年那样跟欧美球队争夺，也不用像1966年预赛那样相互厮杀，摩洛哥队与以色列队最终脱颖而出，成为这两个大区的参赛代表，这也是足球不断发展的标志之一。

■ 那些传世的经典

本届世界杯小组赛依然延续传统，不过这次没有设置种子队，而是根据地域属性将各支球队分区，然后通过抽签决定每个小组的球队。另外值得一提的是，今天我们熟悉的"净胜球"（Goal Difference，简称GD）概念，在本届世界杯中首次被引入。这个新概念取代了之前的"得失球比例"（GA），成为判定小组名次的新依据。如果两队积分相同，那么净胜球更多的球队排名靠前。GD相比GA来说更加鼓励进攻，因为在GA的框架下，多进一球不如少丢一球，而GD就显得均衡了很多。

关注度最高的小组，自然是英格兰队与巴西队所在的C组，同组的捷克斯洛伐克队与罗马尼亚队也不可被低估，每场比赛都必须全力以赴。相比于英格兰队，巴西队的情况要复杂一些，它在赛前几个月刚刚更换了主教练，前两冠的功臣扎加洛临危受命，取代了言论不当的前主帅萨尔达尼亚。

不过，扎加洛在稳定军心方面颇有心得，不仅很快开始带队集训，而且在用人方面坚定不移，迅速确定了主力框架。球队主打"433阵形"，与1962年他所在的体系有类似之处。双内锋是贝利与托斯唐，右边锋是突破能力极强的雅伊济尼奥，左边锋里维利诺脚法柔中带刚，他的活动范围较大，更深度地参与回撤组织。

中场的两个固定人选，一个是"金左脚"热尔松，他的长传调度堪称一绝，是足球史上精度最高的长距离传球手之一。他的搭档科洛多阿多脚法秀丽，被称为"足球史上最会过人的中场"，年纪轻轻就在豪华阵容中占据了一席之地。

但球队的防线存在较大隐患，两个出众的边卫阿尔贝托与埃瓦里尔多都是攻强于守的类型，布里托与皮亚扎两个中卫相对毛糙，经常会出现低级失误。门将菲利克斯也不让人放心，他在高空球处理和地面球路的判断上，都存在较大缺陷。

不过在对阵捷克斯洛伐克队与罗马尼亚队这两场比赛中，"桑巴军团"还是展现出了碾压级别的进攻水准。这两场巴西队一共打进7球，贝利所展现出的竞技状态让人欣喜，他连续第二届杯赛任意球破门，还成为世界杯历史上第二位连续四届完成进球的球员（仅比联邦德国队球星乌韦·席勒晚3分钟），他甚至奉献了半场吊射的杰作，可惜与进球差之毫厘。

当然球迷们聚焦的核心还是巴西队与英格兰队的巅峰对决，尽管只是一场小组赛，但由于两队的实力层次都很高，这场球赛甚至被看作提前上演的决赛。为了照顾欧洲的电视观众，本届赛事很多比赛都放在炎热的中午进行，但这丝毫没有影响英、巴两队的战斗力。双方从一开场就刺刀见红，丝毫没有保留。"桑巴军团"的攻击组合倾巢而出，贝利很快就祭出逆天的头球攻门，结果被"门神"班克斯飞身化解，此球也被后世称为"世纪扑救"。

英格兰队尽管技术上处于劣势，但也不是被动挨打的角色，像查尔顿这样的控场大师，即便面对巴西队也踢得游刃有余。球队的进攻还是依靠更多的跑动覆盖，加上弗朗西斯·李的突击与赫斯特的抢点，能给巴西人制造不小的威胁。

在你来我往之中，双方半场互交白卷，但这种高质量的0∶0不会让人产生倦怠感。下半场巴西队攻势依旧凶猛，不过博比·摩尔领衔的防线坚如磐石，即便巴西队几大核心万箭齐发，他都能在且战且退中果断破坏进攻，动作之流畅、处理球之利落，称得上是防守界的艺术大师。

只是巴西队的攻势实在一浪高过一浪，比赛进行到第60分钟，托斯唐在左路摆脱防守完成传中，贝利中路接应后顺势一撩，将球送到了右路插上的雅伊济尼奥脚下。后者迎球爆射洞穿了班克斯的十指关，这也是那届巴西队的典型破门方式。

丢球之后英格兰队的反扑也很迅猛，可是运气欠佳，始终没能扳平比分。最终英格兰队以0∶1遗憾地输掉了比赛，但从欣赏的角度来说，能看到这样一场旷世对决，是一代球迷的幸事。即便这只是一场普通的小组赛，也足以流芳百世。在其他两场比赛中，英格兰队也遭遇了顽强阻击，好在凭借过硬的实力，最终都以1∶0涉险过关。从小组赛展现出的水准来看，英格兰队依然极具竞争力。

其他几个小组都缺少强强对话，精彩的比赛也不多见。稍好一些的是联邦德国队所在的D组，同组的对手是秘鲁队、保加利亚队与摩洛哥队，从实力上来说，三个球队对舍恩的球队不构成任何威胁。联邦德国队与摩洛哥队的比赛迟迟打不开局面，直到最后时刻才完成绝杀。其后两场小组赛，盖德·穆勒连续两场比赛都上演帽子戏法，基本上锁定了这届赛事的金靴奖。联邦德国队最终以三战全胜的成绩昂首晋级8强。

同组的秘鲁队也有上佳的发挥，它的主帅是曾经的巴西队的冠军核心迪迪，其倡导的攻势足球让球迷们受益。更何况球队中还有库比拉斯这样的进攻天才，他的持球推进与爆杆射门令人大呼过瘾，锁定第二个出线名额也不让人意外。

相比之下意大利队所在的B组，场面就令人昏昏欲睡。整个小组六场比赛一共只打进6球。最终拿到小组头名的意大利队，更是只在首战开场10分钟的时候打进唯一进球，此后便遭遇了260分钟的"球荒"。好在本组整体的攻击力都比较一般，意大利队与乌拉圭队才得以携手晋级，如果按照这样的表现继续下去，人们很难期待它们在淘汰赛中有出众的发挥。

东道主墨西哥队所在的A组，整体的关注度反而最低。一直处在高位的苏联队继续强势发挥,轻松拿下小组第一。墨西哥队则连续引发了争议,在对阵萨尔瓦多队的比赛中,球队首开纪录的进球存在越位争议,险些酿成更大的争端。末轮面对比利时队的出线生死战,墨西哥队又获得了一粒有争议的点球,最终借此晋级8强。

本届世界杯的淘汰赛依然延续了旧有的模式,首轮淘汰赛最引人注目的对决,自然是英格兰队与联邦德国队的狭路相逢,上届世界杯的决赛重演。这次双方依旧是华山论剑的级别,阵容豪华且状态出色,谁能晋级完全看临场发挥。

从双方上半场的情况来看,英格兰队还是稍稍占据上风,球队的跑动更加积极,状态显得更加兴奋。像穆莱利这样技术能力更出众的后腰,在进攻端也有出色的发挥,也正是靠他的破门,球队才取得领先。下半场开始没多久,英格兰队依靠赫斯特的抢点破门再下一城,比赛的悬念看似已经终结。此时联邦德国队祭出了最后的王牌,格拉博夫斯基替下了发挥一般的利布达,希望在最后30分钟做最后一搏。

联邦德国队赌对了,格拉博夫斯基的状态一如既往地好,依旧是绝对的替补奇兵。自他出场之后,球队的右路进攻被完全盘活,进攻威胁越来越大,像穆勒与席勒这种级别的射手,队友如果能创造出空间,出现机会那是绝对不会错过的。

不过率先挺身而出的是贝肯鲍尔,比赛进行到70分钟左右,他在禁区前一脚劲射攻破了英格兰队的大门。在班克斯因食物中毒缺席的情况下,替补门将博内蒂没能扑到球,联邦德国队扳回一城。

趁热打铁的联邦德国队愈战愈勇,比赛结束前10分钟,施内林格长距离吊球到禁区内,席勒"脑后长眼"的头球后蹭,居然直接攻破了博内蒂的十指关。双方进入加时赛,联邦德国队凭借格拉博夫斯基的右路起球,制造了盖德·穆勒的绝杀。虽说丢球之后,英格兰队回应很强硬,但无法扭转2∶3的结局,一代人卫冕的梦想,彻底化为泡影。

巴西队与秘鲁队的比赛相当开放,可以说是"桑巴"风格的师徒对决,场面让人大呼过瘾。通过这场比赛,巴西队的多人攻击线的磨合已臻化境,其足球哲学在此战之后彻底奠定——"永远比对手多进一球,那么你就是冠军",最终巴西队4∶2过关。

意大利队与墨西哥队的比赛波澜不惊,意大利队4∶1实现逆转,也终于摘掉了三场1球的标签。苏联队与乌拉圭队的比赛更是沉闷,欧洲身体流遇到了南美的不择手段派,场面必然令人昏昏欲睡。直到120分钟临近结束,才终于泛起波澜。乌拉圭队将球吊到苏联队禁区内,当球似乎越过底线之时,苏联队的球员以为出界了,所以集体停止了下一步动作。

但是裁判没有任何表示,乌拉圭队的球员借机将球捞回,并迅速传中打进制胜球。苏联队当然提出了质疑,场面也因此陷入混乱,但从胶片的高清视角来看,此球的正投影并没有完全越过底线,应该是个好球。而且从职业球员的角度来说，裁判哨声没响就不能停止动作，如此业余的失误导致出局，事实如何甚至不重要了。

半决赛由巴西队对阵乌拉圭队、联邦德国队对阵意大利队。

乌拉圭队小组赛初期就折损了攻击核心佩德罗·罗查，所以当面对巴西队这样攻击力十足的强队之时，只能通过提升比赛强度来应对。乌拉圭队从一开场就坚决执行该策略，让巴西队的传切无法流畅运行，不断的对抗消磨着巴西天才们的意志力，乌拉圭队还利用对手防线的漏洞先下一城。

但到了半场快结束的时候，乌拉圭队的防线开始出现漏洞，科洛多阿多顺势插上劲射破门，胜利的天平开始倾斜。下半场巴西队的火力愈发凶猛，雅伊济尼奥不讲理地奔袭破门，几乎突破对手的防线。这是天才觉醒的时刻，凡人能做的就是让自己体面地退场。而贝利还趁着球队起势的阶段，差点奉上了史诗级的曼妙表演。

他在接到托斯唐斜传之后，眼看就要顺势拧球形成单刀，却突然选择将球漏过，此刻人与球同时越过乌拉圭队的门将，形成空门之势。不触球版本的人球分过，可以说是难得一见，只可惜贝利面对空门将球打偏，此球也被称为"史上最遗憾的未进之球"，最终巴西队3∶1战胜对手顺利晋级决赛。

联邦德国队与意大利队这场万众瞩目的焦点战，被安排在享有盛名的墨西哥城阿兹台克体育场进行。赛前所有的预期与展望，恐怕都不足以诠释这场比赛的伟大，其进程超越了足球世界想象力的极限。

上半场双方虽然对抗比较激烈，但场面并不保守，意大利队通过博宁塞尼亚的冷射先拔头筹。联邦德国队面对法切蒂与布尔尼奇镇守的边路，要想打开局面还是比较困难。下半场意大利队又用里维拉换下了马佐拉，进攻端明显又有了起色，"米兰金童"（里维拉）一个人就足以改变场上的均势。

1∶0的比分几乎保持到最后一刻，意大利队似乎一只脚迈进了决赛。但就在比赛的读秒阶段，游弋到左路的格拉博夫斯基突然发难，他不合常理地起球吊向禁区，插上的"清道夫"施内林格正好跑到位置，包抄完成破门，双方进入加时赛。连续两届世界杯关键战，施内林格都与绝平球息息相关，也算是一代福将。

将比赛拖进加时的联邦德国队，也遭遇了重大打击，贝肯鲍尔在突破时摔倒，一只胳膊脱臼。此时联邦德国队已经用完了两个换人名额，"恺撒大帝"（贝肯鲍尔）只能缠着绷带继续奋战，然而此时他只能做一些简单的传球过渡，任何对抗都是要避免的。

接下来的比赛，堪称是世界杯历史上最不可思议的30分钟，一向以铁血防守著称的两支球队，开启了不可思议的对攻表演。你可以说双方的防线忽然"断电"，也可以说锋线运气不俗，但不可否认的事实就是，双方在17分钟内接连打进5球。

穆勒抓住意大利队替补中卫的失误先

下一城，布尔尼奇冲到对方禁区，很快又利用联邦德国队的失误扳平比分。紧接着就是里瓦的发难与穆勒的二次扳平。谁也没想到的是，就在双方3∶3僵持过后一分钟，里维拉奉献了绝命一击。

这30分钟是一代球迷的群体回忆，造就了传奇故事，塑造了几位英雄，甚至在阿兹台克球场外留下了一块牌匾，上面写着"世纪之战"。这段对攻大战，将穆勒与里维拉的个人特点展现得淋漓尽致，在如此重要的场合，呈现出如此血脉偾张的精彩表演，享誉百年实至名归。

■ 足球王国的降临

巴西队与意大利队最终完成会师，两队上一次在世界杯中交手已经是遥远的1938年。经过了几十年的沉淀，各自的特点愈发鲜明，这场决赛也被渲染为最强矛与盾之战。而意义更为深远的是，由于双方此前都已经两度捧杯，这场比赛谁能拿下，就将永久保留雷米特冠军金杯，这在足球世界是至高无上的荣耀。

1970年6月21日，墨西哥城阿兹台克球场，大战一触即发。巴西队延续了此前非常成熟的体系与人员搭配，祭出了自己的最强阵容。意大利队这边的焦点就在于里维拉会不会首发，表现欠佳的马佐拉又该如何处理。

然而令人失望的是，瓦尔卡雷吉依然不知变通，首发继续派上马佐拉，几天之前刚刚名动天下的里维拉，只能枯坐冷板凳。有些事是冥冥之中注定的，如果你不顺应潮流势必受到惩罚。

开场之后双方踢得相对平稳，巴西队自然占据主动，不过在体力充沛的时候，意大利队的防守体系是可以信赖的。但意大利队的核心问题还是反击效率，指望现有的几个人，在上半场几乎掀不起什么波澜。

第18分钟，贝利凭借个人能力，完成了一次惊世骇俗的头球破门。身高只有1.73米的他，由于脚下水准过于出色，头上功夫与核心力量被长期忽视。其实他的头球水准极其出色，1958年世界杯决赛就有头球吊射破门的佳作，本届面对英格兰队，那粒战锤般的攻门只是因为班克斯的暴走才被扑出。此番面对阿尔贝托西，他高高跃起力压布尔尼奇，第二次在世界杯决赛中完成头球破门。

不过进攻锐度不足的意大利人这次运气不错，巴西队的防线还是漏洞百出，它的门将菲利克斯出击失误，半场结束前被博宁塞尼亚抓住机会追平比分。面对这样的巴西队，如果能长时间维持不落后的局面，对于增强球员信心是很有帮助的。

然而巴西队并不想给"蓝衣军团"更多时间，下半场一开始就频繁施压。更让人惊诧的是，不知出于何种考量，意大利队并没有在半场更换里维拉出战，似乎想完全指望防线抗住巴西队的暴力冲击。但事实证明，在绝对的攻击力面前，防线崩溃只是时间问题。

意大利队如果不组织反扑，只被动挨打，每分钟都有丢球的可能性。然而主帅瓦尔卡雷吉选择一条路走到黑，第66分钟热尔松的"金左脚"一击致命，虽然巴西队仅仅2：1领先，但从场面来看意大利队已经陷入绝望。五分钟以后，贝利巧妙地头球摆渡，帮助雅伊济尼奥再下一城，此球宣告了"蓝衣军团"的死刑。

当然史诗级的胜利还需要一个精彩的结尾点缀，最后时刻"桑巴军团"开始在后场秀脚法，科洛多阿多连续摆脱4人防守后从容出球，雅伊济尼奥适时将球分到中路，贝利再度施展大师风范，轻描淡写地一拨，帮助后插上的卡洛斯·阿尔贝托完成致命一击，这与绝杀英格兰队的模式何其相似。此球也是世界杯早期最著名的团队配合破门，巴西队告诉全世界什么才是艺术足球的极致。

最锋利的矛无情摧毁了最坚固的盾，意大利队链式防守的神话至此终结，当现代足球的浪潮席卷而来之时，巴西队用最原始的艺术表演，展现了经典的魅力。当队长阿尔贝托高举雷米特杯之时，巴西队成为历史上第一个世界杯三冠王，成功地将奖杯永久保留。雷米特金杯的时代，也将成为世界杯永恒的记忆。

这是世界杯历史上首次使用彩色电视直播，实现了全场次的覆盖，借助现代传媒的辐射能力，世界杯的声望被推向了第一个历史高点。经过了40年的稳步发展，此时的世界杯足球赛，已经可以和奥林匹克运动会相媲美了。

从办赛的角度来说，墨西哥人克服了很多困难，也创造了新的历史。在后世的多次评选中，1970年墨西哥世界杯都被视为历史上最好的一届杯赛。

从竞技角度来说，在足球规则发生根本性变革的情况下，本届赛事重回攻势足球的轨道，场均2.97个球超过了前两届，直到现在也未被超越。功利思潮受到了抑制，国际足联的变革成功了。

从球队层面来说，巴西、联邦德国、英格兰与意大利等队，都发挥出了自身应有的实力。尽管英格兰队略有遗憾，但谁也无法否认它展现出的竞技实力，能与史上最强的巴西队分庭抗礼，就足以说明它的高超水准。

从球星层面考量，盖德·穆勒连场戴帽，以10球的成绩获得金靴奖；雅伊济尼奥六场都有进球，成为世界杯连续进球场次纪录的保持者；里维拉、科林·贝尔与格拉博夫斯基成为超级替补，在新规则之下显得熠熠生辉。博比·摩尔、库比拉斯、里瓦等人的发挥同样值得铭记，用诸神之战来形容本届杯赛毫不为过。

而贝利自然是绕不开的话题，本届世界杯成为他君临天下的一战，自此彻底封神，成为足坛历史第一球星。也正是因为贝利登上了最高神座，现代足球运动引发的浪潮才得以席卷全球。

你可以毫不夸张地说，这是一届属于贝利的世界杯，那么4年之后，又会是谁的时代呢？"足球皇帝"的表演即将开启。

第十章
1974，全攻全守

联邦德国队与荷兰队会师决赛，可以说是最完美的对决，当时最强的两支球队，搭配贝肯鲍尔与克鲁伊夫这对"绝代双骄"，注定将成为该时代的加冕之战。更值得一提的是，本届世界杯启用全新的"大力神杯"，谁取胜就能成为首次捧起全新奖杯的英雄。

——引语

■ 时刻待命的全新体系

1970年世界杯取得空前的成功，足球运动已经成为当之无愧的世界第一运动。不过人类从来不会停下精进的脚步，4年一度的更迭，仿佛记录岁月变迁的生命年轮，印刻到现代足球之上，显得熠熠生辉。

1974年的世界杯回到了欧洲，联邦德国拿到世界杯的主办权。

与此同时，20世纪70年代的开端，全新的理念席卷足坛，这项运动发生了颠覆性的变化。其深远的影响不仅左右了随之而来的世界杯，也为未来半个世纪的足球发展指明了方向。一般而言，新的理念会随着对新规则理解的深入扩散开来，不过这一次，"全能足球"（Total Football）的铺开，更多是人类发展的客观规律所致。

足球比赛是在一块大小固定的场地上，由22个人争抢一个球的竞技运动，从某种意义上来说，这就是关乎空间争夺的游戏。当己方获得球权的时候，最大限度地利用空间，即横向的宽度及侧向的纵深，这种立体化的打击往往具备很强的杀伤力。而在对方拥有球权的时候，如何压缩对手的发挥余地，将其挤压到难以自如行动，则是化被动为主动的核心理念。

到了20世纪70年代，人类的运动科学水平有了长足的进步，球员个体的运动能力及对抗水平，跟过往相比已经有了指数级别的提升。以此为基础，一些坐拥顶尖巨星的球队就可以践行全新的理念，这便是关于空间的争夺。

当己方持球处于进攻态势的时候，加强轮转便是提升空间利用率的不二法门。早期的比赛，球员们的职责相对固定，中锋负责得分，中卫负责防守，中场也有明确的任务划分，球队整体的流动性偏弱，很少有人能"越雷池一步"。然而到了这个节点上，一切禁忌都打破了。

在这个阶段，一些个人能力突出的前锋，不再拘泥于对手的禁区，他们可以频繁回撤组织进攻，拉边突破制造杀伤，随时游弋回腹地完成致命一击，也能有出其不意的效果。而他们留下的真空位置，往往可以由前插的中场顶上，此时边锋或者边前卫也可以借机内收到中场中路，将边路走廊留给插上的边后卫,这样一套运转自如的全能体系就诞生了。

当对方持球、己方处于防守态势的时候,压迫便是限制对手空间的利器。在任何位置哪怕是对手禁区附近,只要丢失球权立刻就组织第一道防线反扑,甚至可以组建多人拦截小组,对持球人进行令人窒息的抢、逼、围,这样的思路可以纵贯全场,直至重新获得球权。

相比于战术一板一眼的时代,这种高速运转、时刻待命的新体系,对于球员个体的要求更高,毕竟在轮转的过程中,你可能会处在全新的位置。插上的中场要具备终结得分的能力,套上的边后卫传中要有威胁,回撤的前锋在丢球时也要扮演防守者的角色。以上就是所谓"全能足球"的核心理念,但其没有一个明确的定义和固化的模式,只要大体思路与上文的描述一致,都可以算作新体系的某种尝试。

后世关于"全能足球"有很多解读,其中存在不少误区,也有一些观点相对片面。有三个方面需要特别注意,只有理清了基础逻辑,我们才能更好地欣赏不断进化的足球比赛。

首先,"全能足球"也被称为"全攻全守",但这并不代表场上11个人步调一致,进攻的时候一起压上,防守的时候一起回撤。荷兰队偶尔会采用极端的高位逼抢或者制造越位手段,视觉效果上有全力攻防的倾向,但这种截取的片段没有代表性,只能算是比赛中的插曲。

关于"全攻全守"的正确理解,依然需要基于上文所述的普世概念,这是指对于球员个体要求的变化,并非球队整体节奏的描述。前锋不光要会进攻,回撤时也要发挥拦截属性,对于参与进攻的后卫来说亦是同理。这就是简明的"攻守之道",却也是极其容易混淆的概念。

其次,"全能足球"并非阿贾克斯队或者同期荷兰队的专利,后世往往将其紧密相连,容易一叶障目。事实上两冠时期的巴西队、1966年依靠"无翼阵法"夺冠的英格兰队,以及长期保持高水准的联邦德国队,在比赛中的战术都彰显了全能化的早期探索,流动轮转与压迫逼抢初现端倪,只不过还没有进化到完全形态,毕竟任何集大成的理念都不是一蹴而就的。

最后就是践行"全能足球"理念的球队,与采用人盯人体系或是区域换位体系没有直接关联。哪怕是巅峰期的荷兰队与阿贾克斯队,都依然无法在防守中完全摆脱传统的盯人模式,进化到现代足球理念中的区域换位模式。

其实以当下的眼光来看,半个世纪前诞生的理念,与今天我们看到的足球仍有着千丝万缕的联系。足球运动就是这样一步步走到今天,当我们回头望去的时候,1974年便是一个重要的节点。

本届世界杯共有近百支球队报名参赛,由此可见足球运动的发展已经达到空前的水平。这4年间最受瞩目的自然是荷兰队,其实在此前的几十年间,它在足球世界甚至连边缘力量都算不上。

只是从20世纪60年代中后期开始,"郁

金香军团"（荷兰队昵称）飞速发展，他们拥有不可一世的"球圣"克鲁伊夫、内斯肯斯、胡尔绍夫、克罗尔、苏比尔、阿里·汉、范哈内亨、伊斯内尔、威姆·延森等人，也都是历史级别的名角。这支球队采用了先进的"全能足球"体系，以旋风之势席卷整个足坛。

不过外界批评当时的荷兰队球员过于爱财，比赛的动力完全是为了挣钱，缺乏集体荣誉感，导致国家队成绩不佳。球队不仅没能入围1972年欧洲杯正赛，在1974年世预赛上也是"九死一生"，因为误判才侥幸拿到入围的门票。

在欧洲区的世预赛中，荷兰队与比利时队分在一组，两队轻松搞定了同组的其他对手，其直接对话将决定晋级名额。荷兰队打平就能晋级，比利时队在最后时刻打进绝杀球，却被裁判误认为越位在先。从慢镜头回放来看，此球不存在越位犯规的可能性，而且荷兰名将阿里·汉在后来接受采访时，也公开承认这是误判。不过"郁金香军团"终于可以参加世界杯了，这是其等待了36年的圆梦之旅。

东道主联邦德国队基本保留了4年前的核心班底，还拿到了1972年欧洲杯的冠军，黄金一代的雏形已经显现。一批50后的小将也迅速崭露头角，诸如布莱特纳、乌利·赫内斯与邦霍夫等球员，都进入了主帅舍恩的视野。

上届世界杯的亚军意大利队，整体的情况与联邦德国队类似，核心老臣诸如马佐拉、里维拉、里瓦、法切蒂与布尔尼奇等人都还在征战，球队的班底依然是1968年到1970年收获荣誉的那批人。在此基础之上，球队补充了擅长调度的后腰卡佩罗，以及冲击力十足的"爆破手"考西奥，另外还扶正了此前的替补门将佐夫，人员储备相当充足。"蓝衣军团"在预选赛中没遇到什么阻力，顺利地拿到了正赛资格。

最让人意外的是英格兰队，上届世界杯它原本是最大热门，却在占尽优势的情况下被联邦德国队淘汰，就在球迷们期待"三狮军团"卷土重来的时候，其却遭遇了不可思议的滑铁卢，在预选赛中意外地被波兰队淘汰。在那个出局的夜晚，温布利大球场的9万观众，可能经历了球迷生涯中最黑暗的一天。

与英格兰队同病相怜的是西班牙队，"斗牛士军团"上届就无缘正赛，可见全面禁止归化球员之后，其阵痛是多么明显。遇到实力不俗的南斯拉夫队之后，西班牙队再次被挡在世界杯正赛之外。

苏联队在这个周期依然颇具实力，拿到了1972年欧洲杯的亚军，还出现了顶级射手布洛欣，看上去前途一片光明。只不过这次国际足联为了照顾足球落后地区，让欧洲区与南美区的"车尾"球队打附加赛，争夺一张正赛门票。苏联队是欧洲区相对最差的小组第一，被迫参加附加赛，遇到了南美劲旅智利队。

因为一些突发的政治原因，两国关系在比赛前变得异常紧张。两队第一回合比赛在莫斯科举行，这场球赛最终打成了0∶0，然而次回合比赛苏联队没有前往智利，自动放弃了世界杯的参赛资格。

南美区的情况相对复杂，登上巅峰的巴西队，在这个周期内人才流失严重，球队的战斗力大大减弱。贝利在1971年之后就退出了国家队，托斯唐因为眼疾26岁就宣布退役，其他冠军核心也不能保证出勤率，而攻击线上却没有令人眼前一亮的新天才，"桑巴军团"的前景不容乐观。

阿根廷队在无缘1970年世界杯之后，终于做出了改变。球队在昔日名将西沃里的率领之下，重新走回了艺术足球的道路，布林迪西、豪斯曼等球星着实让人惊艳。乌拉圭队与4年前相比没什么变化。预选赛对于南美3强来说不是难事，3支球队都顺利入围正赛，比较可惜的就是秘鲁队惨遭淘汰。

中北美区、非洲区、亚大区都已经拥有独立的正赛名额，此次又诞生了三支入围新军，分别是海地队、扎伊尔队（今民主刚果队）与澳大利亚队。

■ 全能足球的完美演绎

本届世界杯虽然还是16支球队入围正赛，但是赛制发生了重大改变。小组赛分成两个阶段，第一阶段与过去的比赛别无二致，4个小组（在本章中用第一到第四小组指代），每组前两名出线。

首阶段脱颖而出的8支球队，再平均分成两个小组（在本章中用A组和B组指代），每组4支球队继续进行单循环比赛，A组由首阶段第一、第三小组的头名，以及第二、第四小组的次名构成，B组则由相对应的另外4支球队填充。

当A组和B组的比赛全部结束后，两个小组的第一直接进入决赛，两个小组的第二名进行季军争夺战。本届比赛中，净胜球数据依然在小组排名中起着关键作用，而在决赛或者季军争夺战中，如果双方120分钟战成平手，则将进行后世非常熟悉的点球大战，这也是该制度首次引入世界杯。

首阶段小组赛的实力分配相对平均，明面上没有突出的"死亡之组"，但是也不缺乏看点。东道主联邦德国队被分在第一小组，同组的还有民主德国队、智利队与澳大利亚队。

在与民主德国队交手之前，联邦德国队已经陷入艰难的境地。前两战面对智利队与澳大利亚队，主帅舍恩在用人上摇摆不定。尤其是首战面对智利队，对方的"清道夫"菲格罗亚，是IFFHS（国际足球历史与统计联合会）评选的"20世纪南美历史最佳后卫"，他领衔的球队采取较为保守的策略，而联邦德国队的侵略性略显不足。在边路打不开局面的情况下，盖德·穆勒获得的机会自然不多，单纯指望贝肯鲍尔的后插上与奥弗拉特的调度，是很难从正面完成突围的，球队也仅仅依靠布莱特纳的远射才勉强拿到胜利。

此后联邦德国队虽然3∶0战胜澳大利亚队，但本土球迷似乎并不买账，用嘘声表达了他们对场面的不满，在这样的情绪之下，末轮的"德国内战"显得意味深长。从人员安排来看，舍恩还在调试阵容，实际的效果仍然没达到预期。最终联邦德国队0∶1输给了民主德国队，这是世界杯历史上最大的冷门之一，它也因此掉到了小组第二。虽说顺利晋级下一阶段，但显然没法让自家的球迷满意。

事实上在世界杯开始之前，联邦德国队就因为奖金问题险些集体罢赛。当时足协许诺的夺冠奖金约为5000英镑，只有意大利队的25%、荷兰队的30%，球员们在队长贝肯鲍尔的带领下，选择与足协对峙谈判，最终将夺冠奖金谈到了1万多英镑，双方才达成和解。

种种迹象表明，联邦德国队此次征途不会一帆风顺，想夺冠更是难上加难，然而足球就是让人捉摸不透，让我们一起静候后面的故事。

荷兰队的征程就顺利得多，它所在的第三小组，乌拉圭、保加利亚与瑞典3支球队很难构成实质性的威胁。它对阵乌拉圭队的比赛尤为典型，是强度层面的降维打击，荷兰队令对手窒息的压迫，让比赛从一开始就失去悬念。

在荷兰队主导进攻的时候，运转就相当顺畅。克鲁伊夫回撒比较深，充当发起点，他的盘带与冲刺极具威胁，往往能够凭借一己之力撕开防线。左翼的伦森布林克个人能力也相当出众。而雷普更多扮演得分手的角色，包抄射门的效率相当高。中场的内斯肯斯是那个时代往返能力出众的球星，他会频繁插入禁区制造威胁，再

搭配喜欢跟进的右后卫苏比尔，荷兰人的立体化进攻如同旋风般具有侵略性。虽说他们最后的处理精细度不高，但基于同时代的比赛强度，技术能力已经完全够用。

球队的防守侵略性更是独步天下，无论在什么位置，只要乌拉圭队球员拿球，定会遭遇压迫感十足的逼抢，而且经常是多人协作，就地抢下球发起反击。乌拉圭队很难将球带过半场，全场都没有得分的机会。最终2∶0的胜利看似平淡，从场面上来说却是完全碾压。

唯一给荷兰队造成困难的，就是球风硬朗的瑞典队。瑞典队面对荷兰队时踢得相当有章法，任凭克鲁伊夫施展经典转身，防线依然通力协作化解威胁。而且瑞典队中拥有厄德斯特罗姆这样的天才攻击手，随时也能制造威胁，这场球最终0∶0收场。荷兰队两胜一平轻松获得小组第一，有意思的是，正因为联邦德国队仅列第二，在之后的阶段才没跟荷兰队一组。两者若想华山论剑，那么决赛就成了理想的舞台。

巴西队所在第二小组，关注度相对较低，从比赛进程来看，巴西队成了守强攻弱的代表球队，而且主帅扎加洛的思路偏保守，导致比赛场面乏善可陈。客观地说，本届杯赛中巴西队的防线提升明显，路易斯·佩雷拉与马里尼奥·佩雷斯的中卫组合相当稳固，双边卫沙加斯与内利尼奥也都是队史上数得上号的名角，但球队的进攻水准实在一言难尽。

从深层次考量，巴西队在球员大批换

血的情况下,并没有顺势完成从个人足球到整体足球的过渡。当全队都是巨星级球员的时候,独立的个体能绽放光芒,即便没有成体系的章法,在那个时代赢球也不困难。然而当欧洲球队一只脚迈入现代足球的殿堂之时,一群"平庸"的"桑巴"球员还在各自为战,多少就显得凌乱且落伍。

面对南斯拉夫队与苏格兰队,巴西队最终均以0:0收场。巧合的是南斯拉夫队与苏格兰队的交锋也打平了,争夺小组出线的焦点,居然是各自对阵扎伊尔队的比赛。结果南斯拉夫队打了9:0(世界杯历史上分差最大的比赛),巴西队打了3:0,苏格兰队打了2:0,南斯拉夫队和巴西队凭借净胜球优势勉强晋级。

阿根廷队与意大利队是两支传统强队,被分到第四小组,加上淘汰了英格兰队的新军波兰队,整体实力相对均衡。波兰队的发挥极其出色,尽管传奇中锋卢班斯基因伤长期缺阵,由加多查、拉托与萨马赫组成的攻击线还是令人眼前一亮。波兰队整体的思路也比较接近全能体系,左边锋加多查的活动范围很大,经常奉献游弋穿插的助攻表演,拉托名义上是右边锋,却经常出现在核心地带完成破门。

更为重要的是,波兰队队长戴纳更是世间少有的天才巨星,他就是那个时代的莫德里奇,组织、调度与控场融为一体,远射水准更是技惊四座,是本届世界杯最为闪耀的中场大师。

面对阿根廷队与意大利队的两场比赛,波兰队在场面上丝毫不落下风,甚至还能占据主动。首战对垒"潘帕斯雄鹰",虽说是依靠对手防线失误以3:2取胜,但球队展现出的水准是令人信服的。对战意大利队的比赛同样出彩,半场2:0的优势局,逼迫"蓝衣军团"在下半场全力反扑,但即便是马佐拉、考西奥、博宁塞尼亚与阿纳斯塔西等人合力,也没能挽回败局。

当然,波兰队最夸张的表演还是7:0大胜海地队的比赛,球队多点开花打得酣畅淋漓,加多查一人送出4次助攻,几乎凭借一场球就锁定了本届世界杯的助攻王。最终波兰队三战全胜头名晋级。

第二个晋级名额在阿根廷队与意大利队之间产生。阿根廷队终于回归了传统风格,比赛看起来顺畅而自然,涌现出了布林迪西、巴宾顿这样的中场好手,虽说节奏比不了荷兰队与联邦德国队,但是能在正确的道路上前进,已经令人欣慰。19岁的肯佩斯也获得了机会,不过没有太过出彩的发挥。

阿根廷队与意大利队的交锋,双方握手言和,与海地队比赛的净胜球决定了晋级名额,阿根廷队惊险过关,这样的剧本与巴西队那组颇为类似。意大利队的出局令人多少有些遗憾,不过该队一直缺少刚猛的冲劲,容易在赛事开始阶段就打道回府,这样的传统一直延续至今。

在下个阶段的比赛中,荷兰队、巴西队、阿根廷队与民主德国队分在A组,晋级名额的争夺看上去比较激烈,但实际的比赛进程却呈现出一边倒的态势，荷兰队以摧枯拉朽的气势席卷了赛场。

首战与阿根廷队的比赛，荷兰队从一开场就拿出了排山倒海般的势头，进攻一浪高过一浪，阿根廷队即便获得球权，也很快在多人的高位紧逼下再次失去。克鲁伊夫本场尤其活跃，开场没多久他就利用娴熟的技术，上演了曼妙的华丽舞步，轻盈地过掉门将为球队首开纪录。随后克罗尔的劲射帮助球队扩大比分，悬念实际上已经终结。下半场的大雨，似乎拖住了荷兰队的脚步，但是4:0的比分已经足够证明荷兰队的强大。通过这场比赛，现代足球与老派足球之间的鸿沟清晰可见，在绝对的强度面前，技术能力没有施展空间。

前两场过后，荷兰队与巴西队均保持全胜，最后的直接对决将决定谁杀入决赛。这场球基本代表了本届世界杯欧美两个大洲的最高水平。

本届比赛中巴西队显得暮气沉沉，攻击手表现不佳，场面较为难看。在面对"橙衣军团"（荷兰队昵称）的时候，情况并没有好转，尤其是当巴西队的节奏被对手甩开，脚下功夫也没有什么优势的时候，差距是显而易见的。

*下半场荷兰队15分钟内连进两球，终结了晋级的悬念，克鲁伊夫的滑翔破门尤其精彩，被后世称为"飞翔的荷兰人"。*气急败坏的"桑巴军团"在竞技上找不回面子，开始采取一些暴力手段发泄怨气，这也让"足球王国"蒙羞。短短的四年之间，巴西队已经从世界之巅急速坠落，与先进足球之间的差距肉眼*可见，时代的更迭从不会等待落在潮流身后的人。*

B组由联邦德国队、南斯拉夫队、波兰队与瑞典队构成，本组的球队都偏硬派，场上的争夺显然会更加激烈。急于在家门口证明自己的联邦德国队，在经过调整之后，终于确定了用人的大方向，这也为它在本阶段的征程打下了基础。

针对上一阶段出现的问题，主帅舍恩扶正了邦霍夫与赫尔岑贝因两位球员，前者在中场穿插跑动积极，还有一脚过硬的远射；后者两个边路都能打，突破制造杀伤方面值得信赖。格拉博夫斯基也得到重视，他的冲击力是球队不可或缺的。

首战面对南斯拉夫队，球队踢得比较艰难，对手的策略相当保守。最后解决问题的还是布莱特纳，就像揭幕战一样，他再度送上一脚远射帮助球队涉险过关。后面两场比赛都受到了雨水的干扰，对阵瑞典队时联邦德国队开局并不顺，"北欧海盗"（瑞典队昵称）之前就抵挡住了荷兰队的冲击，此番厄德斯特罗姆的神仙球帮助球队取得了领先。不过下半场伊始，此前存在感不高的盖德·穆勒站了出来。

之前的比赛，穆勒缺少队友的支援，进球不多。但在球队陷入危机的时候，他发挥了传统中锋的牵制作用，利用自身的挤压创造出了空间，帮助队友在两分钟内连进两球反超比分。尽管对手紧接着就扳平比分，但穆勒依然利用他在禁区内的优势，帮助格拉博夫斯基完成破门，比分来到3:2。最终球队再接再厉，以4:2拿下了这场艰苦的雨中之战。由于波兰队也取得了两连胜，最后一场就成了决赛名额之争。

联邦德国队只要和波兰队打平就能进入决赛，尽管罚丢了一粒点球，但盖德·穆勒抓住机会打进制胜球，护送球队在家门口闯进了决赛。客观来说，波兰队的发挥也配得上决赛名额，只可惜多重因素让其止步于此。

■ 完美对决与"绝代双骄"

联邦德国队与荷兰队会师决赛，可以说是最完美的对决，当时最强的两支球队，搭配贝肯鲍尔与克鲁伊夫这对"绝代双骄"，注定将成为该时代的加冕之战。更值得一提的是，本届世界杯启用全新的"大力神杯"，谁取胜就能成为首次捧起全新奖杯的英雄。

1974年7月7日，慕尼黑奥林匹克体育场，一切如往常般宁静，却又有种蓄势待发的感觉。赛前荷兰队是更被看好的一方，毕竟此前他们的发挥更加出色，谁都知道要限制克鲁伊夫，但到决赛前还没有人做出正确的示范。

为了限制克鲁伊夫，联邦德国队选择了福格茨，他是那种永不放弃的斗士，最适合与对方核心缠斗并持续消耗，最终削弱对手的攻击力。在开赛之前，甚至有传言福格茨与脚法出众的队友内策尔进行了模拟训练，提前感受克鲁伊夫般的强大气场。

不过比赛开始后还不到一分钟，联邦德国队似乎就失算了，经过荷兰队几脚娴熟的传递，球来到克鲁伊夫脚下，只见他从中圈附近突然加速启动直插禁区，福格茨没有完全跟上节奏，赫内斯被迫放铲送给对手一粒点球。此时联邦德国队甚至还没碰到球，荷兰队就获得了打破僵局的机会，内斯肯斯不负众望，备受青睐的荷兰队开场就取得了领先。

一般来说，均势被快速打破会造成比赛不可预知的动荡，不过这两支球队训练有素，在此后的一段时间还是针锋相对，并没有出现胜利天平明显倾斜的情况。此前荷兰队的高位压迫咄咄逼人，但面对联邦德国队的时候，效果就没有那么明显了。毕竟对方也采取类似的方式，对荷兰队的进攻施加压力。而且克鲁伊夫的副手伦森布林克在对阵巴西队的比赛中受伤，尽管在本场火速复出，但可以明显看出状态并不好。

双方僵持了一段时间之后，前几场被扶正的赫尔岑贝因证明了自己，他持球后直接杀入荷兰队禁区，同样制造了一粒点球。布莱特纳不辱使命，轻松破门将比分追平。上半场结束之前，联邦德国队的狂风暴雨再次来临。

他们不遗余力地跑动，寻觅到空间，邦霍夫穿插到右路送出传中，盖德·穆勒在不具优势的情况下拿到球。尽管他的身位不好，却依然能倚住人并且完成转身抽射，虽说整个过程看上去极其不自然，荷兰队却只能目送球入网。这是荷兰队本次杯赛首次落后，只得带着1：2的糟糕心情进入更衣室。

下半场伦森布林克被换下，年轻的范德·科克霍夫替补出场，球队期待利用他的撕裂能力在边路打开局面。克鲁伊夫除了开场的突击之外，多数时间被福格茨贴身"照顾"，本场难有施展空间。荷兰队此前多数进攻都倚仗"克圣"作为发起点，此时遇到困境，只能采取更加简单直接的手段。

其实从整个下半场来看，荷兰队还是制造了不少威胁，但联邦德国队的防线一向坚韧，球员们守住了壁垒。决赛之前，联邦德国队六场比赛只丢掉3球，还有2球是对瑞典队的雨中之战所失，防线完全值得信赖，在贝肯鲍尔的掩护之下，还有"皇帝的保镖"施瓦岑贝克、两位历史顶级边卫布莱特纳与福格茨，以及同样出类拔萃的"门神"塞普·迈耶。

在荷兰队不断挥霍机会的同时，联邦德国队的反击却颇有成效，穆勒一个精彩的反越位破门，却被裁判果断地吹掉。但是从高清影像来看，此球完全没有越位的可能性，联邦德国队锁定胜局的进球被否决了，但即便这样荷兰队还是无力回天。

终场哨响，结局已经注定，贝肯鲍尔振臂高呼迎来加冕时刻，克鲁伊夫幽怨的眼神深邃到令人心碎。阿贾克斯队曾在一年前的欧冠中4：0横扫拜仁慕尼黑队，然而这场前哨战并未带来理想的结果，绚烂绽放的郁金香转瞬凋零，令人猝不及防。

联邦德国队在拿下欧洲杯冠军之后，又成功加冕世界杯，开创了属于自己的黄金时代。而彼时的荷兰队也许还没意识到，这将是悲苦命运的起点，半个世纪之后自己仍然被称为"无冕之王"。

这是标志着现代足球开端的一届世界杯，荷兰队与联邦德国队主导的"全能足球"体系大放异彩，这项运动迎来了新的时代。此后的半个世纪，足球依然沿着1974年的脉络逐步向前发展，才达到了今天的高度。

本届世界杯的主旋律就是"绝代双骄"之争，哪怕是戴纳也没能分走多少注意力。克鲁伊夫在本届赛事的发挥无可挑剔，他是这支荷兰队的当家领袖与核心，一位划时代的超级巨星，即便在决赛之战中败北，却依然收获了当年的金球奖。

贝肯鲍尔则诠释了高阶"清道夫"的踢法，他选择置身于己方防线前，退可一夫当关，进可直捣黄龙，在攻守两端都有着突出的贡献。这样的新时代"清道夫"，也被称为"自由人"，他们不再只是破坏对方进球的扫荡者，而是球队的核心领袖，肩负起全方位的责任。贝肯鲍尔几乎成为"自由人"这个角色的代名词，时至今日仍被广泛传颂。

又是一个4年一次的精彩落幕，接下来又是怎样的故事呢？

第十一章

1978，圆梦与足球之殇

> 裁判问题的纷扰、"秘鲁之战"的疑云，以及各种各样的小伎俩，时至今日还会被人们谈起。在阿根廷之外，每当球迷们讨论这届世界杯的"潘帕斯雄鹰"时，最先提及的字眼也许不是"冠军"，而是那些挥之不去的争议与阴谋。
>
> ——引语

■ 过渡中的青春气息

足球是阿根廷的一张名片,自从百年前这项运动在全球逐步普及开始,"潘帕斯雄鹰"便长期位居劲旅行列,一直是主流足坛不容忽视的力量。然而就是这样一个对足球充满热忱的国度,直到世界杯始创近半个世纪之后,才第一次获得了这项赛事的主办权。

事实上,阿根廷很早就开始为之努力,1938年就曾申请举办第三届世界杯,可惜国际足联背弃了大洲轮替的规则,最终将主办权授予法国。在此后的几十年间,阿根廷又多次尝试申办,终于在1966年得偿所愿,成功拿下1978年世界杯的主办权,完成了几代人的梦想。

在这个节点上,世界杯对阿根廷来说还有特殊的意义,自从1958年重返主流足坛以来,阿根廷队在世界杯上的成绩相当惨淡,而劲敌巴西队却三度加冕,这也让曾经骄傲的阿根廷队脸上无光。在那个时代,东道主有着得天独厚的优势,阿根廷队希望在家门口重现荣光。

但在1976年,阿根廷国内出现政变,这对世界杯的举办产生了巨大影响。即将远赴阿根廷参赛的球队处在不安之中,一些球队甚至萌生退意。最后在各方的斡旋之下,阿根廷保住了世界杯的主办资格,入围正赛的球队都没有选择抵制。

回到足球本身,4年之前全能足球以席卷之势征服足坛,在这之后的一段时间,竞技规则并没有发生根本变化,从技战术层面来说,主流球队要做的就是跟上时代的浪潮,并且寄希望于诞生更多的球星。

阿根廷队在20世纪60年代走过一段弯路,其过于强调身体对抗与比赛强度,丢掉了赖以成名的技术表现力。更为致命的是,球队并没有取得理想的成绩,所以在20世纪70年代初期,阿根廷队逐步回到了传统的轨道上。

然而上届世界杯与荷兰队一战,充分暴露了阿根廷队的短板,尽管其拥有一些脚下技术出众的球员,然而整支球队的节奏已经远远被时代抛下。荷兰队依靠跑动、覆盖与压迫,就让阿根廷队毫无还手之力,在绝对的强度面前,"绣花针"是没有施展余地的。

所以新帅梅诺蒂上任之后，需要调整的就是技术与强度之间的平衡，如何利用手下的球员，在当代快节奏、强对抗的比赛中，不但能展现出不俗的技术水准，还要获得比赛胜利，成为他需要深刻思考的问题。

这一时期，阿根廷队人才倒是喷涌而出，上届的新人肯佩斯茁壮成长，如今已是西甲最佳射手；中场的阿迪列斯颇具水准，勤勉的跑动与不错的技术功底，完全符合现代足球的标准；防线上有坚韧勇猛的帕萨雷拉坐镇，门将菲洛尔也是这个国家少见的天才。更令人欣喜的是，一位尚不满18岁的小将展现出了惊人的才华，他叫迭戈·马拉多纳。

阿根廷人民都在期待着梅诺蒂将这批球员组合成形，但他们中的很多人都在欧洲踢球，能不能准时回归还是问题。更何况球队不用踢预选赛，球员之间的磨合情况很难淋漓尽致地体现。总之，主教练要做的还有很多。

巴西队在上届世界杯也被荷兰队的强度碾压，所以在这个周期中球队同样在寻求变革。掌舵球队的是1970年世界杯冠军队的体能教练、军人出身的严苛教练克劳迪奥·库蒂尼奥。他是极端的功利主义者，对所谓的华丽足球不屑一顾，主张加强体能训练才能弥补短板，帮助巴西队在现代足球中占得先机。在他治下，那些天赋出众的技术性球员被冷落，像济科、雷纳尔多这样的天才虽然被招入队，但与库蒂尼奥之间的矛盾也难以调和。

至于美洲的其他片区，在这个周期内没有特别值得一提的球队。短暂中兴的乌拉圭队，也在新老交替之后迅速衰落。

欧洲区的情况各不相同，联邦德国队尽管在2年后又拿到了欧洲杯的亚军，但是这几年间球队的人员流失极其严重。在这个周期内，贝肯鲍尔、盖德·穆勒、奥弗拉特、格拉博夫斯基等老臣悉数淡出，布莱特纳、赫内斯等球员也因为各自的原因，基本远离了国家队，所以主帅舍恩面临着用人方面的抉择。

尽管球队涌现出鲁梅尼格、迪特·穆勒这样出众的攻击手，但从整体情况来看，新一批球员相对平庸，他们无法与前辈比肩。舍恩到了生涯暮年，带队情况与1962年的赫尔贝格类似，正在经历青黄不接的阵痛。

荷兰队原本情况一片光明，球队几乎保留了上届亚军的班底，而且多数核心都处在当打之年，像科克霍夫兄弟这样当年稍显稚嫩的新人，此时也日臻成熟。然而就在克鲁伊夫带队拿到世界杯参赛名额之后，他却在1977年秋天突然宣布退出国家队。

外界对此有很多解读，甚至认为他忌惮阿根廷的安全形势，即便一辈子拿不到世界杯冠军，也不愿意拿生命开玩笑。但还有一个版本的说法，即2008年克鲁伊夫的迟来爆料，据称当时他和他的家人在巴塞罗那卷入了一起绑架案，让"克圣"的心态发生了根本变化。他希望长久地陪在家人身边，而不是飞到地球的另一端，为自己和祖国的荣耀而战。与捧起大力神杯相比，也许和妻儿的长相厮守是更重要的。

在这个周期内，贝阿尔佐特作为意大利队主教练，以尤文图斯队的班底为核心组建阵容。锋线上他们依然拥有出众的边路杀手考西奥，与他对应的是更为全面的贝特加，具有可中可边的属性，兼具速度、技术与射术，让他成为这代"蓝衣军团"的攻击核心。一名20岁出头的少年也迅速崭露头角，他就是保罗·罗西。球队的中后场也流淌着"黑白色"的血液，勤勉的"铁肺"塔尔德利，擅长盯人的"大魔王"詹蒂莱，"伟大的左后卫"卡布里尼，意大利队队史最佳中卫西雷阿，以及旷世"门神"迪诺·佐夫，世界上任何前锋遇到他们，都需要掂量一下自己的分量。

英格兰队处在较为混乱的时期，显得有些乏善可陈。在1966年冠军阵容全面淡出之后，英格兰队想重回巅峰看起来需要时间。西班牙队的情况也好不了多少，这一时期的西甲处在皇马队统治阶段，队内也确实涌现了华尼托、桑蒂拉纳、博斯克等球星，凭借这些人打进世界杯也许不难，但想走得更远却困难重重。

沉寂了多年的法国队，终于在这个周期内令人眼前一亮，"高卢雄鸡"大有破茧成蝶之势，队内涌现了诸如普拉蒂尼、博西斯等天才球员，他们在老将特雷索尔与米歇尔的带领下，期待着重回世界杯的那一天。

上届世界杯的季军波兰队阵容相对稳定，只有天才边锋加多查淡出，戴纳与拉托还在扮演重要的角色。更为关键的是，锋线上重伤的卢班斯基迎来复出，还涌现了一名22岁的天才小将博涅克，一片欣欣向荣的景象让人期待。

苏联队在1972年之后就令人捉摸不透了。上届世预赛放弃资格，其后的欧洲杯也未能入围决赛圈（队史首次）。在这种情况下，外界很难观测到苏联队的真实水平，但隐约感觉到了下滑的趋势。

亚非足坛还处于混沌状态，亚洲这一时期的霸主是伊朗队，但12年来都没有亚洲球队入围过世界杯决赛圈，伊朗队的相对水准根本无从知晓。非洲常年处在混战阶段，数十支球队激战多轮才决出一个正赛名额，暂时只能看出北非稍占优势，但在世界足坛的版图中仍然没什么存在感。

本届世界杯有超过100支球队报名参赛，这也是历史上首次参与队伍破百的世界杯，决赛圈依然是16支球队参加。东道主阿根廷队与上届冠军联邦德国队直接入围正赛，其他球队要争夺剩余的14个决赛圈席位。

欧洲区意大利队与英格兰队分在了一组，两队中注定有一支去不了阿根廷。结果双方都取得了五胜一平的成绩，但意大利队在芬兰队与卢森堡队身上捞到的净胜球更多，这也让该队笑到了最后。可悲的英格兰队，在经历了黄金时代之后，居然连续两届无缘正赛。

荷兰队与比利时队同样值得关注，两队上届世预赛激战至最后一刻，比利时队的绝杀遭遇误判，荷兰队才侥幸拿到了世界杯的门票。然而4年之后情况大不相同，克鲁伊夫率领的球队没遇到太多抵抗，相当轻松地击溃对手进军正赛。但是随着克鲁伊夫退出荷兰队，"郁金香"的前景不被看好。

在中东欧球队中，苏联队、捷克斯洛伐克队与南斯拉夫队居然集体出局，让人颇感意外。好在波兰队与奥地利队保住了这个片区的尊严，它们要为了荣耀而战。

连续两届无缘世界杯的西班牙队，这次终于打了翻身仗，顺利入围决赛圈，并且自此之后再也没有当过世界杯的看客。同样缺席两届世界杯的法国队，这次也在青年才俊的率领下，拿到了去往阿根廷的"机票"，球员们期待重现20年前的辉煌。

南美区由于阿根廷队自动晋级，所以整体的竞争压力不大，但是乌拉圭队的出局还是让人感到意外。不过陪伴巴西队征程的，是天赋溢出的秘鲁队，该队在1970年世界杯上就以攻势足球闻名，这次终于有机会再展拳脚了。

非洲区的"多人大乱斗"还在继续，26支球队需要角逐4轮，最终产生一个名额。北非片区依然占据优势，最终的3强中突尼斯队与埃及队占据两席。最终突尼斯队笑到了最后，队史上首次入围决赛圈。亚洲和太平洋赛区也有变化，过去两届以色列队与澳大利亚队夺走了亚洲球队的名额，这次伊朗队终于找回了面子。在球队核心帕尔文的率领下，他们在最终循环赛中的表现极为抢眼，力压韩国队与澳大利亚队拿到了宝贵的出线名额。与突尼斯队一样，这也是伊朗队史上首次参加世界杯正赛。

晋级之路与"阴谋"

本届世界杯的赛制与4年前完全一致。在首个阶段中，最受瞩目的自然是阿根廷队所在的第一小组，意大利队与法国队两支劲旅赫然在列，12年后重返世界杯的匈牙利队也不可小觑。东道主阿根廷队虽然想借助主场之利走得更远，但从分组形势来看着实不容乐观。

从实际的比赛来看，本组实力最强的显然是意大利队，"蓝衣军团"的基本盘还是链式防守体系，但球队的攻击力有了质的飞跃。贝特加、保罗·罗西与考西奥的组合，几乎满足了球迷们的一切幻想，他们在场上显得十分灵动，彼此间的穿插换位非常频繁，个人技术也极其出众。

相比于两位锋线队友，保罗·罗西在后世的刻板印象中是一位机会主义射手，似乎没有主动发起进攻的能力。但此时刚刚20岁出头的他，展现出了一位全能杀手的实力，他的持球冲击力相当了得，中后期赖以生存的跑位抢点也已修炼到位，风头丝毫不亚于锋线核心贝特加。

球队的中后场算不上坚如磐石，毕竟开场一分钟就能被法国队偷袭得手，但塔尔德利、西雷阿、佐夫构成了防守体系的基石，哪怕状态不好也是可以保证下限的。在小组赛前两场中，意大利队都战胜了对手，提前锁定了出线名额。

阿根廷队赛前背负着巨大的压力，虽说球队的阵容尚可，但开赛之后还是遇到一些麻烦。最大的问题出现在攻击线上，在球队主打的"433体系"中，肯佩斯实际上扮演一个攻击型中场的角色，处在二排插上的位置，并不是前场三人组中的一员。而谁来充当"排头兵"的问题，令主帅梅诺蒂有些头疼。

球队在开赛前放弃了过于年轻的马拉多纳，在正常情况下，中锋位置应该由相对全面的卢克担当，但是开赛后他遭遇了伤病侵袭，哥哥的意外去世更是雪上加霜。在这届世界杯的大部分时间中，卢克、奥尔蒂斯、瓦伦西亚、豪斯曼与贝尔托尼始终处在一个5选3的状态，而由于状态的问题，他们并没有达到人们的预期。

阿根廷队前两场小组赛踢得相当挣扎，对手也多次抱怨裁判偏袒东道主。通过留存的影像资料来看，法国队潜在的点球没有判，匈牙利队遭遇的一些判罚也有待商榷。好在阿根廷队勉强取得了两连胜，跟意大利队一样锁定了小组出线的名额，两队末轮直接交战，胜者将留在首都布宜诺斯艾利斯参加第二阶段的比赛。两队依旧尽遣主力出战，这场球也是双方实力差距的最好体现。

意大利队从攻防两端来说都占据优势，锋线的水准明显在阿根廷队之上，赖以生存的防线肯定也值得信赖。最后凭借罗西与贝特加的精妙配合撕开了对手防线，意大利队1∶0击败阿根廷队，以三战全胜的成绩昂首挺进下一阶段。

巴西队与西班牙队所在的第三小组同样看点十足。除了这两支传统劲旅，瑞典队与奥地利队也都不是好啃的骨头。比赛的进程出乎很多球迷的预料，"桑巴军团"沦为了一支平庸的球队，抛开结果来看其展现的比赛内容，只能用乏善可陈来形容。主帅库蒂尼奥强调防守硬度，球员们完全是在执行他的指令，个人发挥的场面少之又少，济科等人毫无存在感，后期甚至沦为了替补。

对于"足球王国"来说，给球迷带来快乐永远是最重要的。如今这支平庸的球队，在国内掀起了轩然大波，从第一场战平瑞典队开始，"库蒂尼奥下课"的声音就不绝于耳，人们纷纷质疑这到底是足球队还是田径队。

巴西队前两场都勉强收获平局，依靠最后一场小胜奥地利队，才拿到出线名额。更令人啼笑皆非的是，"桑巴军团"获得了小组第二，力压他们的正是末轮手下败将奥地利队，他们的表演反倒赢得球迷的喝彩，打出了20多年来的最佳成绩。这支奥地利队技术水准不错，有多名足以在意甲、西甲等主流联赛立足的球员，其中尤以克兰科尔与普罗哈斯卡最为出众。前者是非常全面的锋线杀手，具备很强的自主进攻能力，射术方面更是一绝。普罗哈斯卡则是难得的中场大师，那种看似云淡风轻的踢法，往往凸显了大师的写意之处。

奥地利队在前两轮比赛中，接连战胜了劲敌西班牙队与瑞典队，提前锁定第二阶段的名额。多瑙河流域散发着浪漫气息的艺术足球，终于在新一代天才的演绎下重见天日。西班牙队与瑞典队的表现，多少有些让人失望，一支是欧洲拉丁派的代表，一支是力量型、强硬派的代表，如果两队的战斗力更强一些，这个小组的对决也许会被长久铭记。

联邦德国队、波兰队、墨西哥队与突尼斯队构成的第二小组，尽管有上届冠军和季军压阵，但赛前的话题度并不算很高。这次主帅舍恩治下的联邦德国队，多少显得有些星光黯淡，而且在人手有限的情况下，他依然需要在开赛之后调试阵容，这倒是继承了之前几届的传统。

从比赛的情况来看，尽管联邦德国队有6：0大胜墨西哥队的杰作，但闷平波兰队与突尼斯队，还是暴露了核心问题。波兰队倒是维持了过去几年的水准，戴纳依然是该队的领袖，拉托还在靠不遗余力的穿插跑动寻找机会。虽说复出的卢班斯基表现不尽如人意，但小将博涅克的发挥让人眼前一亮，波兰队取得了两胜一平的成绩，力压联邦德国队获得小组第一。

本组"陪跑"的突尼斯队与墨西哥队也并非毫无亮点，在两者的直接对话中，突尼斯队3：1击败对手，这是非洲球队在世界杯上的首场胜利。经历了40多年的等待，这一刻显得弥足珍贵，突尼斯队也表示其是小组中压力最大的球队，别人都是代表自己的国家，而他们代表了整个大洲。

荷兰队所在的第四小组，赛前的关注度并不高，秘鲁队、苏格兰队与伊朗队虽然融合了多种足球风格，前两者也在世界杯上有过惊艳的表现，但在外界看来，领先于时代的"橙衣军团"，在这个阶段也只需要走走过场。然而实际开踢之后，人们也许会觉得时代变了。

从阵容上来说，荷兰队的变化并不大，仅仅缺少了克鲁伊夫与范哈内亨，其他核心班底都保留了下来。但是随着过去几年其他球队的进步，荷兰队的场面优势被严重削弱，四年前那旋风般的表现如今难觅踪影，除了3：0轻松击败较弱的伊朗队之外，其他两场比赛都踢得相当挣扎。

反观同组的秘鲁队与苏格兰队，倒是展现出了自己的特色。秘鲁队还是主打攻击性较强的体系，核心库比拉斯虽然已经近30岁，但冲击力与爆发属性丝毫不减当年。他的爆杆射门观赏性十足，也为球队拿下了关键的胜利，最终秘鲁队取得了两胜一平的成绩，力压荷兰队小组头名出线。

相对可惜的就是苏格兰队，尽管主帅麦克劳德赛前大放厥词，说自己的球队天下第一，这难免惹人生厌，但客观考量的话，他确实有骄傲的资本。球队的锋线由利物浦队的"国王"达格利什领衔，中锋乔丹是他身边的好搭档；球队的中场更是群星闪耀，索内斯、里奥奇、哈特福德与格米尔，都是英格兰联赛的顶梁柱，整届世界杯之中都很难找到比苏格兰队更强的中场班底。球队的防线没有那么出类拔萃，但可用的人才依然不少，苏格兰队的实力相当雄厚。

只可惜苏格兰队的运气欠佳，首战秘鲁队罚丢关键点球，次轮意外被伊朗队逼平，丢掉了晋级的主动权。不过最后一战苏格兰队的表现令人惊艳，以3∶2逆转夺冠热门荷兰队，其中格米尔穿花绕步般的华丽进球，也成为世界杯历史上的永恒经典。虽然苏格兰队没能晋级下一轮，但这样的表现值得人们尊重。

虽说第一阶段的比赛精彩程度有限，但是第二阶段分组尘埃落定的时候，球迷们还是充满期待。A组称得上神仙打架，云集了上届冠军联邦德国队与亚军荷兰队、首阶段发挥最好的传统强队意大利队，以及表现惊艳的"黑马"奥地利队。B组虽然整体实力弱一些，但阿根廷队与巴西队同时在列，还有波兰队及秘鲁队两大生力军陪衬，怎么看都算得上悬念丛生。

由于A组各支球队实力相对接近，所以每一场比赛乃至每一个进球都至关重要，最后决定名次的也许就是一个净胜球。不过第一轮的比赛却让人感到意外，此前攻击力一般的荷兰队，居然5∶1痛击奥地利队，瞬间在小组中占据主动。

其实整场球赛奥地利队的发挥并不算灾难级别，只是在比赛中段突然被荷兰队打出一波流。在所谓的强强对话中，随着比赛的节奏越来越快，短时间内连续打出高潮的概率大大增加。后世最为典型的就是2014年世界杯上，荷兰队5∶1大胜西班牙队，德国队7∶1狂胜巴西队，你很难说这是实力的差距，也许就是一段时间的势头偏向所致。

联邦德国队与意大利队的比赛相对沉闷，最终以0∶0收场，但可以看出"蓝衣军团"的实力占据优势，联邦德国队除了开场阶段较为活跃之外，其他时候很难给对手造成实质性的威胁。即便到了这个阶段，冠军主帅舍恩的用人战术依旧不确定，只能说重用老臣邦霍夫与赫尔岑贝因有一定的作用，但仅凭年轻的鲁梅尼格不足以给对手造成致命打击。

第二轮比赛意大利队1∶0战胜奥地利队，但是由于在净胜球上落后荷兰队太多，只能寄希望于"橙衣军团"在联邦德国队身上吃到苦头。上届世界杯决赛的复刻之战，也没有让球迷们失望，算是本届杯赛少有的经典比赛。

两队的踢法较之4年前并没有根本性的改变，只是一些核心球员离去之后，场面显得没有那么热血沸腾，毕竟天赋是勤勉无法弥补的。在联邦德国队开场破局之后，远射大师阿里汉30米开外的突然发炮，帮助荷兰队稳住局面。

下半场双方依然呈现出针尖对麦芒的趋势，不过本场比赛身体对抗代替了技术展示，如果纯从欣赏的角度来说，肌肉摩擦让人有不适之感，比赛的看点也显得有些零碎。好在迪特·穆勒与科克霍夫的进球还算精彩，为这场2∶2的平局增添了浓墨重彩的一笔。

最后一轮开战之前，该组的形势还不明朗，只有奥地利队确定出局。意大利队与荷兰队直接对话，胜者直接晋级决赛，联邦德国队则指望两者战平，这样自己击败奥地利队的话也还有一丝晋级的可能。

比赛的结果有些出人意料，低迷两轮的奥地利队突然爆发，克兰科尔凭借出色的表现接管比赛。他先是送上一脚漂亮的凌空抽射，随即又在左路完成一条龙突破绝杀，帮助奥地利队3∶2击败联邦德国队，这也是其47年来对阵联邦德国队的首胜。上一次取胜的班底，还是著名的"神奇之队"。

意大利队与荷兰队的对决几乎等同于半决赛，论本届比赛的发挥，整体上还是意大利队更好，其也在这场关键之战中很快取得了领先。然而命运有时候难以捉摸，上半场送给"蓝衣军团"乌龙球的荷兰队后卫布伦特斯，却在下半场用一脚爆射将功补过。

之后的比赛属于前中国队主帅阿里·汉，这位脚头过硬的全能中场，在距离球门40米左右的地方突发重炮，球居然直蹿对手球门，"世界最佳门将"佐夫毫无反应。此球也是有详细统计以来世界杯历史上的最远进球，这一纪录直到2010年才被西班牙队射手比利亚打破。

荷兰队凭借这粒宝贵的进球，连续第二届杀进世界杯决赛，充分证明了在没有克鲁伊夫的情况下，这也是一支充满战斗力的球队。如果荷兰队能最终加冕，那将是一代人的荣耀。

阿根廷队所在的B组，后世几乎淡化了其他细节，所有的笔墨都在描绘阿根廷队与秘鲁队那场疑窦丛生的比赛。不过在此之前，还是来全面介绍一下该组的情况与进程。

首先阿根廷队在这个阶段状态有所提升，特别是肯佩斯的爆发，解决了锋线疲软的问题。即便卢克火线复出，他的状态也没达到比赛要求。肯佩斯选择与队友在中路完成渗透，多次通过后排插上的方式完成得分。球队首战2∶1力克劲旅波兰队，第二场0∶0战平死敌巴西队，出线前景虽不明朗，但希望仍然不小。

巴西队整体没有多大起色，首战3∶0击败秘鲁队也不值得夸耀，迪尔塞乌两个远射破门，运气成分占了主导。在这个比谁能稳住下限的小组，巴、阿两队将悬念留到了最后一轮。

不过本届比赛当中，阿根廷队在开赛时间上大做文章，它的比赛一般在当地时间较晚的时候进行，能够通过已知的比赛结果来决定球队的战略部署。由于当时末轮比赛还不要求同时开战，所以阿根廷队又选择在巴西队比赛结束后开踢，这个做法引发了巨大的争议。

最终巴西队3∶1击败波兰队，这就意味着阿根廷队必须在末轮净胜秘鲁队4球以上才能晋级决赛，虽然这是一张明牌，但这样的要求谈何容易。秘鲁队首阶段的发挥肉眼可见，本阶段虽然有些疲软，也绝非可以被肆意蹂躏的鱼腩。

然而这场球的结果令人诧异，阿根廷队居然以6∶0大胜，轻松晋级决赛。后世也将这场球认定为世界杯历史上最令人不齿的比赛之一，各种阴谋论层出不穷。

从比赛进程来看，上半场秘鲁队的表现完全正常，甚至在刚开场就击中立柱，运气好一点就能迅速领先。而且这段时间中，球队的发挥极其稳健，三条线距离保持得不错，没有冒进或者刻意放水的迹象。阿根廷队能取得2∶0领先，也是团队配合及肯佩斯个人发挥的结果。

下半场开始后，即便阿根廷队迅速打进两球，将比分扩大到4∶0，秘鲁队也没有完全放弃抵抗，依然有条不紊地在推进比赛。只是到了60分钟之后，这支球队才彻底崩溃，特别是后卫鲁道夫·曼佐各种失误频出，盯人松松垮垮，出球轻易就被对手抢断，球队防线也出现了大片开阔地，这才导致最终丢掉6个球。

关于这场球，有以下几种流传甚广的说法。

第一种是"干涉说"，这种说法认为赛前阿根廷当局直接介入，通过各种手段胁迫秘鲁队故意放水，最终帮助阿根廷队晋级。

第二种是"交易说"，有消息指出，阿根廷在这段时间通过海运给秘鲁送去了很多粮食，并解冻了秘鲁当局在阿根廷银行的一些资产。

第三种是"贿赂说"，这种观点认为秘鲁队在物质诱惑下放弃抵抗。这是单纯的金钱交易，阿根廷队买到了这场比赛的胜利。

这些都只是传言，无从考证。不过在足球场上，默契球与假球一直存在，这也是足球这项运动很难去掉的污点。巴西队为此感到异常愤怒，可惜这是阿根廷队的主场，巴西队只能接受失败。

■ "潘帕斯雄鹰"的飞翔

1978年6月25日，布宜诺斯艾利斯纪念碑球场，漫天飘舞的彩带昭示着决战的到来，这是一场新旧贵族间的宿命对决。阿根廷队时隔近50年再度闯入世界杯决赛，荷兰队则希望弥补四年前的遗憾。

不过令人厌烦的东道主阿根廷队依然在使用自己的小伎俩，在赛前花招频出，一会磨蹭着推迟进场，一会又指责荷兰队球员的护具不符合要求，事实上科克霍夫已经戴着护具踢了前面的比赛，阿根廷队实在有点无理取闹。

比赛终于开始，场面却令人感到失望，虽然阿根廷队主帅梅诺蒂是艺术足球的拥趸，但在这种比赛中厮杀才是一切。两队的身体接触极为频繁，倒地与哨响似乎成了主旋律。双方仅有的进球机会，也多是对手的失误所致，精妙的配合销声匿迹，双方完全将其演化为了一场肉搏。

率先打破僵局的是东道主阿根廷队，状态火热的肯佩斯又一次拿出了撒手锏，他从中路插上后顺势完成破门，与此前的几个进球如出一辙。自从进入第二阶段以来，他已经打进5球，成为金靴奖的有力争夺者。

只可惜这粒进球并没能增强比赛的观赏性，荷兰队试图反扑，但其反击着实有限。球队此前破局，要么依靠点球，要么就是传中抢点或者阿里·汉的远射，伦森布林克的5个进球居然有4个都是点球。球队在严密的防守之下，办法确实不多。

就在你来我往之中，眼看比赛行将结束，阿根廷队距离大力神杯咫尺之遥。然而就在比赛进行到第82分钟的时候，荷兰队神奇替补南宁加挺身而出，球队依然通过高空球进行传递，他在中路有力的包抄头球攻破了菲洛尔的十指关。这位阿根廷"门神"本场发挥出色，但也无力阻止荷兰人这次雷霆万钧的攻门。

而在比赛的读秒阶段，世界杯历史上最令人唏嘘的一幕出现了，荷兰队队长克罗尔后场开出任意球，球直飞入阿根廷队禁区左侧，跟进的伦森布林克抢在防守人之前将球捅向大门，却不幸命中立柱。阿根廷队躲过生死劫，将比赛拖入加时阶段。

对于伦森布林克来说，这可谓是"世纪遗憾"，如果这球进了，他就将率领荷兰队夺得世界杯冠军，完成克鲁伊夫未竟的事业。他个人也将以6球收获赛事金靴奖，况且他已经在同年率领俱乐部拿下欧洲优胜者杯，如果世界杯夺冠，他必将锁定欧洲金球奖，成为历史级的顶尖巨星。

加时赛注定属于阿根廷队，属于肯佩斯，他再度展现了良好的竞技状态，用更加炫目的表演终结了比赛。加时赛上半场结束之前，肯佩斯从中路持球突入禁区，连续摆脱对方几名球员的防守，在遭遇干扰之后，又抢在封堵之前将球打进，在最关键的三场比赛中（包括此前对阵波兰队与秘鲁队）都上演了梅开二度的好戏。

荷兰队在双重打击之下，最后时刻已经无力回天，随着贝尔托尼在肯佩斯的掩护下打进锁定胜局的一球，比赛的悬念就此终结。阿根廷队终于实现了多年来的夙愿，而"橙衣军团"的黄金一代，只能承受连续两届亚军的痛楚。也正是自此之后，"无冕之王"的名号开始叫响，延续至今仍然未能打破魔咒。

人们都希望足球是纯粹的，但此前的多届世界杯或多或少都有无关因素的干扰，但都没有1978年来得如此严重。裁判问题的纷扰、"秘鲁之战"的疑云，以及各种各样的小伎俩，时至今日还会被人们谈起。在阿根廷之外，每当球迷们讨论这届世界杯的"潘帕斯雄鹰"时，最先提及的字眼也许不是"冠军"，而是那些挥之不去的争议与阴谋。

本届世界杯整体的竞技质量也不尽如人意，虽然比赛强度已经提升到了现代水平，但技术含量的缺失与身体对抗的加剧，让很多场次变成了肉搏与田径比赛，很难让球迷们从中获得乐趣。球星层面同样令人失望，现象级的人物并不存在，能登上台面的也仅有肯佩斯、伦森布林克、克兰科尔与贝特加等寥寥数人，相较过往有着明显的差距。也正是在如此凋敝的大背景下，1978年的欧洲金球奖居然颁给了没有参加世界杯且没有任何俱乐部荣誉傍身的凯文·基冈，这也算得上黑色幽默了。

世界杯的故事来到这里，仿佛时间线离我们越来越近，而那些熟悉的画面也将逐一浮现。

历届世界杯纵览
（1930—1978年）

年份	主办地	冠军	亚军	季军	金靴奖	金靴进球数	最佳球员
1930	乌拉圭	乌拉圭队	阿根廷队	美国队	吉列尔莫·斯塔比莱（阿根廷）	8	何塞·纳萨兹（乌拉圭）
1934	意大利	意大利队	捷克斯洛伐克队	德国队	奥尔德里希·内耶德里（捷克斯洛伐克）	5	朱塞佩·梅阿查（意大利）
1938	法国	意大利队	匈牙利队	巴西队	莱昂尼达斯·达·席尔瓦（巴西）	7	莱昂尼达斯·达·席尔瓦（巴西）
1950	巴西	乌拉圭队	巴西队	瑞典队	阿德米尔·梅内塞斯（巴西）	9	济济尼奥（巴西）
1954	瑞士	联邦德国队	匈牙利队	奥地利队	桑多尔·柯奇士（匈牙利）	11	费伦茨·普斯卡什（匈牙利）
1958	瑞典	巴西队	瑞典队	法国队	朱斯特·方丹（法国）	13	迪迪（巴西）
1962	智利	巴西队	捷克斯洛伐克队	智利队	弗洛里安·阿尔伯特（匈牙利）①	4	加林查（巴西）
1966	英格兰	英格兰队	联邦德国队	葡萄牙队	尤西比奥（葡萄牙）	9	博比·查尔顿（英格兰）
1970	墨西哥	巴西队	意大利队	联邦德国队	盖德·穆勒（联邦德国）	10	贝利（巴西）
1974	联邦德国	联邦德国队	荷兰队	波兰队	格热戈日·拉托（波兰）	7	约翰·克鲁伊夫（荷兰）
1978	阿根廷	阿根廷队	荷兰队	巴西队	马里奥·肯佩斯（阿根廷）	6	马里奥·肯佩斯（阿根廷）

---

① 1962年世界杯苏联队的瓦伦丁·伊万诺夫、南斯拉夫队的德拉赞·叶尔科维奇、智利队的莱昂内尔·桑谢斯、巴西队的瓦瓦和加林查也打进4球，与匈牙利队的弗洛里安·阿尔伯特并列第一。

第十二章

1982，浪漫主义之死

在功利主义思潮大行其道的时代，艺术足球在中兴之路上原本一片坦途，却被一个沉寂许久的"偷猎者"推入了深渊。在后世眼中，1982年7月5日这一天，是足球的祭日。结果高于一切，现代足球竟变得如此残酷，以至于我们很难停下脚步，驻足欣赏片刻的灵动之美。而那些曾经的精灵，再也寻不回昔日的荣光。

——引语

■ 改变，历史的舞台

1982年世界杯，决赛圈扩充到24支球队，这件全人类的盛事又向前迈进了一大步。本届杯赛的主办权，最终交给了热情洋溢的西班牙，西班牙人秉承着"堂吉诃德式"的无畏精神，即便接待24支参赛球队是从未有过的挑战，他们也依然坚信这是最好的安排。

这个周期中足球世界的变化，主要体现在球星的更迭与博弈的演进。在西欧球队中，西班牙队虽备受关注，但在1980年欧洲杯上却仍然没能拿出令人信服的表现，最终止步小组赛。指望这样的球队能在本土世界杯夺魁，显然有些不切实际。

此时西班牙队的核心班底，在主流足坛只能算是中游水平，皇马队的球员仍占据主导地位，攻击核心华尼托与桑蒂拉纳依然是领头人物，卡马乔也是雷打不动的中后场基石。新晋西甲冠军皇家社会队也贡献了自己的力量，像中场核心萨莫拉、佩里科·阿隆索（哈维·阿隆索的父亲），锋线上的生力军乌法尔特等人，也都成为队中的关键角色。按照实力的基本盘推测，西班牙队收获世界杯前四就已经算是胜利。

上届世界杯表现欠佳的联邦德国队，这几年间已经完成新老交替，在1980年成为欧洲杯冠军，新老结合且中生代坚挺的阵容搭配，让人产生了无限遐想。另外执教球队10多年的老帅舍恩选择退休，他的助手德瓦尔成为新的掌舵人。

球队的领袖鲁梅尼格，在世界杯年之前已经成为欧洲足坛最火热的巨星，他连续2年收获欧洲金球奖。而上届杯赛球队锋线缺乏锐度的问题，也因为利特巴尔斯基的出现迎刃而解，他是德国足球史上罕见的天才边锋，仿若出鞘的利刃般划破对手防线。中锋层面可选的余地也较大，硬朗强悍的赫鲁贝施宛如攻城锤，欧洲杯决赛的梅开二度已经体现了他的价值。灵活如鬼魅的菲舍尔则完全是另外一种风格，他的射门变化莫测，尤其擅长高难度得分，日后他也将成为德甲历史上进球最多的人物之一。球队的中场更是百花齐放，此前因为出国踢球而离队多年的左后卫布莱特纳，在世界杯之前归队并且改踢中场，扮演了一个稳压与推进的角色。汉斯·穆勒、德雷姆勒、马加特也都是可供主帅调遣的明星球员。

更令人欣喜的是，球队诞生了一位罕见的超级天才——伯纳德·舒斯特尔。他在20岁的时候首次参加欧洲杯，就在与荷兰队的关键比赛中驭风前行，几乎以一己之力摧毁"橙衣军团"的斗志，并帮助球队最终夺冠。舒斯特尔具备了一名优秀中场球员的所有素质，不过他的个性极强，与国家队之间的关系显得有些微妙。

意大利足坛在这个周期发生巨变，他们在1980年解除外援禁令，本土球员的位置开始受到冲击。同年意甲又深陷假球丑闻之中，AC米兰队与拉齐奥队一同降级，保罗·罗西在内的多位球星遭遇长达数年的禁赛，加上1980年本土欧洲杯的表现难言出色（只闯入4强），整个亚平宁足坛都笼罩在阴影之下。

不过就在如此艰难的环境之下，主帅贝阿尔佐特依然稳定住了军心，积极率队备战1982年世界杯。球队的核心班底与4年前差别不大，中后场的主力全员留守，只是补充了小将贝尔戈米等个别球员。"门神"佐夫、西雷阿、詹蒂莱、塔尔德利与安托尼奥尼等人，依然扮演着极其重要的角色。

锋线上的变化相对明显，罗西起初被禁赛3年（从1980年春天开始计算），后来缩短为2年，在世界杯开赛前两三个月才仓促复出，已经没有几场比赛可踢。4年前的"魔幻双翼"考西奥与贝特加年事已高，加上伤病的困扰，逐步淡出球队。即便他们能够健康地迎来世界杯，也很难再有决定性的贡献。

锋线上值得关注的补充，主要是罗马队的右边锋布鲁诺·孔蒂与国际米兰队的前锋阿尔托贝利，前者成为球队新的边路攻击核心，后者则能够利用娴熟的技巧和不俗的得分能力帮助球队破局。

法国队迎来了自己的一个黄金时代，1982年这个节点上，普拉蒂尼已经成为欧洲顶尖的巨星之一，完全可以与鲁梅尼格分庭抗礼。作为新时代极具代表性的攻击型中场，他的破门方式令人目不暇接，传球与调度也颇具大师风范，尽管无法像所谓的球王那样用花哨的盘带过人肆虐对手防线，但其务实的踢法已经能够给对手造成毁灭性的打击。

他的左膀右臂同样出色，中场搭档吉雷瑟能力全面，脚法出众且活动范围很大，擅长用不遗余力的跑动及穿插制造机会；另一位搭档蒂加纳纵向爆破性更强，是球队中场的助推器，他们构成的"铁三角"组合，是当时足坛一道靓丽的风景线。

球队的防线同样可圈可点，老队长特雷索尔依然稳若泰山，博西斯已经足以独当一面，20岁的阿莫罗斯则快速崛起，在边路飞驰如入无人之境。只可惜法国队的门将相对一般，这似乎也成为"高卢雄鸡"的阿喀琉斯之踵。锋线依然沿用了4年前的主要班底，希克斯与拉孔贝等人尽管名气不大，但在强力中场的加持下，普拉蒂尼能承担大部分进球工作，其他人做好辅助即可。

英格兰队在20世纪70年代连续两次缺席世界杯，算是"滑天下之大稽"。到了这个节点上，尽管英格兰各俱乐部制霸欧洲，利物浦队、诺丁汉森林队与阿斯顿维拉队垄断了欧冠奖杯，但这些球队的核心不少都是苏格兰、威尔士乃至北爱尔兰的球员，很难为英格兰队输送顶级人才。

荷兰队与比利时队的实力经历了一个此消彼长的过程，随着克鲁伊夫与伦森布林克领衔的一代人逐步淡出，1980年欧洲杯的失利成为"郁金香"的落幕标志。与之毗邻的比利时队则逐步开始崭露头角，甚至被称为"欧洲红魔"。老队长范·希姆斯特已是明日黄花，支撑球队的是他的老友范·摩尔，队中同时涌现了诸如瑟勒芒斯、范登贝赫、埃里克·格雷茨等名将，比利时队在1980年欧洲杯上收获亚军，世界杯即将到来，球队自然也成了外界瞩目的焦点。

南美呈现出欣欣向荣的景象，阿根廷队终于等来了马拉多纳的成长，到1982年世界杯即将开始的时候，他已经是一名21岁的青年。如果说4年前梅诺蒂仍在犹豫，如今终于可以名正言顺地扶正这位新王了。

除了马拉多纳之外，球队几乎保留了曾经的夺冠班底，中后场甚至没有更换一名主力，前场也多是补充性人选。马拉多纳在1979年率领阿根廷国青队拿到了日本世青赛的冠军，表现出色的"金靴"拉蒙·迪亚斯得到了梅诺蒂的召唤，这支球队天赋溢出，即战力有了明显提升。

巴西队在经历了两届灾难般的世界杯之后，终于痛定思痛决定重拾初心。军人做派的"田径教练"库蒂尼奥离开了球队，接任的是艺术足球大师桑塔纳，他秉承着现代足球的严明纪律，却以美丽足球为毕生的追求。更加幸运的是，他的手下拥有一批可供调遣的大师。

曾经被库蒂尼奥冷落的济科，如今已经站在了世界之巅，作为举世瞩目的"白贝利"，济科拥有令人目眩的脚下技术，他的盘带摆脱、杂耍射门，以及那些天马行空的处理球动作，都让人梦回巴西足球的辉煌年代。

济科的身边簇拥着一群天才。被称为"智者"的医学博士苏格拉底，拥有天生的领袖气质，如丝般的触球看得人如痴如醉，是球队的绝对大脑。法尔考与塞雷佐的位置相对靠后，两人也都是脚下技术娴熟且传、射、带都精通的全能球员，同时还承担着托底的防守任务。

这四人是足球史上最经典的组合之一，只可惜由于法尔考出国踢球多年，把才华都贡献给了罗马队，导致他长期无法为国效力。在桑塔纳的体系中，他还需要竞争主力位置，这多少显得有些荒诞，贵为罗马队的"新皇"，在巴西队依然要用表现征服一切。

由于世界杯扩军到了24支球队，亚非拉各支球队的"生存空间"大了很多，过去几十支球队历经四轮厮杀，只为争夺一个名额的时代一去不返了。

遗憾，梦想差一步

本届世预赛依然有超过100支球队报名参赛，此次最值得关注的必然是中国队所在的亚大区。

这一届有20支球队实际参加了亚大区的世预赛，比赛的赛制极其复杂，主体上分为两个大的阶段。第一阶段先进行基础阶段的小组赛，中国队所在的小区域还穿插着单场淘汰赛，最终经过一系列的角逐，中国队、科威特队、新西兰队与沙特队入围第二阶段。

第二阶段4支球队进行主客场双循环的比赛，每支球队都要踢六场，排名前二的球队直接入围世界杯正赛。按照那个时候的实力，科威特队基本锁定一个晋级名额，沙特队实力较弱，第二个名额将在中国队与新西兰队之间产生。

那时没有完善的国家队比赛日制度，哪怕是世预赛这种高规格的赛事，日程安排也混乱不堪。1982年11月底，中国队已经踢完了全部六场比赛，取得了三胜一平两负的成绩，领先新西兰队3分，位居小组第二。

当时积分规则还是赢一场只拿2分，即便新西兰队还有两场没踢，这样的优势已经足够明显。只是后发制人总有优势，可以在赛前经过精确计算，甚至采取一些"盘外招"来帮助自己晋级。

新西兰队的最后两场比赛都在当年12月中旬进行，先是2：2战平了强大的科威特队，这意味着小组末轮中球队至少需要赢沙特队5球才能抹平与中国队的差距。此时由于自己的比赛早已结束，中国队已经就地解散，球员们要做的也许就是耐心等待对手比赛结束，然后欢庆晋级。

然而让人怒火中烧的是，已经无缘出线的沙特队在最后一场"大发慈悲"，居然半场就让新西兰队攻进5球，瞬间抹平与中国队的差距，只要最后45分钟多进一球，中国队就将出局！好在沙特人后面收敛了不少，最终将0：5的比分"守住"了，这样中国队与新西兰队的积分和净胜球都相同，需要在中立场地进行单场附加赛，决出晋级名额。

原本已经松弛下来的中国队，此时需要紧急集合，这让各方显得措手不及。根据一些资料记载，由于那个年代通信不畅，中国队重新集结球员就花了一周时间。要知道新西兰队与沙特队的比赛结束已经是1981年12月19日了，20天以后附加赛就将在新加坡打响，哪怕两国没有时差，恢复状态、适应场地也需要很长时间，中国队显然是在仓促中匆忙上阵。

在终局之战中，新西兰天才温顿·鲁菲的出色发挥，帮助球队2：1击败了中国队，队史上第一次晋级世界杯。后世经常批评中国队经验不足，无法应付突发情况，但这一切都是拜沙特队所赐，是其违背体育道德的行为，才让中国队遗憾地失去了参加世界杯的机会。

在欧洲区的比赛中，本届的进程相对平稳，除了巅峰已过的荷兰队被淘汰出局外，其他主流强队悉数入围。特别值得一提的就是已经缺席两届的英格兰队与苏联队，在蛰伏许久之后，两队终于等来了证明自己的机会。而中东欧片区的奥地利队、南斯拉夫队、捷克斯洛伐克队与匈牙利队，终于集体振奋了一回，都拿到了正赛的入场券。

美洲区由于阿根廷队自动入围，巴西队的实力又过于强大，所以整体悬念不大。唯一遗憾的是老牌劲旅乌拉圭队依然低迷，连续第二届无缘正赛。过去十几年表现不俗的秘鲁队，则连续第二届成为正赛球队。

曾经竞争最激烈的非洲区，这次也拥有了两个出线名额，最终代表北非片区的阿尔及利亚队和撒哈拉以南非洲的喀麦隆队分别晋级，也算是体现了非洲足球两股主要力量。在扩军为24支球队之后，世界杯的意义显得更加深远了。

■ 意外、犀利与丑闻

由于扩军的影响，本届杯赛的赛制有了明显的变化，24支球队先分成6个小组，每组前两名共12支球队晋级第二阶段小组赛。第二阶段的球队再平均分成4个小组，每组头名出线晋级，然后就是常规的半决赛与决赛，算是融合了过往世界杯的一些架构，比赛场数显著增多。

两个阶段的分组赛当中，净胜球依然扮演了最重要的角色，直接决定了积分均势下谁的排名更靠前。最后的半决赛、季军争夺战和决赛中，如果双方120分钟战平则要进行点球大战。不过自从1974年该制度引入以来，还没有哪场比赛出现过这种情况。

第一阶段的6个小组，并没有出现传统意义上的"死亡之组"，相对来说竞争较为激烈的，应该是巴西队、苏联队、苏格兰队与新西兰队组成的第六小组。除了"桑巴军团"与大洋洲的新军，其他两支球队都在世界杯上证明过自己，从来都不是可以忽视的对手。

巴西队刚开始就遭遇苏联队，塞雷佐的停赛给了法尔考首发的机会，桑塔纳主打的"4222阵形"也初露峥嵘。在四中场之外，锋线左翼的埃德尔是球队的爆破尖兵，两个边后卫儒尼奥尔与莱昂德罗也属于主攻的类型，巴西队的比赛从不缺乏令人惊艳的场面。

不过低调的苏联队很快让巴西队吃到了苦头，其整体性较强，锋线上能够频繁制造威胁。"桑巴军团"的中卫和门将属于短板，中锋塞尔吉奥是个"吐饼大师"，多次浪费机会令人扼腕叹息。在此消彼长之中，苏联队依靠巴西队门将的失误取得领先，总之巴西队空有场面优势，却始终无法送出致命一击。在比赛的尾声阶段，苏格拉底与埃德尔两名球星站了出来，他们各打出了一脚超级世界波，帮助球队完成2∶1的逆转。然而就整场比赛而言，巴西队的问题暴露得相当明显，如果不是裁判的偏袒和自身不错的运气，很难取得开门红。

其后对阵苏格兰队与新西兰队的比赛，塞雷佐迎来复出，由于法尔考表现出色，巴西队主帅桑塔纳选择牺牲别人将他留在了首发阵容中，从第二场比赛开始，传奇的魔幻四中场（济科+苏格拉底+法尔考+塞雷佐）才正式成形。

这两场球赛巴西队踢得相对轻松，尽管苏格兰队拥有利物浦队的冠军中轴线，中场的整体配置也令人艳羡，但巴西队找到状态之后，其他球队是无法阻挡的。济科的爆发是整支球队状态的写照，他的凌空射门令人眼花缭乱，教科书般的弧线任意球更是成为永恒的经典。两场8球的成绩单相当完美，巴西队最终夺冠似乎只是时间问题。

当然我们不能忽视巴西队存在的短板：中锋效率低下，防线容易走神，中场巨星有时各自为战，整体性一般。在普通比赛中有些问题可能不容易暴露，但到了生死时刻，一个微小的失误就可能导致满盘皆输。

另一个值得关注的就是英格兰队、法国队、捷克斯洛伐克队与科威特队所在的第四小组。两支传统劲旅，搭配一个具有一定底蕴的中欧球队，再加上实力突飞猛进的亚洲新军，自然备受期待。

从比赛的进程来看，英格兰队的发挥甚至超过了预期，在折损了基冈与布鲁克林的情况下，球队的进攻依然亮点十足。尽管英格兰队的技术能力与欧洲大陆球队相比显得有些逊色，但球队坚持快速推进结合高球冲吊的踢法，别的球队也难以招架。

最明显的就是首战法国队，开场仅27秒，布莱恩·罗布森就为"三狮军团"首开纪录，也为最终3∶1的胜局奠定了基础。锋线上的特沃尔·弗朗西斯等球星也体现了自己的价值，赛前并不那么被看好的他们，似乎有能力走得更远。

法国队的情况属于平稳过渡，主帅伊达尔戈在比赛期间仍在调试阵容，输给英格兰队并没有打乱他的部署，随后一胜一平的成绩足以保证其晋级下一轮。从比赛的实际情况来看，只要普拉蒂尼保持良好的身体状态，任何人都不能低估"高卢雄鸡"，法国队完全具备拿到冠军的实力。

这个小组还诞生了世界杯历史上的名场面，在法国队与科威特队的比赛中，科威特球员因为听到观众席上的野哨暂停比赛，法国队趁机打进一球，虽然对比赛结果影响不大，但科威特队球员显得异常愤怒，他们甚至考虑直接退场。就在这危急关头，正在看台上观战的科威特足协主席法赫德亲王居然冲到了球场之中。

在他的交涉之下，法国队的进球被判无效，后世普遍认为是他给裁判施加了压力。从现有史料来看，亲王下场的主要目的是安抚科威特球员的情绪，好让他们继续比赛。至于他到底有没有跟裁判讨论核心问题，并无直接证据。也许裁判确实被亲王强大的气场影响，但改判属于他的个人决定，作为职业裁判不应被无关因素干扰。

关注第三小组比赛的多数观众都是为了关注一个人的表现，他就是迭戈·马拉多纳。阿根廷队与比利时队、匈牙利队、萨尔瓦多队同分在一个小组，看上去出线的压力不大。

阿根廷队的主帅依然是梅诺蒂，上届的主要冠军成员搭配马拉多纳，就是本届的核心班底。看上去马拉多纳的成长弥补了球队进攻端天赋的缺失，阿根廷队很有希望在未来的一个月大有作为。然而几个月来阿根廷在马岛战争中遭遇了英国的沉重打击，全队上下不仅情绪低落，也背负了超越足球层面的压力。

首战比利时队能够反映出阿根廷队存在的问题，面对比利时队的密集防守，马拉多纳领衔的球队找不到更好的办法，他本人也在穷追猛打之下有些迷失。最终阿根廷队0∶1输掉揭幕战，这场球还是在巴塞罗那的诺坎普球场进行，马拉多纳已经在开赛之前与巴萨队完成签约，他却没能在主场球迷面前展现出最好的一面。

后面两场球赛阿根廷队找回一些状态，马拉多纳还在同匈牙利队的比赛中梅开二度，帮助球队4∶1大胜对手，顺利晋级下一轮。

东道主西班牙队的签运不错，与南斯拉夫队、北爱尔兰队与洪都拉斯队分在第五小组，看上去小组赛只是走个过场，这些球队的实力与其相比都有差距。不过比赛开始之后，主场球迷们却大跌眼镜，且不说首战西班牙队就被小组中实力最弱的洪都拉斯队逼平，在技术流球队的比拼中，也根本无法在南斯拉夫队与北爱尔兰队身上占到便宜。

北爱尔兰队赛前被大众看作是"下狗"，不过中前场英才辈出，马丁·奥尼尔、杰里·阿姆斯特朗、萨米·麦克罗伊等人组成的前卫线运转自如，他们都是英格兰俱乐部的关键人物，即便面对西班牙队也不会有一丝怯场。

更令人惊喜的是，锋线上刚满17岁的小将诺曼·怀特塞德少年老成，初次亮相就敢打敢拼，凭借出色的技术能力不断给对手防线制造威胁。时至今日，他依然是世界杯历史上最年轻出场纪录的保持者（17岁零41天）。

面对来势汹汹的对手，西班牙队虽然占据了场面上的主动，但却被北爱尔兰队偷袭得手，令人震惊地输掉了比赛。东道主西班牙队虽然拿到了出线名额，但显得有些不光彩。不过以赛前最多打进4强的定位来看，这样的表现也不算"滑天下之大稽"。

联邦德国队、奥地利队、阿尔及利亚队与智利队所在的第二小组，原本没什么悬念，即便舒斯特尔没能回归球队，新科欧洲杯冠军肯定也会轻松晋级，然而现实又一次令人始料未及。

从场面上来说，联邦德国队前两场的发挥都在合格线以上，相比于上届的平庸，此番球队的攻击线相当锐利。鲁梅尼格游弋自如，随时能送出致命一击，利特巴尔斯基利刃出鞘，频繁撕裂对手防线制造杀机。

然而首战他们的运气欠佳，围攻许久

就是不进球，结果被阿尔及利亚队偷袭得手。好不容易扳平了比分，一分钟后又被对手反击破门，最终1∶2输掉比赛。这样的冷门无法从科学的角度解释，更并不能说明联邦德国队的真实水平。

在两轮比赛结束之后，奥地利队两战全胜排名第一，联邦德国队与阿尔及利亚队都是一胜一负。当时小组赛末轮还不是强制同时开球，阿尔及利亚队先进行比赛，以3∶2击败了智利队，于是联邦德国队与奥地利队的比赛就显得至关重要。

根据赛前的计算，联邦德国队小胜奥地利队的话，两队就能携手出线。如果联邦德国队没法取胜，它就将出局；如果联邦德国队的进球超过奥地利队太多，奥地利队就要打道回府。

比赛开始之后，联邦德国队发起猛攻，赫鲁贝施在第10分钟就打破僵局，已经"完成了"既定的任务。根据回看比赛录像可知，整个上半场两队的表现还算正常，现场观众也没有异常的举动。两队的消极情绪从下半场开始急速蔓延，各种无意义、慢节奏的后场传递开始增多，漫天的嘘声也开始响彻全场。最终在一片质疑声中，联邦德国队1∶0击败了奥地利队，两队携手晋级下一阶段。

这场球是世界杯历史上最大的默契球丑闻，蒙受损失的阿尔及利亚队至今耿耿于怀。也正是因为这场比赛，国际足联强制出台了小组末轮必须同时开球的新规则，从1986年世界杯开始实行。由于这场比赛是在西班牙的希洪市进行的，所以该事件也被后世称为"希洪丑闻"。

第一阶段最为乏善可陈的，要数意大利队、波兰队、喀麦隆队与秘鲁队所在的第一小组。除去波兰队5∶1大胜秘鲁队之外，其他五场比赛有三个0∶0和两个1∶1。意大利队三场全部收获平局，一共只打进2球，凭借净胜球的优势才挤掉喀麦隆队晋级第二阶段。球队锋线乏力的问题依然无法解决，刚刚复出的罗西如同梦游，三场比赛下来毫无斩获，然而主帅贝阿尔佐特却坚持使用他首发。

第二阶段12支球队分成4个小组，每组3支球队进行单循环赛，只有头名能够晋级半决赛。而且比赛的安排非常讲究，如果首场打平则按照预设的赛程进行，如果分出胜负，则首场输球的队伍要跟第三队进行次战，这样可以保证小组第三场比赛进行之前，晋级球队没有提前产生。

最受瞩目的有两个小组，首先自然是巴西队、阿根廷队与意大利队所在的C组，3支传统强队相互厮杀，球星之间的碰撞必然吸引眼球。然而从本届比赛所展现出的实力来看，巴西队显然技高一筹，正常发挥应该就能晋级半决赛。

首场比赛在意大利队与阿根廷队之间进行，客观来说两队的攻击火力都有限，这场球应该不会特别精彩。意大利队的排兵布阵更加极端，球队安排詹蒂莱全场紧盯马拉多纳，估计哪怕是他在喝水的时候都形影不离。

这样极端的操作，几乎冻结了阿根廷队的进攻创造力，詹蒂莱的球风凶狠而粗野，马拉多纳拿球之后只要起速盘带，詹蒂莱立刻就放铲终结。本场比赛的裁判也有些保守，直到半场结束前才给了詹蒂莱第一张黄牌，按照现在的判罚标准估计他开场10分钟就被罚下了。

小心翼翼保住平局的意大利队，在下半场迎来了转机。阿根廷队在攻击端找不到对手的破绽，结果被意大利队连续打了两个反击，尽管罗西在门前的感觉依然不好，但他不遗余力的跑动还是给队友创造了机会。虽然帕萨雷拉终场前扳回一球，但意大利队依然以2∶1取胜。

第二场巴西队对阵阿根廷队，两队的实力差距比较明显，巴西队华丽的攻势很快摧毁了阿根廷队的防线，一度取得了3∶0的领先，比赛早早失去悬念。急火攻心的马拉多纳，甚至在比赛中飞踹对手中场巴蒂斯塔，被主裁判直接红牌罚下。客观来说，马拉多纳在他的第一届世界杯历程中发挥得相当平淡。

第三场巴西队面对意大利队，只要打平就能出线，结合之前的情况来看，巴西队也就是走个过场。此战主帅贝阿尔佐特安排詹蒂莱盯防济科，不过此前他对马拉多纳的所作所为，已经引发了巨大的争议。这场比赛，同样的策略实施起来困难重重。

比赛开始之后，低迷了近四场的罗西突然找回状态，他利用巴西中卫的走神头球破门，帮助意大利队意外取得领先。不过巴西队并不慌张，已经在小组赛中习惯了开局就落后。

很快济科就摆脱两人包夹送出妙传，苏格拉底插上劲射破门，场面行云流水，看得人大呼过瘾。按照这个节奏走下去，即便巴西队状态不在最佳，一场平局也足以保证其晋级半决赛。然而半场结束之前，塞雷佐在己方后场漫不经心的传球被对手抢断，罗西抓住机会梅开二度，意大利队带着优势进入半场休息。

下半场开始后巴西队继续猛攻，但"桑巴军团"一直无法追平比分。比赛进行到70分钟左右，还是队内的巨星站了出来，法尔考在禁区弧顶处左脚发炮，球直奔远端死角，佐夫只能目送球入网。如果巴西队平稳维持下去，这个结局也算体面。然而巴西队希望乘胜追击，后面连续压上，但射门选择存在问题，不仅没有反超比分，防线还暴露在对手面前。

就在巴西队一波流攻势无果之后，罗西却利用一次不起眼的角球机会，打进了本场比赛的第三球。此时他完全化身为一名禁区幽灵，欣赏足球的人很难给予他较高的评价，但冰冷的数字却在陈述事实，巴西队第三次落后了。

在比赛的最后时刻，巴西队集体出动，但"门神"佐夫却有如神助，他高接低挡力保球门不失。尽管存在个别争议球，但比赛的结果已经无法更改，终场哨响，尘埃落定。

这场比赛的失利对巴西队的打击，丝毫不亚于1950年的"马拉卡纳惨案"，在功利主义思潮大行其道的时代，艺术足球在中兴之路上原本一片坦途，却被一个沉寂许久的"偷猎

者"推入了深渊。在后世眼中，1982年7月5日这一天，是足球的祭日。结果高于一切，现代足球竟变得如此残酷，以至于我们很难停下脚步，驻足欣赏片刻的灵动之美。而那些曾经的精灵，再也寻不回昔日的荣光。

联邦德国队、英格兰队与西班牙队所在的A组，也是3支传统劲旅角逐，与C组相比，各队之间的实力更加接近，加上东道主的因素，关注度自然也不会低。

不过本组的比赛远远没有那么精彩，联邦德国队首战就与英格兰队0∶0战平，次战联邦德国队2∶1力克西班牙队，将东道主西班牙队淘汰出局。于是焦点就落在了小组末轮英格兰队与西班牙队的关键比赛上，"三狮军团"需要为了出线名额而战。

这场球赛英格兰队必须净胜西班牙队两球以上，才能拿到半决赛的门票，然而球队的伤病情况没有好转，仍然要依靠拼了半个多月的班底继续搏杀。毫无负担的西班牙队则要为观众而战，球员们的决心也是不可被低估的。

总体来说，这是一场相当开放的对攻大战，两队的门将成为主角，阿科纳达与希尔顿都奉献了精彩的扑救，以至于火热的对攻持续了很久比分依然是0∶0。对于英格兰队来说，这是不可接受的，因此主帅在下半场决定放手一搏，换上了还未伤愈的布鲁克林与基冈，成败在此一举。

但是下半场，双方依然无法取得进球，最终这场比赛0∶0收场，英格兰队五场未尝败绩，却被迫在半决赛之前打道回府，这样迷离而忧伤的气质也将伴随英格兰队很多年。

相较而言，A组和D组的比赛关注度就比较低了。A组中波兰队首战3∶0力克比利时队，博涅克上演帽子戏法。在0∶0逼平苏联队之后，波兰队低调地进入了半决赛，它有希望重塑8年前的荣光。

D组中法国队没有受到多大的阻击，尽管普拉蒂尼出现伤病隐患，但球队的整体实力明显强过奥地利队与北爱尔兰队。在这个阶段的比赛中，普拉蒂尼、吉雷瑟与蒂加纳的中场"铁三角"正式成形，球队的攻击线随着比赛深入渐入佳境，球员们期待着最终问鼎的那一天。

■ 经典！足球的魅力

首场半决赛是波兰队对阵意大利队，这场球双方都有停赛减员，波兰队的头牌博涅克与意大利队的詹蒂莱都无法上场，虽然看上去像是兑子抵消，但显然对波兰队影响更大。意大利队的小将贝尔戈米赢得了主帅的信任，他的盯人水准完全可以应付波兰队。

这场球赛意大利队派出贝尔戈米盯防波兰队唯一剩下的核心拉托，将他锁死之后，对面的进攻威胁几乎不存在了。开场不久，意大利队的安托尼奥尼就因伤下场，导致球队没了中场指挥官，但其攻击端的整体实力还是明显在波兰队之上。

罗西已经找回状态，他的跑位愈发灵活，虽然无法像4年前一样持球冲击防线，但在孔蒂与卡布里尼等人的帮助下，他依然有能力实施打击。最终也正是他的两个门前包抄终结比赛，意大利队顺利击败波兰队闯进决赛。罗西在这两场的发挥神奇得仿若梦境一般，却真实发生了在了伊比利亚的夏天。

另一场比赛非常受大众关注，联邦德国队对阵法国队，这是当时欧洲最强球队的对决。法国队的核心球员悉数出战，联邦德国队则有重大减员，鲁梅尼格因肌肉出现问题无法首发，中场关键人物汉斯·穆勒也高挂免战牌。

高水平对攻战的一大特点是攻防转换的节奏极快，这场比赛就是典型的写照。上半场双方各下一城，总体上来看比赛还是均势，联邦德国队此前的比赛都占据优势，面对法国队第一次有了吃力感。普拉蒂尼的球队渐入佳境，球队的整体协作与个人发挥有机结合，使日耳曼防线有些招架不住。

下半场开始之后，普拉蒂尼的冲击力越来越强，联邦德国队眼看着就要撑不住了。就在这危急关头，门将舒马赫挺身而出。普拉蒂尼半场送出过顶反越位妙传，中路插上的替补巴蒂斯通获得单刀机会，然而在他将球捅出之后，迎面扑来的舒马赫没有减速，他完全就是冲着"废"人去的，当场将巴蒂斯通撞得不省人事。

可怜的巴蒂斯通昏迷了好几分钟，最终被担架抬出场，情况令人担忧。更令人惊讶的是，舒马赫居然连黄牌都没有得到，裁判也没判给法国队点球，此事居然就这么过去了！原本就因为"希洪丑闻"对联邦德国队极为不满的各路观众，此刻自然是嘘声四起。

90分钟常规时间结束，双方要通过加时赛分出胜负，潜在的点球大战也有可能上演。不过重压之下的联邦德国队似乎有了崩盘的迹象，其中场开始出现脱节，禁区腹地门户大开。法国队在这个位置连续抓住漏洞，凭借特雷索尔和吉雷瑟的进球，取得了3∶1领先。在此期间鲁梅尼格被迫替补出战，绝境之时考虑防守是没有意义的。

然而"残血"的鲁梅尼格依然展现出了"金球先生"的风采，上场之后没多久他就利用门前包抄扳回一城。而当加时赛来到下半场之后，主帅德瓦尔的另一大手笔也收获成效，他将赫鲁贝施与菲舍尔两名中锋同时派上场，正是前者的头球摆渡帮助后者凌空侧钩破门，淋漓尽致地发挥了两人的最大特质。

法国队到了最后时刻体力有些不支，这依然要怪舒马赫，因为巴蒂斯通原本就是替补上场，踢了没多久又被换下，导致法国队用完了换人名额，加时赛丧失后手。然而纠结这一切没有意义，120分钟结束双方战成3∶3平，世界杯历史上第一场点球大战一触即发。

在经历了跌宕起伏的两个小时之后，这场点球对决倒没有那么惊心动魄，联邦德国队的施蒂利克率先罚丢，然而此前闯下大祸的舒马赫，最终却成了球队的功臣。他接连扑出了法国队希克斯与博西斯的点球，帮助联邦德国队挺进决赛。

这场球成为世界杯历史上的永恒经典，无论以什么标准评选，后世必定有其一席之地。客观来说，本场比赛法国队发挥更加出色，也是更配得上胜利的那一方。

意大利队与联邦德国队在决赛相遇，难免让人想起12年前的"世纪之战"，尽管如今时过境迁，两队都完成了更新换代，不过这样的对决依然让人血脉偾张。然而在决赛之前，两队在阵容方面都存在重大隐患，对比赛质量有着不小的影响。

意大利队在半决赛受伤的安托尼奥尼无法出战，诸如马里尼这样的替补显然没有应付决赛的能力，顶级的组织者原本就很稀缺，令主帅贝阿尔佐特感到头疼。经过激烈的思想斗争，他最终做出了一个大胆的决定，临时变阵五后卫，让小将贝尔戈米与解禁复出的詹蒂莱同时首发，用牺牲前场的创造力来稳固防线。

联邦德国队的鲁梅尼格依然没有痊愈，但他的求战欲很高，要求首发出战。汉斯·穆勒的情况依然不容乐观，但在鲁梅尼格抱恙的情况下，其他球员不足以支撑起中前场，德瓦尔也面临跟贝阿尔佐特类似的困境。

最后他给出的解决方案，居然也是一个类五后卫的阵形，将伯纳德·福斯特尔内收放在中路，此前几战踢中场的布里格尔回归左边路，也算是牺牲了中场来稳固防线。不过相比之下，"蓝衣军团"的攻击锐度实属一般，只要盯紧突然爆发的罗西即可。

比赛开始之后，场面果然显得相对乏味，两队都缺少创造型人才，意大利队还派出詹蒂莱紧盯利特巴尔斯基，贝尔戈米搞定鲁梅尼格，直接掐断了对手的"龙脉"。意大利队这边，由于罗西不具备主动发起进攻的能力，光依靠孔蒂内收掀不起什么风浪，安托尼奥尼的作用显然是无人可以替代的。

上半场仅有的波澜，也就是孔蒂斜插禁区被布里格尔放倒，意大利队获得点球。结果卡布里尼还将球射偏，双方就在相对沉闷的气氛中熬过了45分钟。下半场运气来到了意大利队一边，在僵持之中，罗西连续第三场起到了开瓶器的作用，还是通过队友掩护、门前包抄首开纪录。你很难理解这样一个低迷了多场比赛，又在酷热比赛环境中备受煎熬的前锋，是如何快速找回状态并连续扮演主宰者的。

然而正是他的进球点燃了意大利队的激情，连"清道夫"西雷阿都开始变得活跃，原本他还是更多地投身防守之中，罗西破门之后也开始插上进攻。比赛进行到70分钟左右的时候，正是他在右路与塔尔德利连续做了几次传递之后，塔尔德利突然闪向内侧弧顶处，起左脚抽射破门。表现神勇的舒马赫此时目瞪口呆，只能目送意大利队扩大比分。

大约10分钟之后，一发不可收拾的意大利队，又凭借替补前锋阿尔托贝利的破门，将比分扩大到3：0，这根本无法体现两队的实力差距，也不是意大利队锋线能力的写照。然而意大利队就在这样的场合，上演了这样的奇迹。

比赛第83分钟，联邦德国队布莱特纳的破门显得于事无补，尽管这帮助他成为继瓦瓦和贝利之后，第三位在两届世界杯决赛中都完成破门的球员，但相比于8年前的欢愉，此刻的酸楚是难以名状的。终场哨响，小组赛收获三连平、仅仅打进两球的意大利队，在短短半个月之后，居然成为世界杯的冠军。面对这种难以解释的结果，也许你只能说一句："这该死的足球。""蓝衣军团"收获了队史上第三座世界杯的冠军奖杯，就此追平了巴西队，并列成为世界杯历史上夺冠次数最多的球队。

而面对巴西队才打开进球账户的罗西，凭借三场6球的表现，获得了金靴奖。更加夸张的是，也正是凭借这几场球的发挥，他拿到了1982年欧洲金球奖，要知道这一年他直到春天才解禁复出，世界杯前并没有参加几场正式比赛。最后只能说，也许这就是足球吧。

1982年世界杯，是历史上首次扩军为24队的杯赛，西班牙承担了新时代办赛的重任，尽管勇气可嘉，但最终呈现给世界的，却是一届充满瑕疵且怨声载道的比赛。比如说抽签期间机器的意外故障，小组赛联邦德国队与奥地利队的默契球，科威特的法赫德亲王下场干扰比赛，半决赛联邦德国队门将舒马赫的暴力犯规等等，都成为世界杯历史上的重大争议。好在有了西班牙人的探索，未来的世界杯在朝着规范化的目标稳步迈进。

从竞技层面来看，本届比赛呈现出两极分化的状态，既有巴西队浪漫的演出，也有意大利队功利主义至上的锁链。最终场均进球数达到了2.81个，与近几届杯赛相比处在高位，整体上还是令人满意的。

从球星层面考量，其实纵观整届杯赛，普拉蒂尼、济科乃至利特巴尔斯基的发挥，都要在罗西之上，奈何功利主义者成为赢家，其他巨星都只能扮演"陪跑"的角色。更加遗憾的是，本届杯赛依旧是成名大腕的舞台，并没有现象级人物横空出世，不过相比于1978年，球员整体的成色还是强出不少。

什么是现象级人物，也许下一个4年之后，就有明确的答案。

第十三章
1986，一个人的世界杯

> 终场哨响，马拉多纳七战封神，世界杯历史上不乏个人英雄主义的史诗级演出，却不曾有过如此摧枯拉朽的单核奇迹。5粒进球与5次助攻，都无法体现出球王的伟大，他在球场上的统治力，时至今日依旧让人震撼不已。
>
> ——引语

■ 双雄争霸的时代基调

早在1974年，国际足联就已经决定将12年后的世界杯主办权交给哥伦比亚，但哥伦比亚在1982年放弃了主办权。所以1986年的世界杯需要尽快敲定新的落户地，美国、加拿大和墨西哥这三个国家成为潜在的东道主。有传言，国际足联的主席阿维兰热，与墨西哥的相关企业存在利益输送，因此在他的助推之下，16年后墨西哥再次拿到世界杯的主办权。尽管其他两个国家感到异常愤慨，但结果已无法更改。

墨西哥在世界杯前遭遇突发事件，1985年9月19日，大墨西哥城地区发生了8.0级地震，对于城市基础设施造成了严重的破坏，经济损失更是难以估量。不过相比于1960年的智利，墨西哥幸运地保住了主要比赛场馆，这也让世界杯得以留在墨西哥，然而一波三折的进程却给赛事蒙上了一层阴影。

在过去的几年中，足坛的主旋律相当鲜明，那就是马拉多纳与普拉蒂尼的龙争虎斗。尽管两人一个身处南美，一个在欧洲，直到1984年才在意甲联赛完成会师，但竞技体育向来是绝对实力的比拼，这对时代双骄必然会成为舆论眼中的焦点。

从1986年之前的运势来看，普拉蒂尼无疑处于高位，他刚刚率领法国队拿到了1984年欧洲杯的冠军，个人五场打进9球，奉献了单届大赛最具统治力的个人表演。在俱乐部层面，他所在的尤文图斯队不仅制霸亚平宁半岛，在欧洲三大杯中也是收获颇丰，"普天王"几乎拿下了一切团队荣誉。

在个人层面，他也达到了空前的高度，1983年到1985年，普拉蒂尼实现了欧洲金球奖的三连霸，是历史上首位取得如此成绩的球员。尽管当时无法用南美球员参评稍显遗憾，但能够长时间坐稳欧洲霸主的位置，足以说明他的实力。

在1986年世界杯的节点上，"普天王"率领的法国队，整体情况相对平稳，他与蒂加纳、吉雷瑟组成的"铁三角"还是球队竞争力的保证，尽管三人都已过而立之年，但远未到日暮西山的时候。

防线上博西斯与阿莫罗斯成为核心，此前令人担忧的门将位置，也出现了巴茨这样相对令人放心的角色。锋线一直是法国队相对薄弱的环节，不过随着小将帕潘的出现，再加上几位老将的辅助，完全可以应付杯赛性质的对决。这届墨西哥世界杯，法国队依然是夺冠的大热门，普拉蒂尼希望毕其功于一役。

相比之下，马拉多纳这些年过得并不如意，效力巴萨队的2年备受暴力犯规的折磨，伤病的困扰与私生活的混乱让他显得碌碌无为，成绩完全无法匹配自己的世界第一身价。尽管1984年转会那不勒斯队之后，他迅速带领这支不起眼的意大利南部球队迈向巅峰，甚至可以与尤文图斯队一较高下。然而仅从个人所达到的高度而言，这几年间的马拉多纳无法与普拉蒂尼相提并论。多年后马拉多纳也在采访中表示，1986年墨西哥世界杯之前，外界还是更看好普拉蒂尼，认为他才是世界第一，这让马拉多纳充满了逆袭的动力。

另外阿根廷队的主教练从梅诺蒂换成了比拉尔多，与倡导美丽足球的前任不同，比拉尔多是一位彻头彻尾的功利主义者。与此同时，阿根廷队也迎来了新老交替，前两届世界杯的功勋球员悉数淡出，马拉多纳成为毋庸置疑的核心与领袖。新球队中除了马拉多纳，巴尔达诺与布鲁查加这样的优质攻击手同样声名远扬。

1984年的尼赫鲁金杯赛，阿根廷队居然0∶1输给了中国队，这可以算是足球史上最大的冷门之一。尽管后来比拉尔多通过一些胜利扭转了颓势，但外界的质疑声始终不绝于耳，在1986年世界杯之前，阿根廷队与普拉蒂尼所在的法国队相比，显然是弱势的一方。

除了法国队与阿根廷队之外，传统豪强在这几年间多数都面临着实力下滑的困境。意大利队在这个周期内告别了安托尼奥尼、詹蒂莱、佐夫等核心，罗西、塔尔德利也逐渐沦为了边缘人，只剩下老将西雷阿、卡布里尼、布鲁诺·孔蒂等人还在坚守。对于他们来说，1986年的世界杯，或许只能算是一届过渡的杯赛。

联邦德国队主教练换成了贝肯鲍尔，阵容变化不算很大，然而攻击核心鲁梅尼格因为年龄的增长和伤病的困扰，水平已经不如从前。当打之年的利特巴尔斯基，伤病隐患也不算小，他犀利的踢法很容易成为众矢之的，在那个赛场表现相对粗野的年代，随时可能遭遇重创。而攻击线上得力的补充，也只有不莱梅队的高效射手沃勒尔。中场虽有逐步成长的马特乌斯和相对稳健的马加特坐镇，但舒斯特尔的冷漠态度（长期远离国家队），始终是球队的心病，没有这位天才的助阵，粗糙的联邦德国队很难踢出真正有创造力的效果。

巴西队的情况也不乐观，尽管主帅桑塔纳在世界杯前回到了队中，但阵容早已今非昔比。曾经轰动世界的中场四人组，如今只有苏格拉底尚能正常征战，济科和法尔考都受到了膝伤的困扰，塞雷佐的身体情况也不容乐观。令球队感到慰藉的消息，恐怕也只有锋线大将卡雷卡的成熟，以及防线上朱利奥·塞萨尔的显现。不过跟4年前相比，巴西队的竞争力出现了严重下滑，已经脱离争冠的第一梯队了。

英格兰队完成了阵容的更迭。在主帅博比·罗布森治下，球队的技术水准有了明显的提升，中场仍由布莱恩·罗布森和格伦·霍德尔坐镇，锋线上坐拥高效射手莱因克尔，加上约翰·巴恩斯、克里斯·瓦德尔与特沃尔·史蒂文这几位出众的边路辅助，球队的攻击线显然不会像几年前那么疲软。防线上依然由希尔顿、桑松、布彻等人坐镇，整体情况倒没什么变化，不过时间是有魔力的，经过淬炼总会收获相应的经验。

南美区沉寂了许久的乌拉圭队，终于出现了弗朗西斯科利这样的天才，给了球迷些许希望。

至于亚非拉的众多球队，即便到了20世纪80年代中期，也还处在相对混沌的时期。其中最出色的也就是东道主墨西哥队，然而仅凭乌戈·桑切斯的才华，还不足以支撑这支球队走得更远，况且这位头牌还在遥远的西班牙效力，长期无法与国家队其他队员磨合。

足球依旧是欧洲与南美洲制霸的舞台，尽管新势力试图冲破枷锁，却发现鸿沟依旧存在。在这项运动越来越全球化的时代，如何帮助第三世界国家提升足球水平，是国际足联亟待解决的问题。

■ 神之初现与群雄纷争

本届世界杯共有超过120支球队报名参赛，再一次刷新历史之最，中国队连续第二届参与其中，而且这一次亚洲区开始独立举办预选赛，与大洋洲划清了界限。不过相较于4年前距正赛一步之遥的痛楚，这一次的过早出局更让人捶胸顿足。

在这届世预赛中，亚洲区一共有两个出线名额，东亚和西亚各自争夺一个名额。东亚区一共进行三轮比赛，中国队在第一轮比赛中遭遇了著名的"519惨案"，这也是中国队早期的至暗时刻。最终在亚洲区拿到参赛名额的是2支新锐球队——首次进军决赛圈的伊拉克队和时隔32年重返世界杯舞台的韩国队。

欧洲区的情况相对平稳，主流强队悉数入围决赛圈，不过有几支球队的情况特别值得关注。首先是20年后再度杀进正赛的葡萄牙队，这仅仅是它第二次参加世界杯，作为1966年的季军球队，其新人涌现的速度令人咋舌。在1984年欧洲杯打进4强之后，以费尔南多·戈麦斯、若尔当等人为首的球队，终于展现出了不俗的竞争力。

在荷兰队老一批功勋球员彻底淡出之后，以范巴斯滕、古利特和里杰卡尔德为首的新一代球星，已经开始崭露头角。他们在这个周期内都成为国家队的常备成员，然而他们还未到真正成熟的时候，就在附加赛中被老对手比利时队淘汰，连续两届无缘正赛。这对宿敌居然连续四届世预赛都有交锋，也算得上是足坛历史上罕见的场面了。

南美区巴西队、阿根廷队与乌拉圭队

顺利晋级，终于在世界杯赛场上完成了会师。沉寂了20多年的巴拉圭队，也回到了正赛的舞台之上，哪怕是"陪跑角色"，显然也是大有裨益的。

非洲区又回到了最初的轨道，上届世界杯表现惊艳的阿尔及利亚队和老牌劲旅摩洛哥队携手入围决赛圈，再度成为北非的骄傲。

本届世界杯虽然还是24支球队参加正赛，但整体的赛制发生了重大改变，沿用了三届杯赛的第二阶段小组赛被废除，传统的单场淘汰赛全面回归。

小组赛依然是24支球队分成6个小组，每组前两名直接出线，另外成绩最好的4个小组第三，也可以拿到淘汰赛的门票。获得出线权的16支球队，就此开始捉对厮杀，进而决出8强、4强，直至冠军。从整体上来看，这届世界杯的赛制完全进入了现代模式，净胜球与点球大战等概念早已深入人心。

由于24支球队参与正赛，顶尖球队很难聚集到一起，也就不存在真正意义上的"死亡之组"，但有些小组还是不乏看点。夺冠最大热门法国队被分在C组，同组的还有苏联队、匈牙利队与加拿大队。从阵容上来看，法国队出线是非常轻松的事情。

然而现实情况并非如此，首战世界杯新军加拿大队，就让普拉蒂尼等人吃尽苦头。加拿大队的战术风格强调身体对抗，高举高打显得游刃有余，这让整体年龄偏大的"高卢雄鸡"疲于应付。在双方僵持了80分钟之后，法国队才由帕潘打进了1球，赛后普拉蒂尼不留情面地批评了球队的表现。

次战苏联队，法国队的情况更加糟糕，素来以中场独步天下的法国"魔幻四重奏"，面对洛巴诺夫斯基的球队居然全面处于下风。苏联队一开场就拿出了必胜的气势，高位压迫颇有当年荷兰队的风骨，中场几名球员技术能力的平均水准甚至在当年的"橙衣军团"之上。

扎瓦洛夫、阿列尼科夫、雅列姆丘克、雅克文科等人如入无人之境，基本掌控了局面，这可能是法国队中场在那几年遇到的最大挑战。随着时间的推移，苏联队下半场取得领先之后，体力可能有所下降，法国队逐渐找回了一些感觉，并且利用对手防线的漏洞追平了比分。不过纵观全场比赛，法国队完全被强悍的对手压制，作为赛前舆论界的一号种子，如此表现实在无法令人满意。

苏联队不仅面对劲旅发挥出色，碰到像匈牙利队这样实力不济的对手，还直接打出6：0的成绩，可以说踢得酣畅淋漓。最终苏联队力压法国队成为小组第一，普拉蒂尼的球队在末轮也击败了匈牙利队，算是勉强拿到出线资格。

同样备受瞩目的阿根廷队被分在A组，与其同组的有意大利队、保加利亚队与韩国队。小组赛中阿根廷队坚持"类442阵形"，马拉多纳处在双前锋身后，扮演一个游离的自由人，主要依靠个人的盘带推进与精准传球制造威胁，有时也会前插至对手腹地扮演终结者。不过球队的阵形没有宽度支撑，两个边后卫加雷与鲁杰里也并非助攻能力出类拔萃的球员，除了马拉多纳之外，也只能靠布鲁查加与巴尔达诺两个人之间的渗透传递寻找机会。

所以阿根廷队这三场踢得都不轻松，哪怕是面对小组中最弱的韩国队，也要靠马拉多纳凭借一己之力去刺穿对手防线来帮助锋线得分，才能拿下比赛。对手已经祭出了"砍马"战术，许丁茂等人随时准备将他放倒，只不过球王是不会轻易被打败的。

面对意大利队，马拉多纳继续扮演孤胆英雄，对手阵中没了他最害怕的詹蒂莱，整体的活动就显得自如多了。在场面没什么优势的情况下，他与队友打出高质量二过一，用一脚巧射帮助球队拿到了宝贵的平局。最终阿根廷队取得了两胜一平的成绩，力压意大利队小组头名出线。

联邦德国队、丹麦队、乌拉圭队与苏格兰队所在的E组也颇具看点，虽说联邦德国队硬实力明显高居第一，但小组中几支生力军的存在使整体的走势难以预料。而实际的进程比相对大胆的预测还要狂野一些。

联邦德国队的发挥令人大跌眼镜，尽管鲁梅尼格与利特巴尔斯基的伤势在赛前就被认为是重大隐患，但没想到他们的攻击力滑落到如此地步。在多数比赛中，主帅贝肯鲍尔甚至会派上6名防线出身的球员（不包括门将），在打不开局面的情况下，只能依靠两位有伤的核心替补改变局面。

然而实际的情况是，联邦德国队根本没法在强硬的乌拉圭队身上占到便宜，遇到状态火热的丹麦队更是两球完败。仅仅依靠小胜本组最羸弱的苏格兰队，才勉强以小组第二的身份晋级淘汰赛。联邦德国队三场仅仅打进3球，这比4年前的意大利队好不了多少，自然免不了被外界口诛笔伐。

本组中最亮眼的是丹麦队，它不仅将联邦德国队挑落马下，更是以6：1狂胜实力不俗的乌拉圭队，这是两届世界冠军在这项赛事中最惨痛的失利。而且这场球赛淋漓尽致地展现出了丹麦队的特点：勇猛而细腻，狂野又洒脱。

埃尔克耶尔作为暴力猛男的代表，这场比赛靠冲击力就搞定了对手防线，上演帽子戏法；小将米歇尔·劳德鲁普当时位置更靠前，他华丽的脚法引爆全场，个人持球摆脱多名对手，突入禁区完成得分；像阿内森、莱尔比等球星也都有不俗的发挥，这支球队也获得了专家的青睐，甚至被认为是小组赛阶段最让人惊艳的队伍，以头名出线自然是顺理成章的事情了。

英格兰队、葡萄牙队、波兰队与摩洛哥队同分在F组，这也是扑朔迷离的一个小组，名气最大的"三狮军团"多年来的表现不尽如人意。波兰队虽然与前几届没法同日而语，但毕竟还有博涅克带队，整体的战斗力不可低估。而葡萄牙队与摩洛哥队这样的"新军"，不到比赛真正开始，都无法预知其实力。

从前两场比赛的结果来看，英格兰队的表现确实符合人们的传统印象，它先是输给了葡萄牙队，后面又被摩洛哥队逼平，两场比赛一球没进，第三场在布莱恩·罗布森因伤报销、威尔金斯停赛的情况下，主帅罗布森索性对阵容进行了一定幅度的调整。他安排霍德尔作为唯一的调度核心，启用天才边锋特沃尔·史蒂文、组织型二前锋彼得·比尔兹利，还安排埃弗顿"铁腰"彼得·雷德做硬度支撑，他们要为了出线资格做最后一搏。

结果是令人满意的，英格兰队在末轮与波兰队的比赛中，整体进攻水准明显上了一个台阶。之前相对沉寂的莱因克尔突然爆发，作为意识流的"偷猎者"，他找回了门前的感觉连进3球，半场就帮助英格兰队锁定胜局。而这套核心班底也将伴随英格兰队之后的征程，直到遇见那个神一样的男人。

巴西队由于多名核心的伤病问题，本届比赛的热度不如从前，但无论如何"桑巴军团"都不能被低估。巴西队这次与西班牙队、北爱尔兰队、阿尔及利亚队分在D组。看上去情况比较棘手，毕竟相对较弱的两队上届都有不错的发挥，然而两队也都今非昔比了。

巴西队相对轻松地连下三城，以小组第一的成绩昂首挺进淘汰赛。卡雷卡的存在让巴西队的终结能力有了质的飞跃，中场虽然损失了济科与法尔考，阿莱芒和更换位置的儒尼奥尔（4年前的左后卫）也都是可造之才，所以球队整体传切的流畅性依然在线，甚至超越了外界的预期。更为重要的是，球队的防线有了明显提升，这也极大地保证了巴西队的下限。

西班牙队的情况同样令人满意，虽然与4年前一样，依然是缺乏顶尖巨星的技术流球队，但面对相对弱势的球队还是相当有把握的。这保证他们能以小组第二出线，以"斗牛士"过往的成绩来看，这就算达到预期了。

从宏观来看，东道主墨西哥队所在的B组，对于中立球迷来说吸引力反而最低。该组中的比利时队、巴拉圭队都颇具实力，也就是新军伊拉克队拖了后腿。最终墨西哥队发挥尚可，力压"欧洲红魔"成为小组第一。比利时队虽然也拿到了晋级名额，但范德埃肯与范登贝赫两名主将因伤退赛，为其后面的征程蒙上了一层阴影。

上帝降临与世纪最佳

本届杯赛恢复了传统的淘汰赛制度之后，每一场比赛都至关重要。

法国队"刚出门"就碰到了难缠的意大利队，要知道"蓝衣军团"是无解的淘汰赛专家，在此前的世界杯比赛中，只有一次在单场淘汰的比赛中90分钟内输球，那还是1970年不敌史上最强巴西队。虽说普拉蒂尼的球队实力明显占优势，但意大利队的韧性还是令人有所忌惮。

不过这场比赛多少有些出乎意料，尽管法国中场的几员大将早已过了巅峰，冲击力与动作速率不如以往，更多依靠技巧与经验掌控比赛，但意大利队很快就招架不住了。失去了詹蒂莱之后，没人能应付运筹帷幄的普拉蒂尼，他在开场不久就突入禁区完成破门，意大利队自此陷入被动。

随着下半场法国队再入一球，比赛的悬念彻底被终结，意大利队的传奇教头贝阿尔佐特就此谢幕，这样一支存在明显短板的球队，纵使神帅也难有作为。值得一提的是，自此之后意大利队在世界杯淘汰赛中，90分钟内继续保持不败，更凸显了普拉蒂尼与他的团队有多强悍。

阿根廷队与乌拉圭队的比赛同样引人注目，自1930年决赛之后，这还是拉普拉塔河两岸的宿敌在世界杯上的首次碰面。只是时过境迁，当年代表了足坛巅峰的两队，如今早已不是技术流的引领者，反而更加注重身体对抗，多少让人有些唏嘘。

这场球赛中阿根廷队还是延续了之前的阵形，马拉多纳渐入佳境，即便面对乌拉圭队凶狠的逼抢，他还是尽可能地展现个人英雄主义的一面。与之对比，隔壁的核心弗朗西斯科利就没那么耀眼了，历史顶级巨星与时代弄潮儿，在这一刻高下立判。

尽管阿根廷队最终也就是一球小胜，但马拉多纳在下半场依然创造了多次机会，还有被裁判吹掉的进球。如果阿根廷队运气好一些的话，这场比赛两队的差距在3个进球左右，双方都希望用硬度来支撑奔放的技术天才，可惜历史舞台之上，总有人技高一筹。

西班牙队与丹麦队的较量也吸引了一些目光，毕竟两队都不缺乏技术水准，各自也都有值得关注的人物。从特质上来判断的话，丹麦球员似乎更有血性，如果脚法分不出高下，也许他们的野性将帮助球队走得更远。然而事实令人目瞪口呆，丹麦队取得领先之后，在形势大好的情况下，居然很快一泻千里。半场结束之前，丹麦队的回传失误让布特拉格诺抓住机会，帮助西班牙队扳平了比分。下半场丹麦队还没回过神来，很快又连丢两个球，1∶3基本上宣判了它的死刑。

比赛的最后10分钟，"秃鹫"布特拉格诺展现出了嗜血的本性。他全场打进4球帮助球队5∶1取胜，这也是自1966年的尤西比奥之后，20年来世界杯上诞生的首个大四喜。

这种比赛很难解释，如果论纸面实力与整个上半场的发挥，丹麦队是更有优势的那一方，却因为一个不经意的失误，被钉在了历史的耻辱柱上。一支原本可以树碑立传的伟大球队，就这么耻辱地出局了，从某种程度上来说，这也算是足球魅力的一部分吧。

在其他几场比赛中，苏联队不敌比利时队，英格兰队与巴西队都大胜晋级，墨西哥队也战胜了保加利亚队，追平了队史最佳战绩。联邦德国队则显得十分挣扎，其进攻火力依然跟不上，终场前才依靠马特乌斯40米开外的任意球绝杀侥幸晋级。

在8强战中，最引人注目的当然是英格兰队与阿根廷队的对决，这是4年前马岛冲突之后，两队首次在赛场上相见。作为战争的失败者，阿根廷人的情绪尤为高涨，马拉多纳所率领的这支球队，不仅是为了大力神杯而战，也是为了他们的人民而战。

这场球赛中阿根廷队做出了重大调整，主帅比拉尔多撤下了左后卫加雷，变阵三后卫。何塞·布朗担任"清道夫"，库休福与鲁杰里分居两边负责盯人，之前的中场奥莱蒂科切亚与朱斯斯打两个边翼卫，球队还撤掉了一名前锋，让马拉多纳顶上扮演二前锋的角色，"352体系"在那时属于创造性的变阵。

从上半场的情况来看，英格兰队确实没有打中阿根廷队的"七寸"，其进攻套路稍显单薄，在对手中场的绞杀下，很难获得什么实质性的机会。在球权无法保证的情况下，想通过边路进行杀伤，显然不太现实，而且英格兰队的防守策略也有问题。

马拉多纳获得了比之前几场比赛更大的空间，毕竟早已采用区域阵法的"三狮军团"不大可能派专人去全场紧盯马拉多纳。这对英格兰队来说绝对是重大隐患，毕竟阿根廷队其他进攻球员的资质都算不上顶尖，特别是在这种一锤定音的比赛中，就算放空他们，问题似乎都不大。

很快英格兰队为自己的选择付出了代价，下半场开始后不久，在短短的几分钟内，马拉多纳连续奉献了"上帝之手"与"连过五人"的精彩表演，这两大名场面早已流芳百世，但英格兰队本可能阻止这一切发生。

核心问题就在于，马拉多纳持球后的威胁，以英格兰队秉承的理念是极难对付的，它的足球文化中难有詹蒂莱这种"坏人"，即便强悍如20年前的斯泰尔斯，也绝非以一己之力动帝王的恶汉。所以尽可能阻止马拉多纳接球，或者在他拿球后采用多层次的围追堵截，才是限制他的可行之法。

只可惜"三狮军团"没有做到，英格兰队两球落后，已经被推到了悬崖边上，主帅罗布森迅速换上了瓦德尔与巴恩斯两大边锋，试图做最后一搏。

结果这次是22岁的小将巴恩斯站了出来，他在左路的突破传中如入无人之境，很快就助攻莱因克尔追回一球。后面英格兰队依然有机会，只可惜二次包抄没能形成。这就暴露了英格兰队的另一个问题，那时对于使用有色人种心怀芥蒂，强如巴恩斯居然成为边缘角色。他早在几年前就成为英格兰联赛的超级明星，1984年甚至代表英格兰队在巴西的马拉卡纳体育场连过数人后破门，震撼了一众媒体与球迷。如果这场球赛多给他20分钟，结果可能会不一样，阿根廷队薄如蝉翼的单层边防，很难成为他的阻碍。

最终1∶2的结局无法更改，留下了永恒的经典和无尽的争议，马拉多纳就此封神，他缔造了世界杯历史上最伟大的进球。

另一场巴西队与法国队的巅峰对决，也极其引人关注，其实从纯粹的竞技角度来说，这场比赛应该是本届世界杯的巅峰之作。即便放眼世界杯近百年的历史，如果要评选出最精彩的旷世对决，这场球赛两支顶尖的技术流球队交锋，如果双方的策略都不保守，那么比赛的节奏势必很快，攻防转换的速度令人眼花缭乱，这场比赛就有类似的感觉。这届比赛身体对抗与粗野的犯规层出不穷，但作为艺术足球的代表，这两支球队算是拿出了压箱底的功夫。

巴西队如丝般顺滑的传切重现江湖，球员们的动作是那么恰到好处，令人拍案叫绝。而且这一次他们踢得更加高效，卡雷卡开场没多久，就通过精妙的团队破门首开纪录。而对面的普拉蒂尼不甘示弱，他们的配合也打得行云流水，在半场结束前将比分扳平。

其实随着时间的推移，巴西队的后手是超越法国队的，"高卢雄鸡"的替补水准相对一般，而"桑巴军团"的替补席上坐着济科。尽管他的伤病隐患依然较大，但作为奇兵出场，也有可能化腐朽为神奇。

下半场两边的攻势依然如潮，净比赛时长相当夸张，虽然没有精确的量化统计，但很少见到死球的时间。如同回合制的两个大玩家，你方唱罢我登场，各种炫目的攻击套路令人大呼过瘾。只可惜两队的运气都一般，双方迟迟无法打破僵局。

比赛进行到第70分钟，巴西队终于换上了济科，很快他就用精妙的直塞帮助队友制造点球，巨星的价值瞬间得以体现。然而还没有完全热身的他居然决定自己主罚这个点球，尽管没人敢提出异议，但旁观者还是捏了一把冷汗。结果是令人失望的，他浪费了终结比赛的机会，在这种针尖对麦芒的高端局中，挥霍机会是要被惩罚的。

双方1∶1的结局无法更改，被迫进入了加时赛，其实延长期中双方都有机会，普拉蒂尼甚至制造了绝杀单刀，结果在争议之中无功而返。两队随即进入点球大战，这仅仅是世界杯历史上第二次通过十二码来决出胜负。

结果巴西队第一个主罚的苏格拉底就无奈罚丢，虽说济科顶住压力稳稳罚进，且普拉蒂尼错失了机会，然而"桑巴军团"的中卫塞萨尔太过追求角度，罚丢了至关重要的第五个球。法国队的费尔南德斯一剑封喉，护送球队连续第二届杀入半决赛。

其他两场比赛，相对来说就没那么精彩了，联邦德国队与比利时队通过点球大战分别淘汰了墨西哥队与西班牙队，没有引起什么波澜。不过联邦德国队的发挥还是要提及，它的进攻火力完全配不上4强的身份，前五场仅仅打进4球，能走到这一步堪称奇迹，这也算本届比赛保守主义流派的缩影。

半决赛阿根廷队遇到了比利时队，从实力上来说，残阵迎战的"欧洲红魔"显然处于下风，不过它还是相当勇敢地学习了英格兰队的"经验"，依然不派专人盯防马拉多纳，这次的结果更是灾难性的。

其实这场比赛才是马拉多纳的世界杯最佳比赛，甚至堪称他职业生涯的最佳比赛

之一。他在禁区前沿连过四人的那个经典进球，论难度丝毫不逊于之前的"连过五人"，在狭小空间中的极限摆脱，观感上甚至更具冲击力。

在本场比赛，他完全进入了自我的状态，化身神一般的存在。由于对手没有针对性的盯防策略，马拉多纳的各种持球突破如入无人之境，与队友的传跑也从容自如，他个人的第一个进球，正是这种默契的体现。如果运气好一点的话，本场比赛上演帽子戏法问题不大。最终阿根廷队凭借马拉多纳的梅开二度，时隔8年再度闯进世界杯决赛。

另一场半决赛的关注度似乎更高，老冤家法国队与联邦德国队再聚首。法国队从一开始就明显占据上风，如果说四年前还算针锋相对的话，这次"高卢雄鸡"的取胜应该在情理之中。然而顽强的日耳曼人从来就不会低头，开场后不到10分钟，联邦德国队居然就依靠布雷默的任意球爆射取得领先。当然时间还早，法国队不会感到太过慌张，毕竟当年那场比赛球队也是开场就丢了球。

然而这次法国队碰到了一个巅峰期的门将舒马赫，1982年的德法大战，他因为恶意冲撞巴蒂斯通成为千夫所指的小丑，此刻却化身为钢铁城墙，法国队"铁三角"使尽浑身解数，都无法越过这尊钢铁躯壳。如果不经过确切的统计，很难意识到法国队到底挥霍了多少机会，然而当比赛临近终点的时候，记分牌上依然是冷冰冰的0∶1。

终于普拉蒂尼这代人的挽歌奏响了，比赛最后时刻，沃勒尔利用法国队大举压上留下的空当，越过门将巴茨打进了锁定胜局的一球。令人遗憾的是，普拉蒂尼曾经说过，所谓的世界第一球星只是虚名，世界杯冠军才是他想要的。

决赛由阿根廷队对阵联邦德国队，看上去就是马拉多纳单挑钢铁防线，一场矛与盾的终极对决。值得一提的是，决赛场地正是传奇的墨西哥阿兹台克体育场，1970年贝利在这里捧起第三冠加冕球王，马拉多纳如果要登峰造极，就要在这里拿下胜利成为新时代的王者。

1986年6月29日，大战一触即发，阿根廷队依然沿用此前的"352阵形"，与之前不同的是，其对手也采用类似的三中卫体系（或者说五后卫体系）。只不过联邦德国队的体系都是表象，实际上却是比拉尔多所谓的"三七开"的践行者。

联邦德国队首发再次派出6名防线出身的球员，搭配上本场负责盯防马拉多纳的马特乌斯，这7个人的目标就是阻击马拉多纳，遏制阿根廷队的进攻。在一人的全场盯防之下，其他人扮演多米诺骨牌似的的叠层，以车轮战的模式消耗马拉多纳，从而掐断对手的攻击命脉。

从比赛的早期进程来看，贝肯鲍尔的策略奏效了，马拉多纳在连续高光之后，确实在这场比赛被限制住了。一旦他拿球之后，身旁总是有人形影不离，前后还有围追堵截，起速过人几乎不可能，遑论各种粗野的铲抢，这让球王苦不堪言。

不过让联邦德国队意想不到的是，阿根廷队居然利用定位球首开纪录，"清道夫"何塞·布朗头槌破门，大大出乎了球迷的预料，这原本是联邦德国队的惯用套路。而在下半场开始之后，跑动积极的中场何塞·恩里克，又与巴尔达诺打出了快速反击，后者轻松推射破门，"潘帕斯雄鹰"已经取得了2:0领先。

如果换作其他球队，这场球肯定已经交代在此，但是意志力极其顽强的联邦德国队，已经无数次在大赛中逆天改命。丢球之后贝肯鲍尔换上了前锋沃勒尔，试图做最后一搏。

可能是阿根廷队两球领先之后有些松懈，其定位球防守出现问题，在短短的7分钟之内，对手两次头球接力完成破门，不可思议地将比分扳平。"日暮西山"的鲁梅尼格，居然还能在这种比赛中进球，让人由衷地敬佩。

不过这终究是属于马拉多纳的一届世界杯，即便前80分钟他被锁死，任何一瞬间的疏忽，都可能改变比赛的走向。就在比赛即将结束的时候，马拉多纳在中圈附近被多人包夹，然而他在接球前就捕捉到了对面的空当，拿球后顺势一推送到了反越位成功的布鲁查加脚下，他冷静地施射帮助阿根廷队3:2锁定胜局，神奇不再的舒马赫，只能目送球入网。

终场哨响，马拉多纳七战封神，世界杯历史上不乏个人英雄主义的史诗级演出，却不曾有过如此摧枯拉朽的单核奇迹。5粒进球与5次助攻，都无法体现出球王的伟大，他在球场上的统治力，时至今日依旧让人震撼不已。从这一刻开始，他注定跻身最伟大的阿根廷人之列，为后世带来无尽的精神激励。

1970年墨西哥世界杯，贝利作为图腾让这届杯赛流芳百世；16年之后，马拉多纳又让属于墨西哥的世界杯名垂千古，传奇的阿兹台克球场，一跃成为众多球迷心中的"万神殿"。

马拉多纳的光环遮天蔽日，掩盖了其他巨擘的星芒。其实诸如普拉蒂尼、苏格拉底、莱因克尔、埃尔克耶尔、布特拉格诺等人也都有不错的发挥，但在时代之王的阴影下，他们很难获得更高的关注度。无论从哪个角度来看，这都是属于一个人的世界杯，属于马拉多纳的世界杯。

属于墨西哥的故事再次结束了，4年之后，我们意大利见！

第十四章

1990，意大利之夏

> 这届世界杯近乎完美，盛大的开幕式、令人惊艳的模特走秀、传唱至今的主题曲，都烘托出了"意大利之夏"的曼妙与激情。与此同时，东道主的各项工作也无可指摘，与八年前的西班牙相比，这次承载了24支球队的世界杯，仿佛吹响了进入新时代的号角。
>
> ——引语

巨星的时代与保守风格

时间来到20世纪80年代末，此时欧洲足坛的中心是意大利，在良好经济基础的支撑下，意甲联赛聚集了全世界最优秀的球星，被后世称为"小世界杯"。在这个节点上，将1990年世界杯的主办权交给意大利，是再合适不过的了。开放的亚平宁半岛正经历着繁荣时代，它敞开怀抱迎接盛事，希望用一个夏天写就新的传奇。

这4年间，足球世界的格局发生了重大变化，普拉蒂尼宣布退役，马拉多纳"日暮西山"，新一代球星开始登上历史舞台，他们宛若云集之势喷薄而出，所到之处气贯长虹，令人赞叹。其中最有代表性的，要数大名鼎鼎的荷兰"三剑客"与德国"三驾马车"。

荷兰足球在克鲁伊夫那一代淡出之后，整整沉寂了10年，这期间他们连续两届无缘世界杯正赛。不过随着范巴斯滕、古力特与里杰卡尔德这三位巨星的出现，荷兰队重新成为足坛劲旅。以"三剑客"为班底的"橙衣军团"，在功勋老帅米歇尔斯的统领下，成功获得1988年欧洲杯冠军。

范巴斯滕是足球史上罕见的完美中锋，接近1.9米的身高健硕无比，却拥有出众的柔韧性，速度与敏捷性也属上乘，他满足了人们对于中锋位置的一切幻想，可以用任何存世之术将球送进对方的球门。更为可贵的是，以他为轴心的锋线体系，可以为整支球队构建良好的平台，队友也能从中获益。

古力特是极其全面的"六边形战士"，同样是身材魁梧的彪形大汉，并且拥有惊为天人的运动能力。他称得上是速度、力量与技巧的完美结合，是当时荷兰队的进攻支配者，在撕裂对手防线和终结比赛层面，都有着极强的输出能力。

里杰卡尔德是球队中后场的基石，他的体格与前两位接近，能在后腰与中卫之间灵活切换。尽管名义上是防守球员，但在做好本职工作的同时，"黑天鹅"也是球队由守转攻的核心枢纽，他的推进能力与出球水准都令人叹服，是有史以来同类型球员中的翘楚。这三人从1988年开始都为意甲的AC米兰队效力，开创了属于他们的时代。

效力于意甲国际米兰队的德国"三驾马车",与之相比丝毫不落下风。年龄稍大的马特乌斯与布雷默,其实在上届世界杯就已经崭露头角,经历了4年的进化之后,他们水准进一步提高。马特乌斯的爆发尤其明显,他在中场好似永动机般往返自如,长途奔袭如入无人之境,各种霸道的远程世界波犹如探囊取物,即便在防守体系严密的意甲联赛,他一个赛季也能取得超过10个的进球数。

相对年轻的克林斯曼被称为"金色轰炸机",他在这个周期内迅速成长,已经成为世界一流中锋。他保留了德系中锋的硬朗与铁血,能够通过不断地对抗与挤压创造出空间,也具备大陆前锋的脚下技术,能够个人持球创造得分机会,同时擅长各种高难度的射门,是锋线上不可多得的瑰宝。

除了出类拔萃的两队之外,英格兰队与意大利队的情况也颇为乐观,两队都迎来了人才井喷的时代,不过侧重点有所不同。过去"三狮军团"的技术水准饱受质疑,"英伦糙哥"的外号早已见怪不怪,然而在1990年的节点上,他们的技术能力大有冠绝欧洲之势。

球队的边锋配置尤其豪华,巅峰期的约翰·巴恩斯与克里斯·瓦德尔交相辉映,他们都是各自俱乐部的绝对核心,也帮助利物浦队与马赛队斩获了众多荣誉。哪怕是位置相对边缘化的特沃尔·史蒂文,也早已证明了自身实力,作为替补奇兵有能力改变比赛走势。

中路腹地的尖兵还是莱因克尔与比尔兹利,两人仍处在黄金年龄。比尔兹利是利物浦队的统帅,他作为组织型前锋,传威胁球的能力有目共睹,与莱因克尔搭档算是完美互补。

更为重要的是,主帅罗布森手下出现了一位罕见的超级天才,他的技术能力已臻化境,可以像南美球员那样将球"玩弄于股掌之间",闲庭信步般穿梭于对手的密集防线之中。这位23岁的旷世奇才,名字叫保罗·加斯科因。

意大利队引以为傲的资本,主要集中在防线层面,老将西雷阿淡出之后,AC米兰队功勋巴雷西成为接班人,他也是那个时代最好的"清道夫",甚至没有之一。与此同时,球队的左、右边路分别由马尔蒂尼和贝尔戈米镇守。马尔蒂尼是"老国脚"切萨雷·马尔蒂尼的孩子,16岁就开始代表AC米兰一线队出战,20岁就成为国家队主力。贝尔戈米18岁时就在世界杯决赛中惊艳全场,如今他已经成长为"蓝衣军团"的队长,更是雷打不动的防线核心。

在盯人中卫层面,球队也有费里和维尔乔沃德两人可供调遣,尽管他们的知名度不及前辈詹蒂莱,但实战层面完全能达到顶级水准。这样一条豪华防线出现在世界杯赛场之上,有希望竞争历史最佳级别,成为对手攻击线的噩梦。

当然意大利队也并非"头轻脚重"的偏科生,这几年间它的攻击线也出现了出色的球员。1986年世界杯的替补前锋维亚利，如今已经成为闻名世界的全能神锋，他甚至被外界视为能在世界杯上与范巴斯滕一较高下的人物。另一位是出道于佛罗伦萨队的小将，凭借精湛的技艺吸引了外界的目光，作为经典意式九号半的集大成者，他甚至将年长一些的曼奇尼挤到了板凳边缘，这位天才的名字叫作罗伯特·巴乔。

实力仅次于英、意两队的是西班牙队。西班牙队此时的核心班底就是后世闻名的"皇马五鹰"，事实上相对边缘的帕德萨早已离开球队，真正支撑"斗牛士军团"的，要数其他"四鹰"。其中的布特拉格诺与米切尔是上届世界杯的主力，不过那时他们还相对年轻，1990年左右才是他们真正的黄金时期。

人称"秃鹫"的布特拉格诺，可以视为弱化版的比利亚，他在门前的嗅觉较好，擅长在电光石火间捕捉战机，但是与衔接射门一气呵成的"葫芦娃"比利亚相比，还有一定的差距。米切尔在队中扮演哈维的角色，属于负责控场与调度的球队大脑，虽说绝对能力与巅峰期的哈维差距明显，但在当时完全够用。

另一位前场攻击手马丁·巴斯克斯，特点则与伊涅斯塔比较类似，是那种喜欢局部持球突破、技术不俗也有得分能力的利刃型球员。他与米切尔及布特拉格诺的搭档相得益彰，基本上撑起了西班牙队的中前场。"四鹰"中唯一的防线球员曼努埃尔·桑奇斯，主要司职中后卫，由于位置关系他的曝光率相对较低，但重要性不言而喻。

欧洲区比较可惜的是法国队与丹麦队，在所谓的黄金一代集体淡出之后，两队的竞争力迅速下滑。别说在世界杯上有所作为了，能够保住一张决赛圈的入场券，已经算是万幸之事。

南美区还是阿根廷队与巴西队的双雄争霸，马拉多纳在1986年之后迎来俱乐部层面的巅峰，他率领那不勒斯队两次拿下意甲联赛冠军，还收获了一座欧洲联盟杯奖杯，成为无与伦比的城市图腾。不过在而立之年的门槛上，伤病缠身的马拉多纳的球场状态出现了明显的下滑。

更让阿根廷队为难的是，球队这几年新星匮乏。中后场虽然进行了部分换血，也只是常规的更替，并没有出现什么惊喜。攻击线上唯一的亮点就是卡尼吉亚，速度奇快的"风之子"完美接班巴尔达诺，他与马拉多纳、布鲁查加组成的新"三叉戟"，将承担摧城拔寨的重任。

巴西队的过渡相对平稳，中场四人组完全淡出之后，由中生代的阿莱芒和邓加挑起大梁。尽管在创造性上与过往相比差了不少，但在愈发讲究均衡性的时代，他们的重要性也是与日俱增的。锋线上卡雷卡还是当家核心，不过罗马里奥与贝贝托的出现，给了新主帅拉扎罗尼更多选择，在前任教练桑塔纳的艺术足球失败之后，他们急需重塑新的模式。

从整体上来看，20世纪80年代末的主流足坛，似乎呈现出一种球星扎堆、欣欣向荣的景象，天才们往往是攻势足球的宠儿，他们以踢出华丽的比赛场面为己任，但在时代浪潮之下，有些事情就身不由己了。令人唏嘘的真相是，足球迎来了属于功利主义的黄金时代。

1986年世界杯上分别拿到冠军、亚军的阿根廷队与联邦德国队，都在半途尝试变阵，形成了所谓三中卫（切换五后卫）的体系，并且收获了成功。其实从那时起，通过中后场堆人、增强身体对抗以阻碍进攻的做法，就已经被摆上了台面，连豪门球队思考的都不再是攻击端的排列组合，而是如何让对方少进一个球。

令人始料未及的是，在之后短短的几年中，各队纷纷启用三后卫体系，设置一名"清道夫"搭配两个盯人中卫，这股浪潮迅速席卷足坛，波及面之广超出了此前最大胆的预期。像意大利队与联邦德国队这样的老牌盯人体系拥趸还好说，英格兰队乃至巴西队的"沦陷"，才是最令人震撼的。

英格兰队自从20世纪60年代开始，就是平行四后卫与区域防守的忠实守护者，并且依靠先进的体系拿到了1966年世界杯的冠军。在这30余年中，英格兰队从未在大赛中尝试过"清道夫"加持的盯人体系，然而一贯审时度势的主帅罗布森，似乎看到了"变天"的趋势。

尽管1988年欧洲杯的时候"三狮军团"还在坚守四后卫体系，但随着球队的配置愈发丰富，特里·布彻与马克·赖特这样正面防守能力突出且具备出球能力的中卫，是天然的"清道夫"人选，英格兰队寻求变阵只需要一个合适的契机。

在巴西队的足球哲学中，如果撤掉一名中场并将其安排到防线上，那无异于杀死了这项运动。然而新帅拉扎罗尼敢于冒天下之大不韪，他真的开始在巴西国家队尝试三中卫阵形，并且设置了一名"清道夫"，再加上球队强调整体协作的欧化踢法，似乎与那些欧洲强队没什么区别。在这样的时刻，你很难说足球到底是进步了，还是让人失望了。

在如此保守的大环境之下，1990年世界杯的前景自然不容乐观，足球的核心是用进攻表演取悦观众，但如果几十场比赛都显得乏善可陈，那么这项运动的根基就被动摇了。

啼笑皆非的预选赛征程

本届世预赛共有近120支球队报名参加，整体规模与之前接近，中国队也连续第三次踏上征程。相比于8年前的一步之遥与4年前的耻辱出局，这次的结局不仅没有变化，还遭遇了"黑色三分钟"。

本次亚洲区世预赛分为两个阶段进行，第一阶段之后产生6支球队，参加所谓的"6强赛"，中国队顺利入围。第二阶段只进行单循环比赛，积分最高的两支球队可以直通意大利。从客观来说，这样的赛制颇具偶然性，但实力过硬的话突围不是问题。

6强之中韩国队的水平算是一骑绝尘，尽管车范根已经淡出，但他们的新领袖金铸成同样表现出色，绰号"野马"的他留着一头飘逸的长发，是亚洲足球历史上最出色的攻击手之一，各支球队拿他没有什么办法。所以中国队要做的，就是跟其他球队争夺第二个名额。

中国队开局相当顺利，首战2∶1战胜劲敌沙特队，次战对阵阿联酋队也依靠唐尧东的进球取得领先，并且将优势保持到了最后阶段。然而戏剧性的一幕上演了，阿联酋队在第87分钟扳平了比分，仅仅1分钟过后又快速反击破门，完成反超，中国队稀里糊涂地输掉了比赛。

接下来中国队并没有一泻千里，他们一球小胜朝鲜队，面对韩国队也只是被金铸成的制胜球击败。如果小组赛最后一轮拿下卡塔尔队，中国队仍有很大的出线希望。

然而同样的剧情居然再度上演，中国队在第76分钟打破僵局，结果卡塔尔队在比赛最后时刻连进两球，不可思议地逆转了比赛。到了此时，再计算净胜球已经没有意义了，中国队从积分层面已经落后，失去了参加世界杯的机会。

这两场莫名其妙的末日崩盘，就是后世广为流传的"黑色三分钟"，各种分析铺天盖地，但输了就是百口莫辩。其实这种时候不需要去找任何理由，也许就是命中注定，属于中国队的世界杯正赛还未到来。

美洲区的世预赛也是热闹非凡，中北美及加勒比赛区的传统劲旅墨西哥队，居然因为1988年青年队违规使用超龄球员的问题，遭遇了全年龄段的禁赛，从而无缘1990年世界杯。在失去了强大竞争对手的情况下，美国队杀进了1990年世界杯的正赛。

南美赛区同样热闹不已，巴西队与智利队分在同一小组，原本出线资格毫无悬念，但不死心的智利队试图做最后一搏。

从实力上来说，智利队可以说毫无机会，下半场刚开始，巴西队球员卡雷卡的进球，更是宣判了智利队的"死刑"。然而令人瞠目结舌的是，智利队的门将罗哈斯居然在场上使出了"自残"的把戏，企图欺骗全世界。比赛进行到第67分钟的时候，罗哈斯在场内烟火的包裹下痛苦倒地，而且肢体鲜血直流，似乎被球迷的投掷物击中，比赛也随之终止。

然而赛后的调查显示，罗哈斯所谓的血迹，是用刀片割破随身携带的红药水所致，企图制造巴西球迷闹事的假象，从而博得国际足联的关注，进而惩罚巴西队。这种行径无异于"触犯天条"，罗哈斯本人随即被终身禁赛，智利队不仅被剥夺了1990年世界杯的参赛资格，连1994年都无法报名了。这位"罗神仙"的表演，也算是世界杯历史上的经典桥段了。

相比之下，以往火星四溅的欧洲区，这次还显得相对太平。主流强队悉数入围正赛，让人感到遗憾的就是法国队与丹麦队，在人员青黄不接的情况下，两队没能拿到前往意大利的"机票"。

频出的经典与"米拉大叔"

本届世界杯的赛制与四年前完全一样。东道主意大利队与捷克斯洛伐克队、奥地利队、美国队被分在A组，在实力明显占优的情况下，小组头名出线才能让球迷们满意。

最后的结果在意料之中，"蓝衣军团"三战全胜昂首晋级。主帅维奇尼的体系在"442"与"352"之间切换，原本的双中锋由维亚利和卡尔内瓦莱担纲，然而前者首战就遭遇伤病，后者始终找不到状态，球队居然要依靠替补前锋斯基拉奇上来救场，这才勉强拿下比赛。他虽然刚刚在尤文图斯队收获了一个不错的赛季（联赛三十场15球），但仍属于无名之辈，在国家队是边缘角色。

在末轮之前，球队做出了明智的决定，拿下两大主力前锋，由斯基拉奇出任得分手，与他联袂出战的换成了天赋型"九号半"巴乔，他的突破过人与终结能力是当时球队急需的。变阵收到了成效，在与小组最强对手捷克斯洛伐克队的比赛中，斯基拉奇完成破门，巴乔则打进了流芳百世的奔袭进球，世人也真正意识到这个马尾辫少年蕴含的能量。

阿根廷队与苏联队、罗马尼亚队、喀麦隆队分在B组。马拉多纳率领的阿根廷队首战就输给了"非洲雄狮"喀麦隆队，这算是世界杯历史上最大的冷门之一，可以与1982年联邦德国队开局不敌阿尔及利亚队相提并论。

比拉尔多治下的阿根廷队原本就有明显的保守主义倾向，如今更是变本加厉，在防守端堆积球员，进攻完全就靠马拉多纳和布鲁查加的串联组织，以及卡尼吉亚的速度平蹚。如果这一招不灵，球队就会陷入困境。阿根廷队在整个小组赛阶段都踢得非常挣扎，想赢一场球都很困难，最终仅获得小组第三名，勉强拿到一个晋级名额。

苏联队的情况更加糟糕，以小组垫底的名次惨遭淘汰。最终这个小组的大赢家居然是喀麦隆队，阵中38岁的老前锋罗杰·米拉意外地成为本届世界杯的超级红人。他原本是年少成名的非洲足球先生，早年就去法国联赛留洋，也参加了1982年世界杯，不过在1990年之前还是籍籍无名之辈，毕竟早年间非洲球员的知名度与当下不可同日而语。

事实上1988年率队拿到非洲杯冠军之后，米拉就宣布退出国家队，来到偏远地区踢业余比赛，颇有点解甲归田的感觉。不过在喀麦隆队获得了1990年世界杯参赛资格之后，迫切希望米拉回归，喀麦隆总统甚至亲自游说，终于将他请了回来。

在小组赛阶段，米拉受限于体力问题，一直扮演替补奇兵的角色。但是令人惊奇的是，当他出场之后，球队的攻击线就立刻活跃起来，仿佛被打通了任督二脉。在喀麦隆队对阵罗马尼亚队的比赛中，米拉替补出场梅开二度，成为世界杯历史上第一个完成破门的38岁以上的球员。面对东欧球队硬朗的中卫，米拉

的身体对抗甚至还占据上风，一套组合技术如入无人之境，此般破门方式令人印象深刻。

英格兰队、荷兰队、爱尔兰队与埃及队所在的F组，关注度可能是小组赛中最高的，前三者两年前欧洲杯小组赛就分在一组，而且上演了激烈的厮杀，此番大有希望再现盛况。人们尤其期待杰克·查尔顿治下的硬派爱尔兰队能够创造新的辉煌。

从实际比赛的情况来看，爱尔兰队硬朗的作风确实令人印象深刻，它收获了三连平拿到小组第二，队史上首次参加世界杯就打进淘汰赛。不过在这些平局背后，是英格兰队与荷兰队相对平庸的表现，与人们的预期有着不小的差距。

英格兰队的主帅罗布森被时代左右，尽管首战还是排出平行四后卫的阵形，之后却打起了三中卫并设置"清道夫"，让斯图亚特·皮尔斯与保罗·帕克两个攻击力一般的边后卫充当双翼位，这严重影响了球队进攻的犀利度。在当时，"三狮军团"是少有的优质边锋聚集地，但宝贵的资源就这样被浪费了。

球队实战中的体系在"532"与"541"之间摇摆，巴恩斯与瓦德尔两大边锋位置相对内收，瓦德尔还能依靠大范围的跑动推进制造机会，巴恩斯就显得格格不入，只能做简单的串联与过渡，在俱乐部平躺一条边的天赋无法施展。锋线上比尔兹利状态显得有些游离，莱因克尔比起四年前也有所下滑，最后还得倚仗加斯科因的灵光闪现解决问题，在各队偏保守的战略方针下，球队进攻时想完成破门都很困难。好在英格兰队面对弱旅埃及队的时候，整体发挥要比另外两队出色，因此英格兰队成为小组第一。

荷兰队的情况更加糟糕，它原本就很倚仗"三剑客"的发挥，然而古力特在膝盖受伤之后实力下滑明显，范巴斯滕的糟糕状态出人意料，里杰卡尔德则因为被安排踢中卫，在进攻端的存在感相对较低，最后呈现出了灾难般的比赛场面。

你很难想象前两年的金球先生范巴斯滕，会在没有重大伤病的情况下，连续奉献梦游般的表演，整个人的侵略性基本为零，连相对简单的包抄抢点也把握不住。古力特拖着伤腿强行支撑，但最终也就是带队拿到三连平，最终荷兰队获得小组第三勉强晋级。

巴西队与联邦德国队的境况要好很多，两队在小组赛阶段没有遇到太多阻碍，正常发挥就能拿下对手。其中联邦德国队的状态尤其惊人，前两场就打进9球，"三驾马车"火力全开，连天才云集的南斯拉夫队都只能吞下1：4惨败的苦果。仅从这一阶段的比赛情况看，巴西队、联邦德国队显然是夺冠的超级热门。

与以上这些小组相比，西班牙队、比利时队、乌拉圭队与韩国队所在的小组，关注度就要低很多。西班牙队的发挥尤其惊艳，他们在小组赛中取得了2胜1平的成绩，其中包括2：1击溃比利时队的比赛，报了上届8强出局的一"箭"之仇。不过西班牙队最出彩的一场球赛，还是与韩国队的比赛。

一向肩负球队组织重任的米切尔,此战向世人证明了他的比赛终结能力,一个在西甲常年能贡献10球左右的中场,"暴走"之后竟是如此恐怖。他先是接队友的长距离斜传,在禁区右侧完成凌空抽射破门,随后是一粒漂亮的直接任意球得分,最后又在韩国队禁区内"翩翩起舞",连续过人后上演帽子戏法。尽管这场球赛在后世的知名度不高,但米切尔的超凡表现堪称世界杯历史上单场发挥的极致代表。

由于部分传统豪门在小组赛发挥失常,在16进8的比赛中,就出现了两组强强对话,分别是阿根廷队迎战巴西队、荷兰队迎战联邦德国队。前者是南美宿敌近5届世界杯的第4次交手,后者则是1988年欧洲杯半决赛的重演。

从实力对比与当前状态来看,巴、阿两队似乎不在一个水平线上,阿根廷队只能寄希望于强守120分钟,最后凭借点球争取胜利。而"桑巴军团"尽管采用了颇具争议的三中卫体系,但其中前场锐度依然可观,起码对付阿根廷队问题不大。

比赛开始之后巴西队就火力全开,尽管罗马里奥因伤无法出战,但老搭档卡雷卡与穆勒的表现可圈可点,他们大范围的覆盖与犀利的突破,搅得阿根廷队的防线混乱不堪。中场的阿莱芒与邓加虽然被定性为偏防守稳压的类型,但在攻击端的输出也不少,远射或者定位球抢点同样能威胁对手的球门。

然而阿根廷队的运气好得出奇,巴西队连续进攻制造威胁,好几次射门打到门柱,迟迟无法进球。随着时间的推移,阿根廷队的"点球大计"似乎要得逞了,结果突然觉醒的马拉多纳让阿根廷队提前上岸。

本届赛事马拉多纳长期带伤作战,脚踝等各方面的伤病都没有痊愈,整体的表现也只能用"乏善可陈"来形容。然而"球王"的威慑力始终都在,你给他一次机会就可能终结比赛。比赛进行到第80分钟,马拉多纳在中圈附近得球,他依靠对节奏的掌握和娴熟的技巧,连续过掉巴西队的几名球员,然后送出威胁性极强的直塞,打穿了对手的整条防线。

远端接球的卡尼吉亚顺势启动,他轻盈地晃过巴西队门将打空门得手,不可思议地帮助阿根廷队取得了领先。结果这粒进球成为制胜球,马拉多纳的助攻也被后世称为"世纪助攻",这种以下克上的名局,同样算是球王生涯的代表作。

本场比赛还有一个后世争议的焦点,那就是阿根廷队的"投毒"事件。巴西队的左翼位布兰科事后爆料,他在比赛中口渴找场边人员要水喝,阿根廷人递给他水瓶之后,他没多想就喝了几口。结果他开始出现幻觉,怀疑水中被添加了"迷魂药",影响了他的发挥。这个争议事件已经无法判定真假,于是成为世界杯的一大悬案。

德、荷之战的实力对比,与巴、阿对局差不多,两队只能算是名气对等,即战力根本不在一个层次上。不过这场比赛进程有些意外,联邦德国队沃勒尔开场就跟对方球员纠缠在一起，比赛第22分钟就累计得到两次黄牌被罚下场。更荒唐的是，在沃勒尔下场的时候，里杰卡尔德因为向他吐口水也被罚下，荷兰人就这么葬送了人数优势。

在双双减员之后，联邦德国队的优势更加明显，毕竟沃勒尔只能算是锋线的"僚机"，克林斯曼才是主角。"黑天鹅"之于荷兰队就重要得多，尽管他的位置靠后，但他攻防一体的属性还是至关重要的，属于能够左右战局的存在。

最终决定比赛的竟然真的是克林斯曼，他的表现极其出色，用各种方式蹂躏着对手后卫，并且在下半场刚开始就包抄破门，奠定了胜利的基础。荷兰队的范巴斯滕依旧低迷，似乎连进球的欲望都没有，球队自然也就缴械投降了。比赛结束前，布雷默的一脚弧线球破门锁定胜局，联邦德国队挺进下一轮。

其他场次也不乏次顶级对决，最有代表性的要数英格兰队与比利时队的对决，纸面阵容自然是"三狮军团"完胜，但实际比赛的艰苦程度远超想象。尽管曾经的"欧洲红魔"大不如前，如今还在依靠瑟勒芒斯与希福等个别球星苦苦支撑，但其爆发的能量依旧相当惊人。

英格兰队坚持踢别扭的三中卫体系，其进攻效率自然没什么改观，反而是比利时队小范围的传切打得很流畅，瑟勒芒斯与希福都曾击中门柱，运气好一点甚至会取得领先。英格兰队反而活力有限，难得打出一次漂亮的团队配合，巴恩斯的破门还被误判为越位在先，双方只能进入加时赛。

到了最要紧的时刻，英格兰队主帅罗布森终于有了神来之笔，他给了勤勉的中场大卫·普拉特机会，尽管这名小将天赋并没有那么出众，但替补上场后表现积极，多次前插至禁区直接威胁球门。最终这样一个不起眼的换人举动决定了比赛结果。

就在本场的读秒阶段，英格兰队获得了任意球机会，加斯科因将球吊入禁区，普拉特出其不意地转身接球射门一气呵成，比利时队甚至没有时间组织反扑，只能目送对手得分晋级。罗布森手握众多精兵良将，最后还得出奇制胜，他的排兵布阵显然存在问题。

另一场西班牙队与南斯拉夫队的比赛，算是淘汰赛中技术交锋的代表作，两队拥有众多脚下功夫精湛的球员，观赏性比起那些肌肉碰撞的比赛强了不少。这场球赛可以说是马丁·巴斯克斯与斯托伊科维奇的对决，一边是高效犀利的突击手，一边是技术全面的智多星，双方在拉锯战中始终难分高下。

尽管斯托伊科维奇在比赛后段打进一球，但"斗牛士军团"凭借团队配合扳平了比分，双方也进入了加时阶段。结果斯托伊科维奇脚感火热，用一粒技惊四座的弧线任意球结束了比赛的悬念。25岁的他拥有出神入化的脚法，他的表演堪称本届世界杯技术造诣的巅峰。

与之相比，东道主意大利队与乌拉

圭队的比赛反而显得有些平淡。"蓝衣军团"维持了巴乔与斯基拉奇的锋线基本盘，但是多纳多尼的因伤缺阵，让前场缺少了关键的爆破能力，所以球队踢得还是比较挣扎。好在斯基拉奇继续灵光闪现，一脚神仙球帮助球队打破僵局，替补上场的高中锋塞雷纳也有不错的发挥，立体化打法渐入佳境的意大利队，终于闯进了8强。

剩下的几组对决中，喀麦隆队的罗杰·米拉再度成为英雄人物，替补出场的他又一次梅开二度，帮助球队击败哥伦比亚队闯入8强，创造了非洲球队的世界杯最佳战绩。而他在比赛中抢断"疯子门将"伊基塔之后的破门，更是成为永恒的经典。也正是这场比赛之后，他的知名度大大提高，开始被大众称为"米拉大叔"，化身世界杯历史上小人物的图腾。

另外两个8强席位属于捷克斯洛伐克队与北爱尔兰队，两队的晋级之路大相径庭，前者依靠中锋斯库赫拉维的帽子戏法顺利过关，后者则拖到点球大战才"死里逃生"。

因为小组排名留下的隐患，8强战中没有一组传统豪门间的碰撞，最扣人心弦的对决，居然是英格兰队与喀麦隆队的较量，这在赛前恐怕是无人可以预料到的。更为重要的是，"米拉大叔"在现代足球鼻祖面前，又一次展现了强大的力量。

这场球英格兰队主帅罗布森倒是有些变通，让此前发挥出色的普拉特首发出战，他很快又利用积极的前插首开纪录，算是回报了主帅的信任。然而当下半场

"米拉大叔"替补出场之后，比赛的形势又发生了惊人的转变。

原本喀麦隆队的进攻相对滞涩，侵略性也不是很强，但是米拉上来以后，球队忽然间变得更像一个整体，威胁进攻越来越多。当比赛进入60分钟以后，米拉先是突破制造点球，帮助球队扳平比分；随后又助攻另一位队友完成反超，前后不过5分钟时间，他们看上去要继续创造奇迹！

好在此时罗布森终于放下执念，他用边路老臣特沃尔·史蒂文撤下了队长布彻，终于从三中卫体系变回了传统的"442体系"，球队的犀利程度也有所提升。随后在加斯科因、瓦德尔和史蒂文的协作之下，他们迅速找回状态，并且依靠一个点球扳平比分，将比赛拖入加时阶段。

在加时赛中，英格兰队再度获得一个点球，莱因克尔操刀梅开二度，帮助"三狮军团"涉险过关。米拉和他的战友们倒下了，一段传奇的旅途戛然而止，但他们已经获得了全世界的尊重。在世界杯之后，英格兰队甚至邀请米拉去温布利大球场踢友谊赛，这已经达到了座上宾的规格。

阿根廷队遇到了天才云集的南斯拉夫队，对手这次派上了21岁小将普罗辛内斯基，他的活力与苏西奇的稳健及斯托伊科维奇的全能相得益彰，搅得阿根廷队的防线不得安宁。阿根廷队自己却没有多少还手之力，在对手的掌控之下，甚至只想将比赛拖入点球大战，毕竟这是其最有希望晋级的方式。

这一次阿根廷队的计谋还真的得逞

了，双方在拉锯了120分钟之后互交白卷，只能通过点球分出胜负。阿根廷队在小组赛就折损了主力门将蓬皮杜，替补他的是名不见经传的戈耶切亚，然而他通过这场球算是一夜成名。

在马拉多纳和特罗格里奥连续罚丢之后，戈耶切亚突然连续扑出了南斯拉夫队的两球，帮助球队逆风翻盘昂首挺进半决赛。事实上这场球赛他们的发挥明显不如对手，甚至可以说被完全碾压，最终却得以晋级，令人有些诧异。

意大利队和联邦德国队都是1∶0搞定对手，成功晋级半决赛，但是过程有些不同。"蓝衣军团"迎来了多纳多尼的复出，也正是他在前场的突破与射门帮助斯基拉奇捡漏打进制胜球。而联邦德国队虽然只是一球小胜，却在场面上占据了绝对优势，如果脚感再好一些，取得一场大胜不在话下。

■ 命运的决定与似曾相识

两场半决赛终于迎来了巅峰对决，意大利队对阵阿根廷队，联邦德国队对阵英格兰队。更有意思的是，东道主意大利队与马拉多纳的这次碰面，居然发生在那不勒斯的圣保罗球场，这里是马拉多纳缔造奇迹的地方。哪怕是意大利队"倾巢而出"，似乎也会畏惧他三分。

后世关于这场比赛传言很多，流传最广的就是所谓的"倒戈说"，很多人真的以为那不勒斯人都支持马拉多纳，实际上根本不是这么回事。综合多方史料来看，马拉多纳倒是刻意营造了这种噱头，试图鼓动本地球迷支持阿根廷队，但结果不尽如人意，甚至差点出现反噬。

相对接近真相的情况是，大部分那不勒斯球迷还是支持意大利队的，当然也有一小撮马拉多纳的"死忠粉"。一个比较可信的标语显示：那不勒斯人可以支持马拉多纳365天，但是今天他们属于意大利。

这场球的进程也相当有趣，意大利队主帅维奇尼意外拿下了巴乔，让此前作壁上观的维亚利首发，自行瓦解了斯基拉奇与巴乔的化学反应，导致球队进攻受阻。维亚利自从首战受伤之后，基本上就成了边缘人，后来即便好转也没获得出场机会，在这么重要的场合再度登台，令人无法理解。

好在斯基拉奇突然爆发，又一次迅速帮助球队打破僵局，考虑到前五场比赛意大利队都能实现零封，其超级防线面对攻击力孱弱的阿根廷队，看上去十拿九稳。然而命运却跟东道主意大利队开了一个玩笑，比赛第67分钟阿根廷队左路起球，意大利队门将曾加出击失误，卡尼吉亚高高跃起头槌扳平了比分，这也是意大利队本届世界杯上首次丢球。

正是凭借这粒金子般的进球，阿根廷队又一次将比赛拖入点球大战。更令人瞠目结舌的是，戈耶切亚又一次成为他们的"救世主"，在双方前三罚全部命中的情况下，戈耶切亚连续扑出了多纳多尼与塞雷纳的点球，护送阿根廷队连续两次世界杯晋级决赛。

这是一场不折不扣的冷门，无论从赛前对垒还是比赛进程来看，马拉多纳的球队都是弱势的一方，然而他们却总能在行将崩溃之际"起死回生"。意大利球迷难以接受这样的出局方式，这支球队完全可以称为史上最强"蓝衣军团"，却因为无缘世界杯冠军，历史地位大打折扣。

另一场英、德大战算是本届世界杯顶级的天赋对决，双方都拥有数名天才球员，战术层面也没有什么秘密可言，比拼的就是巨星们的临场发挥。令人稍微感到意外的是，英格兰队主帅罗布森依然坚持三中卫阵形，尽管他自己都承认，是平行四后卫体系帮助他们淘汰了喀麦隆队。

这场球赛从一开始就注定，谁也没法通过一波流制服对手，只能依靠不间断地冲击制造威胁。但是各种"正道"尝试了一遍，却依然无法打破僵局，这时候站出来的又是布雷默。

他的大力射门声名远扬，早在1986年世界杯半决赛的时候，就通过一脚重炮送走了法国队。4年后他算是"故技重施"，只不过这一次是通过折射入门，让40岁的英格兰队"门神"希尔顿力不从心。

罗布森又一次换上史蒂文变阵为"442体系"，通过频繁的冲击在对方腹地制造混乱，谋求得分机会。这招确实取得了成效，比赛结束前10分钟，在一片混乱之中，两名联邦德国队中卫都出现失误，莱因克尔抓住机会低射破门，将比赛拖入了加时阶段。

在加时赛中，双方的攻势都比较迅猛，也都获得了绝佳机会。只不过瓦德尔的劲射与布赫瓦尔德的冷射，都被球门立柱弹出，双方在鏖战了120分钟之后，被迫进入点球大战。

值得注意的是，这是英格兰队第一次在国际大赛中参与点球大战，此时的球队自然也没有被贴上任何标签。然而悲剧的命运就始于这场比赛，皮尔斯的点球被联邦德国队门将伊尔格纳扑出，瓦德尔最后的射门直奔天空，加斯科因的眼泪令人动容，拥有20年来队史最强阵容的英格兰队就这样无奈告别。而他们的对手、强悍的联邦德国队，居然连续第三次闯进世界杯决赛，这是巴西队都未曾做到的事情。

阿根廷队与联邦德国队连续第二次相会在世界杯决赛，然而时过境迁，双方的情况早已今非昔比。阿根廷队本届比赛一路算是侥幸晋级，粗暴的比赛风格也让球队付出了惨痛的代价，决赛中有4名球员被停赛，其中就包括了锋线尖刀卡尼吉亚，以及"352阵形"中的两个翼位球员朱斯蒂与奥莱蒂克切亚。

联邦德国队则呈现出一种睥睨众生的气势，一路走来可谓气贯长虹，除了实力出众的"三狮军团"，其他球队根本无法给其制造威胁。克林斯曼与马特乌斯的状态异常火爆，老将利特巴尔斯基也摩拳擦掌，他们大有一口吞掉阿根廷队的势头。

1990年7月8日，意大利罗马奥林匹克体

育场，大战一触即发。联邦德国队阵容齐整，能派出的核心悉数登场；阿根廷队则显得捉襟见肘，只能以残阵迎战，看上去凶多吉少。

其实这场比赛的进程并不值得描述，甚至可以说是自1954年有影像记录以来最无趣的一场世界杯决赛。阿根廷队的踢法本就保守，在折损了几员大将之后，完全只能采取守势。而且马拉多纳在经过了一个月的高强度消耗之后，到了决赛也显得力不从心，在布赫瓦尔德的贴身紧逼下，全场几乎制造不出任何威胁。

然而联邦德国队倒也没有那么顺利，它的攻势一浪高过一浪，在比赛中段更是连续施压，眼看就要彻底征服对手，却迟迟没能取得进球。即便阿根廷队中卫蒙松在第65分钟被罚下场（世界杯决赛首位红牌球员），联邦德国队也没能乘胜追击取得优势。

最后联邦德国队取胜的方式还相当有争议，沃勒尔持球突入禁区，与阿根廷队球员圣西尼接触后倒地，裁判果断给了点球。由于马特乌斯的球鞋存在问题，布雷默负责主罚，最终他一蹴而就绝杀了比赛。阿根廷队球员心态失衡，替补前锋德佐蒂锁喉对方球员又吃到红牌，阿根廷队最后只能9人完赛。

尽管马拉多纳赛后显得极其不甘心，但阿根廷队这场比赛确实机会不多，其极限也就是连续第三次将比赛拖入点球大战，然后指望戈耶切亚三度超神。一个人不会总是好运，在这种情况下被联邦德国队绝杀，哪怕过程稍显波折，也不值得大书特书。

在连续三届世界杯闯进决赛之后，联邦德国队终于捧得了第三座世界杯冠军奖杯，也就此追平了巴西队与意大利队，并列成为世界杯历史上获得冠军最多的球队。

从办赛的角度来说，这届世界杯近乎完美，盛大的开幕式、令人惊艳的模特走秀、传唱至今的主题曲，都烘托出了"意大利之夏"的曼妙与激情。与此同时，东道主的各项工作也无可指摘，与八年前的西班牙相比，这次承载了24支球队的世界杯，仿佛吹响了进入新时代的号角。

然而令人遗憾的是，从竞技层面而言，本届世界杯堪称历届最差，各队多采取保守的三中卫体系，充斥着各种身体接触与暴力犯规，裁判共出示了16张红牌，创造世界杯新纪录。整届杯赛场均进球数仅为2.21个，时至今日依然是单届世界杯场均进球数的最低纪录。从8强开始的七场核心比赛中（不包括季军争夺战），有六场的进球数不超过2个。如此乏味的淘汰赛，令人失望不已。

从球星层面考量，表现符合预期的顶尖人物并不多，马特乌斯、克林斯曼、加斯科因算是其中代表。倒是赛前名不见经传的小人物成为日后球迷们津津乐道的话题，老而弥坚的"米拉大叔"、"神奇小子"斯基拉奇，以及创造奇迹的戈耶切亚，反而成了人们对意大利之夏的球星记忆。

所以，从这一刻起，球迷们就开始期待4年后美国世界杯的到来。

第十五章

1994，荒漠中的绿洲

这一天加利福尼亚的骄阳格外刺眼，足球似乎有种魔力，要被万丈光芒带向云霄。只可惜竞技之神未能选中那个忧郁无助的男人，尽管他拥有无与伦比的魅力，在球技之外也足以用魅惑众生的忧郁气质征服苍生。他面无表情地助跑，触球，球却最终飞向天空，只留下那个落寞的背影，与塔法雷尔的狂欢形成对比。如果此时巴乔的心中仍有一团火，那么全世界数以亿计的球迷，也许都难寻那一缕青烟。

——引语

巨变的世界与动荡的足坛

时间来到1994年,国际足联选择让世界杯落户美国。这里的人们拥有与生俱来的运动基因,以及一种难以名状的原始热情,然而在他们热衷的体育项目中,似乎没有足球这个选项。在很多人的第一印象中,美国就是彻头彻尾的"足球荒漠",然而事实真的是这样吗?

其实美国队在1930年首届世界杯的时候,就曾经取得过前四名的好成绩,并且连续参加了1930年、1934年、1938年世界杯。拥有这样的履历的美国即便算不上足球运动的沃土,也绝不能被视为荒漠。

事实上美国足球的早期发展,与国内的经济腾飞息息相关,20世纪20年代美国东北部制造业的繁荣带来了大批劳动力,他们中不乏热爱足球的欧罗巴后裔。在资本及热忱的加持下,20世纪20年代他们办起来红极一时的"美国足球联赛"(简称ASL),参与其中的很多球员,也代表美国队参加了世界杯的比赛。后来随着大萧条的影响,国内的足球联赛土崩瓦解,美国足球的发展自然也陷入了停滞期。自从1950年世界杯之后,美国队常年无缘正赛,足球的影响也在这片土地上慢慢弱化。

然而随着现代足球运动在世界范围内的普及,嗅觉灵敏的美国商人迅速看到商机,他们在20世纪60年代末开启了"北美足球联赛"(简称NASL),这算是金元联赛的鼻祖,后世的知名度无须赘述。

以纽约宇宙队为首的一些俱乐部,斥巨资去世界各地求购大牌球星,球王级别的贝利、克鲁伊夫、贝肯鲍尔等名将先后登陆美国,一时间掀起了声浪巨大的足球浪潮。在这样一个崇尚个人英雄主义的国度,顶级巨星的光环效应不言而喻,北美足球联赛迎来了属于自己的辉煌时期。

但值得注意的是,这一系列的操作完全是资本的逐利行为,并没有为美国足球的发展带来什么实质性的帮助。这段时间内美国本土并未涌现出一批可造之才,重回世界杯的目标也显得遥遥无期。NASL最终在20世纪80年代中期"寿终正寝",当无利可图的时候,这样的联赛也就没有存在的价值了。所以在1988年美国获得世界杯主办权的时候，国内甚至没有完善的职业联赛，这自然备受外界质疑，美国人的筹备工作也承受了巨大的压力。

当时的美国队尽管在1990年重返世界杯正赛，但表现相当惨淡，也没有什么出众的球星。像温纳尔达、卡利朱里及斯图尔特这样欧洲联赛的边缘球员，在美国队中已经算得上举足轻重的人物了。不过美国队在选帅上倒有一定的眼光，连续带领墨西哥队与哥斯达黎加队闪耀世界杯的米卢蒂诺维奇拾起教鞭，他承载了懵懂的美国球迷殷切的期盼。

1990年前后，世界政坛剧烈震荡，苏联解体、两德统一及南斯拉夫与捷克斯洛伐克的分裂都深刻影响了足球世界的格局。

20世纪80年代中后期，乌克兰足球迎来了人才的井喷期，别拉诺夫、扎瓦洛夫、普罗塔索夫、米哈伊利琴科、拉茨等球员声名鹊起，他们通过国际大赛迅速登堂入室，一跃成了足坛的当红明星。还有与乌克兰众星同期的阿列伊尼科夫，他是来自白俄罗斯的选手。到了90年代初期，沙利莫夫、坎切尔斯基等俄罗斯的名将也开始崭露头角。如果上述这些球员在一个球队踢球，必定会取得不错的成绩，但是历史已经改变。

南斯拉夫的分裂也导致众多天才球员各为其主。斯托伊科维奇是塞尔维亚人，萨维切维奇是黑山人，普罗辛内斯基、博班与达沃·苏克是克罗地亚人，潘采夫则是马其顿人，他们原本可以一起制霸90年代的足坛，如今也与苏联队一样，只能感叹命运的改变。

民主德国与联邦德国合二为一之后，德国队的实力得到增强。捷克斯洛伐克分裂成了捷克与斯洛伐克两个国家，这对它们的足球队来说也是一种削弱。

在外部环境剧烈震荡的同时，足球在竞技层面也有着显著的变化。自从1970年世界杯以来，核心规则并没有大的异动，但经过20余年的攻守博弈，1990年世界杯上保守思潮的问题，让国际足联下定决心进行大刀阔斧的改革。

足球比赛最吸引人的，永远是花样百出的进攻招式，所以每当功利主义占据上风的时候，国际足联都会适时站出来拨乱反正。1970年国际足联引入了换人规则和红黄牌制度，这次则从越位规则、门将回传、背后铲球和积分赋能四个方面入手。

规则制定的相关部门自从1925年之后，就没有对越位规则进行"伤筋动骨"的修正，而1990年终于取消了所谓的"平线判定"。在此之前的规则中，如果进攻球员在己方传球的一瞬间，与对方最后第二名球员平齐，那么该名进攻球员便处在越位位置。为了鼓励进攻，新修订的规则不再将这种平线的情况视为越位。

所谓的门将回传条例，则是为了限制当年一种保守消极的策略。某支球队为了消磨时间，经常会选择后场倒脚，如果对手开始紧逼就将球回传给门将，他能轻松地将球抱住并持续消耗时间。而在新规则之下，如果后卫故意用脚将球回传给自己的门将，则门将不能用手触球，否则会判间接任意球，这在一定程度上限制了消极比赛的策略。

背后铲球规则的收紧，则与范巴斯滕的重伤有关。当年的足坛暴力犯规横行，对于天才球员也没有特殊的保护，各种飞铲随处可见，而脚踝脆弱的范巴斯滕成了最悲惨的受害者。1993年欧冠决赛，他在重伤刚复出的情况下，又被马赛队后卫伯利凶狠铲倒，自此之后伤势恶化，职业生涯就此终结。

国际足联方面高度重视此事，相关规则的制定方甚至出台了极其严苛的惩罚措施，今后只要有背后铲球出现，犯规者一律会被红牌罚下。不过这项规定的实施情况模棱两可，起码从既定的时间上看，与1994年世界杯并不吻合。换句话来说，具体的尺度问题，完全掌握在临场裁判手中。

最后就是积分制度的改良，从1930年第一届世界杯开始，只要采取分组赛，都是胜者得2分，平局各得1分，负者不得分。在所谓的两分制情况下，赢一场的优势似乎并不大，国际足联为了进一步鼓励进攻，宣布今后将广泛采取新的三分制规则，即胜者得3分，平局维持1分，负者不得分。值得一提的是，1994年世预赛阶段依然维持传统的两分制，而从正赛开始将引入全新的三分制。

虽说这个周期足坛的内外部环境变化巨大，但主流强队之中，除了德国队，其他球队的兴衰主要还在于自身的迭代情况。欧洲区变化最为明显的要数荷兰队与英格兰队，前者由于"三剑客"的淡出迎来了新时代，博格坎普、奥维马斯、德波尔兄弟开始进入公众视野，整体的竞争力尚存，但比巅峰期已经有了明显的下滑。

英格兰队的换血则来得更加迅猛：1991年足总杯决赛，加斯科因遭遇毁灭性的膝盖重伤，需要休战一年多；1992年前后约翰·巴恩斯也遭遇跟腱等部位的伤病困扰，就此告别了巅峰期；再加上瓦德尔、莱因克尔、布彻与希尔顿等人纷纷归隐。这个周期"三狮军团"显得相对平庸，球队甚至在主帅格雷厄姆·泰勒的引领下，摒弃了技术流的比赛方式，回归到传统的长球冲击与身体对抗中去了。

西班牙队也经历了新老交替，"皇马五鹰"在1992年之后陆续远离了国家队，由于这一时期克鲁伊夫执教的巴萨"梦一队"成绩斐然，"斗牛士军团"的主帅克莱门特也萧规曹随，顺势以巴萨队球员为班底打造阵容。

萨利纳斯、瓜迪奥拉和近乎整条后防线的核心人员，都出自"红蓝军团"。此前"皇马系"主导时期西班牙队的战绩并不突出，所以过渡到"巴萨系"时期，整体的预期波动不算大，毕竟此时他们的身边没有大牌外援加持。

意大利队的阵容框架，几年来并没有明显的变化，巴乔、多纳多尼、马尔蒂尼与巴雷西等人依然扮演着重要的角色，但随着萨基接过"蓝衣军团"的教鞭，他们几十年来奉为圭臬的链式防守体系被抛弃了。萨基是"平行442阵形"的信徒，强调区域压迫与整体协作，传统的意式盯人与"清道夫"设置被他视为过时的战术，所以从1994年世界杯开始，哪怕意大利队这批球员青训时接触到的都是老派理念，他们现在也要以一套平行四后卫体系出战了。

法国队这几年间显得不温不火，虽说比起后普拉蒂尼时代的初期有了起色，但以帕潘、坎通纳、吉诺拉为首的这批球员，始终没有拿出令人信服的表现。在1992年欧洲杯上，尽管法国队闯进了决赛圈，但只闯入了小组赛就打道回府，依然难以重现当年的荣光。

按照常理来说，上述这些传统球队入围世界杯正赛不成问题，但实际情况却令人大跌眼镜。英格兰队与法国队居然被挡在了"大门"之外，两队出局的方式也令人颇感意外。

英格兰队与荷兰队分在一个小组，但每组有两个出线名额，这两支豪门球队携手入围看似合乎情理。但令人惊诧的是，挪威队在短时间内异军突起，在各种友谊赛中频频打出佳绩，在世预赛中表现也相当生猛，英格兰队遇到挪威队战绩一平一负，吃尽了苦头。

另外，"三狮军团"遇到荷兰队的时候，遭遇了一些不公正的判罚，导致他们在"橙衣军团"身上也没占到任何便宜，最终名列小组第三含恨出局。主帅泰勒背负了"开倒车"的骂名，抛弃罗布森那套技术流体系需要承担风险，但竞技体育就是成王败寇，如果输了之前所做的一切都是错的，必须承担所有的责任。不过从客观来说，以这批英格兰队球员的禀赋，出现滑铁卢也不是完全不能接受。

法国队在末轮迎战保加利亚队之前形势大好，最后一场只要收获平局就能晋级。然而法国队居然在一球领先的情况下，在读秒阶段被保加利亚队的前锋科斯塔迪诺夫劲射绝杀，只能目送对手晋级，自己吞下连续两届无缘正赛的苦果。这批球员实力不俗，就此淘汰固然有缺憾，但运气因素也是不能忽略的，他们因为频频遭遇难以解释的失败，成了被后世津津乐道的谈资，甚至被称为"被诅咒的一代"。

南美区的关注焦点依然在阿根廷队与巴西队身上，"潘帕斯雄鹰"最大的变数还是源自马拉多纳。1990年世界杯之后不久，他因为药检不过关被禁赛一年多，之后离开了意大利四处"流浪"，自然也淡出了阿根廷队。

这一阶段阿根廷队涌现了巴蒂斯图塔、雷东多等天才球员，他们也在新帅巴西莱的捏合下，连续拿下了两届美洲杯的冠军。球队看似走在正确的轨道上，但1994年世预赛的波折，还是让球员们怀念起那个无所不能的马拉多纳。

尽管最终阿根廷队顺利拿到了世界杯正赛的资格，但却在主场0∶5输给哥伦比亚队，爆出了惊天冷门。后来在各界的呼吁之下，马拉多纳重新回归了国家队。从整体上来看，球队的拼图日趋完整，除了卡尼吉亚同样因为涉药被禁赛一年，其他人都在正确的道路上前行。

巴西队的主帅从拉扎罗尼换成了佩雷

拉,这也是一位秉持保守理念的教头,虽然他不至于祭出包含"清道夫"的五后卫体系,但除了在骨子里保留桑巴情怀之外,还是重用了邓加与毛罗·席尔瓦这样的中场铁匠,以牺牲创造力的方式换取攻守平衡。他所做的妥协就是重新召回刺头罗马尼奥,在混凝土防线之上,依靠他与贝贝托、拉易等人的天赋闪现终结比赛。

亚洲区暗流涌动,中国队与1986年一样,在第一阶段就出局了,这次球迷们不用忍受"只差一步"与"黑色三分钟"了,安心成为一名世界杯的看客。最终拿到出线名额的是老牌劲旅韩国队和沙特队,而1992年亚洲杯新科冠军日本队遗憾出局,在末轮最后一刻遭遇绝杀,与历史上首次入围世界杯擦肩而过。

在其他区域中,最值得关注的自然还是非洲区。由于1990年喀麦隆队的出色发挥,非洲区这次获得了三个直通名额。最终拿到席位的是喀麦隆队、尼日利亚队与摩洛哥队,撒哈拉以南非洲与北非都有代表队伍,它们也被外界寄予厚望。

■ 新人的舞台与大师的告别

本届世界杯的赛制与前两届几乎相同,24支球队分成6个小组,每组前两名直接晋级16强。剩下4个淘汰赛的名额,将在成绩最好的小组第三中产生。唯一的区别就是积分系统从两分制变成了三分制。

此次杯赛依然没有诞生所谓的"死亡之组",各队所处的环境比较类似,但并不缺乏看点。德国队所在的C组就是典型代表,它与西班牙队、韩国队和玻利维亚队展开厮杀,比赛的进程有些出乎球迷们的预料。

按照常理推断,德、西两队携手晋级悬念不大,但老迈的"日耳曼战车"显露出疲态,其在小组赛中的战斗力与上届不可同日而语。33岁的马特乌斯饱受伤病折磨,已经不再是从前那个满场飞奔的全能战士,退而求其次成了运筹帷幄的"清道夫"。33岁的布雷默也不再具备脚下生风的能力,更多地利用经验和脚法勉强支撑。当年"三驾马车"之中,只剩下相对年轻的克林斯曼,他此时还能保证较高的水平,依然是锋线上最值得仰仗的人。

德国队的三场球赛都踢得比较挣扎,小胜玻利维亚队之后战平西班牙队,已经显露出颓势,而末轮与韩国队的较量,更是将短板完全暴露。德国队这套阵容在体力充沛的情况下,尚有余勇能战四方,而在北美骄阳炙烤之后,遇到以顽强著称的"太极虎"(韩国队昵称),差点葬送3∶0的领先优势,最终仅以一球的优势涉险过关。如果比赛再多10分钟,结局甚至无法预料。

西班牙队的情况也不乐观,球队整体的攻击力相当一般,核心中锋甚至只有萨利纳斯一人,31岁的他也早就过了巅峰期。"斗牛士军团"真正能倚仗的,还得是卡米内罗这样的生力军,他在前场的推进与射门才是真正的威胁所在。西班牙队同样没法在韩国队身上占到便宜，在两球领先的情况下，被顽强的"太极虎"读秒扳平，最后也是靠着从玻利维亚队身上取分，才勉强晋级下一轮。

从整体情况来看，本组中最令人惊艳的不是德、西两强，而是两平一负痛失出线权但表现足够出色的韩国队——尚且能战的金铸成、盘带大师高正云、边路魔翼徐正源及中后场的压舱石洪明浦，都给人留下了深刻的印象。

上届亚军阿根廷队的小组赛之旅同样一波三折，其实在马拉多纳和卡尼吉亚归队之后，球队的战斗力达到了空前的高度。在马拉多纳的调度之下，阿根廷队三条线的运转十分流畅，首战就凭借巴蒂斯图塔的帽子戏法，4：0横扫欧洲新军希腊队。次战充满活力的尼日利亚队，"潘帕斯雄鹰"依然临危不乱，在开场落后的情况下，凭借卡尼吉亚的梅开二度实现逆转，球队凭借两连胜锁定了出线资格。

然而上天却在此刻开了个无情的玩笑，就在阿根廷队士气正盛的时候，马拉多纳的药检出现异常，他被指控服用了违禁药物，随即被驱逐出世界杯。一代球王就这样离开了他深爱的舞台，竟是以这般落寞又令人愕然的方式。

不过队中三条线依然均衡，巴蒂、卡尼吉亚、雷东多、西蒙尼外加稳健的防线，还是有机会走得更远。然而告别了马拉多纳之后，球队仿佛失去了灯塔，一群年轻的天才不知所措，在末轮0：2不敌保加利亚队，更为糟糕的是，卡尼吉亚又因为伤病缺席之后的淘汰赛。

意大利队与爱尔兰队、墨西哥队、挪威队同分在E组，看似没有传统强队，但"蓝衣军团"面对二、三线球队的时候，向来无法展现出统治力，甚至会踢得磕磕绊绊，这次自然也不例外，而且剧情比以往更为曲折离奇。

萨基依然坚持他那套"442"的体系，即便派上三前锋压阵，也会选择让西格诺里拉到左边，巴乔适当后撤，另一名前锋负责在对方腹地制造杀机。无论从哪个角度来看，他的核心思路都没有变化。

而且萨基的战术相当保守，除了三四名攻击球员外，大部分的人主要职责还是防守，给锋线的支援相当有限。老迈的多纳多尼已经无法像上届那样双边突击，迪诺·巴乔更多扮演一个工兵角色，阿尔贝蒂尼能做的创造性工作也有限，零星的直传球与后插上射门，算是他仅有的贡献。

在这种情况下，意大利队三场小组赛仅仅打进两球，更为荒唐的是，在小组赛首战0：1输给爱尔兰队之后，次战挪威队萨基"秀"出了极限操作。这场球开赛仅10分钟，意大利队门将帕柳卡就因为禁区外手球被红牌罚下，而萨基居然选择在此时用替补门将换下罗伯特·巴乔，一时间舆论哗然。在球队不赢球就面临绝境的情况下，放弃己方最强攻击手，这样的操作实在令人无法理解。

好在上天眷顾"蓝衣军团"，在极端被动的情况下，迪诺·巴乔在下半时利用定位球头槌制胜，保留了晋级的火种。在末轮1∶1战平墨西哥队之后，意大利队以小组第三的成绩勉强出线。他们付出的代价是巨大的，巴雷西遭遇膝伤困扰几乎完全报销，多纳多尼显得不堪重负，罗伯特·巴乔与萨基的关系也有点水火不容之势，这样的球队看似走不了多远。

巴西队与瑞典队、俄罗斯队、喀麦隆队同分在B组，"桑巴军团"的征程相对来说就轻松很多，一方面是自身实力确实过硬，另一方面对手自乱阵脚，给他们减轻了不少负担。

巴西队主帅佩雷拉依然延续了均衡偏保守的思路，"442"的阵形雷打不动，攻击端主要依靠罗马里奥的个人发挥，贝贝托在身侧游击寻找空间，拉易作为古典前腰能够提供出其不意的传球，而前场收窄的阵形也给莱昂纳多、若日尼奥两个边卫提供了前插的空间。

不过球队在防守端的投入显然更大，邓加与毛罗·席尔瓦的双后腰组合坚如磐石，即便牺牲了创造力也要维持屏障属性。防线上尽管里卡多·戈麦斯与里卡多·罗查都遭遇伤病困扰，但阿尔代尔这样的即战力依然可以填补空缺。球队前两场分别取得了2∶0和3∶0的胜利，已经被外界视作最大夺冠热门。

反观其对手，俄罗斯队因为持续的队内矛盾，沙利莫夫、坎切尔斯基等名将都离开了球队，球队只能以半替补阵容出战。喀麦隆队也因为奖金问题跟足协势如水火，甚至扬言资金不到位就直接罢赛。结果这两支闹得不可开交的球队，却联手奉献了一场"奇葩"的比赛，最终俄罗斯队6∶1大获全胜，边缘前锋萨连科居然独中五元，成了世界杯历史上首位实现单场五子登科的球员，迄今为止也无人可以与之比肩。而为喀麦隆队创造唯一入球的，居然是42岁零39天的"米拉大叔"，尽管4年后神奇不再，他却依然刷新了自己保持的世界杯最年长进球纪录。

与上述三支热火朝天的球队相比，瑞典队的关注度并不高，尽管球队拥有布洛林、达赫林这样的优质球星，但此时依旧在聚光灯之外。不过稳扎稳打的比赛方式，还是帮助瑞典队拿到了小组第二。

荷兰队、比利时队、沙特队与摩洛哥队所在的F组的赛程显得波澜不惊。最终荷兰队与比利时队携手出线，但令人意外的是，来自亚洲的新军沙特队居然一鸣惊人，接连击败了摩洛哥队与比利时队，甚至一度将比利时队挤到了小组第三。

更令人震撼的是，在沙特队与比利时队的较量中，沙特队球星奥维兰上演了覆盖全场的千里走单骑破门，此球可以算是马拉多纳的世纪进球之外，世界杯历史上影响力排名第二的进球。当天的罗伯特·肯尼迪纪念球场涌入了近53000名观众，他们一定在感叹命运的垂青，才能有幸见证这永生难忘的瞬间。

相比之下，东道主美国队所在的A组，由于缺乏传统强队显得乏善可陈。哥伦比亚队、罗马尼亚队与瑞士队，除了本国的球迷着重关注之外，中立的看客们应该提不起兴趣。

然而实际的比赛却令人欣喜,这几支二线球队别具特色,且都有令人眼前一亮的球星。特别是罗马尼亚队的领军人物哈吉,他可以算是本届杯赛的头号中场大师,鬼魅的脚法与开阔的视野让对手难以防范,球迷们似乎在见证史上最强罗马尼亚队的诞生。

比较令人痛心的是哥伦比亚队,客观来说球员们踢得中规中矩,巴尔德拉马、林孔与阿斯普里拉等球星并不算"拉胯",然而前两场的失利葬送了他们的前程,也葬送了队内球员埃斯科巴的生命。由于在同美国队的比赛中打进乌龙球,他在回国后遭遇枪杀,而此时世界杯的淘汰赛才刚刚开始。

更令人颇感五味杂陈的是,由于哥伦比亚队在预选赛中的出色表现,它甚至被球王贝利视为本届杯赛的夺冠热门。这是传奇"乌鸦嘴"的开端,相比于之后那些被大众津津乐道的预言,这次的结果沉重到无以复加。

东道主美国队的表现令人满意,以小组第三的成绩顺利入围淘汰赛,不过相比于球场上温纳尔达惊艳的任意球得分,后卫拉拉斯的发型与弹唱似乎更让人印象深刻。不过美国人终究开始认识到足球这项运动的意义,举办这届世界杯的目的也就达到了。

桑巴的复苏与忧郁的王子

与4年前的情况不同,本届16强比赛并没有传统意义上的强强对话,最令人印象深刻的比赛,莫过于阿根廷队对阵罗马尼亚队、德国队对阵比利时队。

阿根廷队与罗马尼亚队都有重大减员,阿根廷队没有了马拉多纳与卡尼吉亚,而罗马尼亚队的前锋拉杜乔尤也无法出战。不过剩余球星的成色依然很足,两队都不使用保守策略,奉献了本届世界杯的一场经典对决。

阿根廷队在失去马拉多纳之后,进攻组织的任务无人能够一肩挑起,全能的艺术后腰雷东多可以在推进层面有所贡献,而前场的灵动输出还得指望20岁的小将奥特加。不过进入比赛状态更快的,还是罗马尼亚队。

杜米特雷斯库开场10分钟就奉献了精彩的直接任意球破门,尽管巴蒂的点球迅速扳平比分,但哈吉的鬼魅助攻在两分钟后又帮助罗马尼亚队重新取得了优势。本就因为失去马拉多纳而魂不守舍的阿根廷队,在遭遇这种连番打击之后,士气显得非常低落。

阿根廷队在纸面实力上也许仍然占据优势,但哈吉的球队大有势如破竹的感觉,似乎不可阻挡。所以在阿根廷队试图反扑未果之后,下半场哈吉又利用快速进攻打进一球,3∶1几乎锁定了胜局。随后"潘帕斯雄鹰"的垂死挣扎效果也相当一般，巴尔博的进球没能挽回2∶3的败局。如果马拉多纳能够一直陪伴阿根廷队，也许球队依然是冠军的有力争夺者，然而现实就是这么残酷，只能说缺憾也是足球运动的一部分。

德国队与比利时队的对决，主宰比赛的是一位意料之外的老将：已经34岁的鲁迪·沃勒尔。他在克林斯曼横空出世之后，其实只能扮演锋线上的僚机，4年前拿到大力神杯就宣告着已经功成身退，然而在主帅福格茨的召唤下，他又回到了球队当中。

本届杯赛中他只能算是主力轮换，要跟上届的替补里德尔争夺位置，对阵比利时队这场比赛他收获了信任首发出战。令人大感意外的是，沃勒尔本场比赛火力全开，他先是反越位首开纪录，随后又助攻克林斯曼劲射破门，并且在半场结束前，利用角球机会梅开二度，帮助球队取得了半场3∶1的领先，就此锁定了胜局。可以说"家有一老，如有一宝"，在一锤定音的世界杯淘汰赛中，34岁的沃勒尔依旧成了"德意志战车"的救世主。

意大利队陷入了苦战，其对手是"非洲雄鹰"尼日利亚队。"蓝衣军团"进攻本就乏力，防线上还因为巴雷西受伤被迫重组，整体的根基都显得不牢固。更令意大利队头疼的是，尼日利亚队极具进攻天赋，两个边锋阿穆尼克与菲尼迪·乔治擅长撕裂防线，20岁的奥科查是著名的盘带高手，脚下技术极其出众。另一位攻击型中场奥利塞赫也颇具实力，他的传、射、带都让对手坐立不安。而在锋线上，耶基尼与阿莫卡其这对老少配同样威力十足，仅就攻击端的即战力而言，意大利队几乎毫无优势可言。

结果开场后没多久，顶替巴雷西踢中卫的马尔蒂尼，还在角球防守中失误送给对手一球。仅凭意大利队的进攻水准，想扳平比分都极其困难。萨基原本想用马拉多纳的嫡传弟子佐拉破局，结果他出场后仅仅10分钟，就因为一个并不明显的犯规动作被红牌罚下，"蓝衣军团"已经走到了被淘汰的边缘。

就在这千钧一发的时刻，那个男人出现了，小组赛备受屈辱的巴乔突然爆发，他先是在比赛最后时刻禁区前低射完成绝平，随后在加时赛中，又帮助队友制造点球并亲自主罚命中。这完全是一场由巴乔主导的逆转，谜一样的男人总是令人捉摸不透，然而瞬间的爆发力证明了他作为世界足球先生的价值。

巴西队遇到了东道主美国队，这是一场实力悬殊的对决，即便"桑巴军团"的策略相对保守，甚至换下拉易，起用覆盖能力更强的马津霍，但巴西队也有能力在每一分钟终结对手。然而这场比赛巴西队的运气相当一般，上半场就多次错失破门良机，莱昂纳多还因为不冷静的肘击拿到红牌，下场。

不过美国队主帅米卢没打算正面迎战，即便具有11打10的人数优势，美国队依然被巴西队压制，这也引发了本国球迷的不满。"瘦死的骆驼比马大"，巴西队仅靠罗马里奥等人就足以持续制造威胁，最终也是依靠他和贝贝托的连线，终结了东道主的征途。

除此之外，西班牙队、荷兰队与瑞典队的旅途相对轻松，三队顺利挺进8强。保加利亚队则是与墨西哥队激战120分钟，最终依靠点球大战涉险过关，在本届世界杯之前，它甚至没能在世界杯上取得一场胜利，这次的成就足以载入史册。

8强的焦点战自然是巴西队与荷兰队的对决，这可以说是本届杯赛顶级锋线的直接较量，罗马里奥携手贝贝托将迎来博格坎普及奥维马斯等人的挑战。不过从比赛的实际进程看，决定比赛核心的关键因素，却跟两队的防线息息相关。

荷兰队是本届少有的坚守三中卫体系的强队，但球队中后场队员老龄化的情况比较严重，里杰卡尔德与科曼还在扮演关键角色，他们的速率已经完全跟不上时代，面对冲击力强的对手完全没有招架之力。这场球赛巴西队也是利用速度破局，在上半场无功而返的情况下，易边再战后打出了闪电袭击。

这支巴西队的防守基本盘很扎实，其反击推进也很迅捷，一名队员起长球，两三名球员高速插上，就能制造不小的威胁。罗马里奥首开纪录的破门就是这种模式，随后贝贝托也利用时间差再下一城，荷兰队看似已经没有还手之力。

不过本届世界杯前四场仅丢1球的巴西队，在领先之后出现了走神的情况，博格坎普迅速反击扳回一城，温特又利用定位球追平了比分。在这危急关头，"桑巴军团"中有人挺身而出，他就是左后卫布兰科。

事实上如果不是莱昂纳多红牌停赛，三朝老臣布兰科本届比赛都很难有登场的机会，小将卡福甚至都可以客串替补左后卫。不过主帅佩雷拉在关键时刻给予了布兰科信任，这场球他展现出了良好的脚感，一开场面对定位球就跃跃欲试，招牌的重炮攻门看上去威力十足。

最后决定比赛的正是他的远距离任意球，比赛进行到第80分钟的时候，布兰科在禁区外30米处发炮，一脚低射打穿了荷兰队的防线，这是真正的致命一击，护送巴西队继续前行。值得一提的是，前几场荷兰队极其仰仗的右边锋奥维马斯，本场在布兰科与队友的通力协作下完全被限制，博格坎普显得孤立无援，面对终场前落后的局面已经无力回天。

另一场重头戏是西班牙队与意大利队的较量，不过与巴、荷之战相比，本场比赛的观赏性大打折扣。双方本身的攻击力都比较孱弱，策略还都偏保守，要想破局显然不容易。"蓝衣军团"凭借迪诺·巴乔的世界波取得领先，此球运气成分较大，但给西班牙队带来了巨大的压力。

帮助"斗牛士军团"扳平比分的还是卡米内罗，小组赛阶段他就是攻坚的核心人物，淘汰赛阶段主帅拿下萨利纳斯，甚至让路易斯·恩里克出任首发前锋，足以体现出锋线人员的短缺问题。而卡米内罗的活跃表现，能够持续制造杀机，这场关键比赛他也算是不辱使命。

在比赛的前期，意大利队稍稍占据了场上的主动，不过比赛中后段西班牙队开始反扑。替补上场的萨利纳斯原本有一个可以终结比赛的单刀机会，却被他随意地浪费了。面对蛰伏中的意大利队，如果你不把握住稍纵即逝的机会，显然是会遭受惩罚的。

终结比赛的依旧是那个忧郁的男人，最后时刻他接到西格诺里奋不顾身的挑传，轻巧地晃开了西班牙门将苏比萨雷塔，随后打空门锁定胜局。这是一场典型的意式胜利，其状态波动像极了1982年的那支冠军之师，而罗伯特·巴乔的逐渐复苏，又何尝不是12年前保罗·罗西的翻版呢？

德国队与保加利亚队的比赛，赛前的关注度并不算高，毕竟对于上届冠军来说，即便实力有所下滑，面对一个初来乍到的黑马应该没有问题。媒体都开始畅想美洲大陆的新篇章，世界杯半决赛德、意再度相逢，复刻1970年的"世纪之战"。

然而保加利亚队此番可是有备而来，其核心球员的技术水准甚至在多数德国球员之上。锋线搭档斯托伊奇科夫与科斯塔迪诺夫自然不必说，负责调度的莱切科夫拥有精细的脚法与良好的大局观，而前场攻击手巴拉科夫的活动范围很大，他的盘带突破是球队摧城拔寨的利器。

面对这样的对手，德国队显得一筹莫展，本来进入淘汰赛之后就折损了埃芬博格（因为向球迷做出不雅手势，被驱逐出了世界杯），马特乌斯甚至前推扮演中后场压舱石的角色，球队的创造力进一步被削弱。如今要跟对面的天之骄子们比拼脚下功夫，显然有些难为这些日耳曼人了。

虽说德国队的运势还不错，下半场开始依靠点球取得领先，但保加利亚队走到这里已经创造了历史，球员们没有任何思想包袱，在其后的比赛中依然全力与德国队周旋。就在比赛进行到第75分钟的时候，场上形势迎来了超级逆转。

先是斯托伊奇科夫依靠直接任意球扳平比分，仅仅3分钟过后，莱切科夫就接到队友传中头球反超，德国队一下子从人间堕入地狱，球员们连反扑的心气都没有了。你可以说这批德国队球员远不如4年前，他们止步8强也在情理之中，但面对杯赛前低调无名的保加利亚队，这样的出局方式依然令人震惊。

瑞典队与罗马尼亚队两匹黑马狭路相逢，虽说这场球关注度不算高，但比赛质量绝对上乘，双方的核心哈吉与布洛林都拿出了近乎完美的表现，拉杜乔尤与达赫林等副手也都竭尽全力。其中布洛林教科书般的反跑任意球破门，也缔造了世界杯历史上的经典瞬间。

最终双方120分钟战成2：2，只能进入残酷的点球大战。前期双方的命中率都很高，但到了最后时刻，瑞典队"门神"拉维利突然爆发。他接连扑出对手两粒点球，护送瑞典队36年之后重返世界杯4强，瑞典队有希望重现利德霍尔姆那代人的荣光。

足球的王国与落寞的身影

瑞典队半决赛的对手是巴西队，两队小组赛就曾交手，当时打成了1∶1。不过以战至此时的状态来看，巴西队几乎不可阻挡，瑞典队整体实力的差距暴露得过于明显。尽管开场之后，瑞典队的防线一直没被击穿，巴西队多次进攻都无功而返，但从场面上可以明显看出，瑞典队随时有可能被一击必杀。然而瑞典队的运气似乎格外好，哪怕下半场球队被罚下一人，直到第80分钟依然金身不破。

但你可以挡住罗马里奥一时，却抵挡不了整场比赛，就在此时身高不足1.7米的"独狼"居然高高跃起头槌破门，也正是凭借此球，巴西队时隔24年重回世界杯决赛舞台。无论从哪方面看，这似乎都是一届属于"桑巴军团"、属于罗马里奥的世界杯。

意大利队在半决赛中遇到保加利亚队，以"蓝衣军团"萎靡的态势来看，势必又要打一场消耗战。然而这次比赛再度出乎人们的预料，痛击德国队的保加利亚队，在意大利队面前突然显得不堪一击。

巴乔本场没有等到后程发力，开场不久就迅速梅开二度，还包括一粒精彩的弧线兜射破门。对于意大利队的踢法来说，两球领先基本意味着拿下胜利，保加利亚队也试图做垂死挣扎，不过除了斯托伊奇科夫的点球破门，本场再难找寻到扳平比分的机会。意大利队12年后重回世界杯决赛，等待它的则是24年前的老对手，谁能够拿下终局之战，就将成为世界杯历史上第一个四冠王。

客观来说，巴西队一路走得顺风顺水，即便遭遇抵抗也都能迅速化解，球队也没有遇到太多的减员困扰，大部分问题在开赛之前都解决了。反观意大利队，一路走来可谓磕磕绊绊，球队每前行一步，都有人预测他们会就此倒下，然而骨子里令人难以捉摸的气质，护送"蓝衣军团"抵达了最终的目的地。

为了这场决赛，意大利队也付出了惨痛的代价，塔索蒂因为在8强战肘击恩里克被停赛8场，科斯塔库塔因为累计黄牌决赛也不能上场。巴雷西刚刚做完膝盖手术，勉强出战风险很大，巴乔与多纳多尼等人也都有不同程度的伤病，赛前甚至不确定巴乔能不能站在决赛舞台上。

1994年7月17日，加利福尼亚玫瑰碗体育场，超过94000人现场观看这场决赛，可谓盛况空前。巴西队依然祭出了成熟的"442"核心班底，意大利队主帅萨基选择放手一搏，火线复出的巴雷西出现在首发名单上，巴乔的名字也赫然在列。

这场球赛双方的策略都非常明显，意大利队压根就不指望能在进攻端有所作为，球员们要做的就是稳住防线，尽量将比赛往后拖延。而巴西队则完全占据了场上的主动，试图依靠各种渗透打开缺口，利用意大利队残缺防线的漏洞制造杀机。

在大部分时间中，比赛都显得极其无

聊,意大利队的中路防线坚如磐石,巴雷西拖着伤腿依然如定海神针般不可撼动。巴西队在开场就折损了边后卫若日尼奥,尽管替补卡福的冲击力也不俗,但前场缺乏宽度,在意大利队张力十足的防线面前,显得束手无策。

在昏昏欲睡的节奏下,双方进入加时赛也在情理之中,不过到了决战的最后时刻,场面突然开阔起来,巴西队的攻势一浪高过一浪,意大利队也在巴乔的率领下开始反击,但双方都错过了一些好机会。特别是罗马里奥,面对近在咫尺的半空门机会,居然与进球擦肩而过。决定命运的时刻,最终发生在点球大战。

在当年很少有球队愿意同巴西队罚点球,毕竟他们的脚法精湛,连门将也不落下风,对手很难有什么胜算。而意大利队自始至终就是"点球巨婴",完全不谙此道,后世的里皮甚至在2006年世界杯半决赛加时赛中,派出四前锋以求在120分钟内结束比赛,而眼下保守的萨基显然没有这个魄力。

这一次的进程也没有出乎多数人的预料,前四轮战罢,意大利队丢掉两球,巴西队丢掉一球。由于意大利队率先主罚,如果第五个出场的巴乔不能将球打进,巴西队就将成为世界杯冠军。

这一天加利福尼亚的骄阳格外刺眼,足球似乎有种魔力,要被万丈光芒带向云霄。只可惜竞技之神未能选中那个忧郁无助的男人,尽管他拥有无与伦比的魅力,在球技之外也足以用魅惑众生的忧郁气质征服苍生。他面无表情地助跑,触球,球却最终飞向天空,只留下那个落寞的背影,与塔法雷尔的狂欢形成对比。如果此时巴乔的心中仍有一团火,那么全世界数以亿计的球迷,也许都难寻那一缕青烟。

巴西队24年后又一次成了世界杯冠军,在四座金杯加持之下,球队夯实了足球王国的基本盘。

从办赛的角度来看,本届美国世界杯取得了空前的成功,每场比赛的场均观众数达到了史无前例的近69000人,创造了当时的最高纪录。国际足联推行的一系列新规则收到了成效,场均进球数从1990年的2.21个增加到2.71个,暴力犯规次数及红牌数量也有了一定幅度的减少。鼓励进攻的措施深入人心,曾经席卷足坛的三中卫狂潮得到遏制,本届比赛虽有主流球队使用保守策略赢球的案例,但整体的攻击性浪潮已经不可阻挡。

从球星层面来看,一线豪门的巨星相对沉寂,令人眼前一亮的也只有罗马里奥、巴乔与博格坎普等寥寥数人。反观二、三线球队则是英才辈出,哈吉、布洛林、斯托伊奇科夫等等,都给人留下了深刻的印象。

巴西队第四次夺得世界杯冠军的同时,很多人在发问:在世界杯上什么时候可以诞生新的冠军?4年之后,就有了答案。

第十六章

1998，世纪盛宴

"外星人"罗纳尔多所经历的一切，永久改变了世界杯的历史进程，时至今日仍然是足球世界最大的谜团之一。

根据罗纳尔多后来接受英国BBC采访时的描述，决赛日当天的基本情况是比较明晰的。当天下午他本人突然开始抽搐，有3到4分钟完全失去意识，随后被紧急送到医院做了全身检查，但没有发现任何异常。他在医院一共待了3个小时左右，并且从那里直接前往圣丹尼斯的决赛场地。

——引语

■ 百家争鸣的繁荣时代

时间的魔力难以抗拒，恢宏震撼的20世纪即将走向终点，对于人类文明而言，这是何等波澜壮阔的100年，而对于从萌芽初生发展到席卷全球的世界杯来说，何尝不是如此。20世纪的最后一届世界杯由浪漫的法国举办。法国是这项赛事的光荣先驱，如今经历了半个多世纪的沧海桑田之后，"重回故里"也不失为一种对岁月的致敬。

当时间来到20世纪的最后阶段，人类迎来了空前的繁荣期，此时的世界杯盛事，更像是一次大团圆。足球作为完美的载体，寄托了众生对未来的美好希冀。

此时人们对于美丽足球的追求依然没有停下，竞技规则在不断调整，试图让比赛更具观赏性。首先值得关注的，还是推广了许久的"背后铲球禁令"，在新的世界杯周期中，"背后铲球直红"的理念被广泛传播，哪怕是曾经的球场恶汉，如今也得注意一下分寸。

其次就是换人名额的增加，从1995年开始，三个完整换人名额被引入主流比赛，这在一定程度上增加了比赛的变数，可调整空间变大也间接促进了比赛观赏性的提升。这项改变影响深远，直到新冠肺炎疫情全面暴发的2020年，三个换人名额都是足球世界的标准规则。

最后就是"金球制"的出现。"金球制"就是所谓的"突然死亡"，加时赛中只要有一方进球比赛随即结束，不给对手留下任何喘息的机会。在规则设计者看来，这会"诱惑"双方在加时赛中采取较为开放的踢法，毕竟抓住一次机会就能终结悬念。

随着时间的推移，1970年以后出生的球员逐步开始登上主流舞台，而令球迷们欣喜的是，这是有史以来球星数量最多的一代，整体成色令人惊艳。当他们茁壮成长之后，势必要为人类留下一届无与伦比的世界杯。

东道主法国队经历了长达数年的至暗时刻。以齐达内与图拉姆为首的70后巨星，逐渐接过了前辈的衣钵，成为顶天立地的核心人物。诸如维埃拉、亨利及特雷泽盖这样更为年轻的1975年以后出生的球员，也陆续在国家队找到了自己的位置。

这一阶段法国队的主帅是雅凯，雅凯的执教特点是讲究均衡，每个位置上都有可造之才，中后场的硬度尤其值得称赞。法国队此时的比赛风格类似1994年的巴西队，通过层次分明的防线限制对手的冲击，再利用创造性攻击手的天赋终结比赛。尽管"正印9号"没有极其突出的人选，但在整体环境下，似乎也不是致命的问题。

上届世界杯的亚军意大利队也迎来了人才的井喷期：锋线上的猛男维埃里是令人闻风丧胆的杀手；灵气十足的皮耶罗则被视为巴乔的接班人，甚至能在意甲联赛中与罗纳尔多分庭抗礼；跑位飘忽的因扎吉是机会主义射手的典范，甚至被称为"活在越位线上的男人"；攻击线上像托蒂这样的天才新星，在众多好手的掩映下，甚至难以获得位置。

防线层面最为突出的自然就是卡纳瓦罗与内斯塔这对绝代双骄，两人都具备了成为历史顶级后卫的潜质，前者爆发力十足，上抢、拦截与缠斗令人过目难忘，后者则用他绝佳的防守意识，以及果断精准的动作，来终结对手的各种进攻尝试。稍显遗憾的是球队中场没有涌现出大师级人物，迪比亚吉奥这种类型的球员还是以勤勉为主，无法成为持球核心。

英格兰队在度过了令人失望的几年之后，也迎来了属于青年才俊的时代，其中尤以曼联队和利物浦队的青训最有代表性。"红魔"的"92班"早已名震江湖，贝克汉姆、斯科尔斯、加里·内维尔陆续成为英格兰队的关键人物。利物浦队培养的罗比·福勒、麦克马纳曼、杰米·雷德克纳普都非常出色，未及弱冠的迈克尔·欧文，也在英超联赛中证明了自己。对于球队主帅霍德尔来说，如何利用这些技术流新星，打造一个媲美1990年世界杯阵容的"三狮军团"，是他当下要做的事情。

荷兰队的境况同样稳中向好，在拥有博格坎普、奥维马斯、德波尔兄弟等人的基础上，范加尔治下的阿贾克斯队又贡献了一大批优质人才，它连续两年杀进欧冠决赛，并且其中一次击败巅峰末期的AC米兰队拿到冠军。天才前锋克鲁伊维特、中场多面手西多夫与戴维斯、稳健"门神"范德萨，都被吸纳到了"橙衣军团"当中。相比于1994年世界杯，荷兰队在新的周期中完全具备了争冠的硬实力。

与以上几大豪门相比，德国队与西班牙队这两支传统豪门，显得与新时代格格不入。德国队的境况最为糟糕，尽管1996年欧洲杯成功问鼎，但球员老龄化的问题随着时间的推移愈发明显。球队的核心班底几乎都超过了30岁，年轻一代中没有能够独当一面的人物。

如果不是马特乌斯与主帅福格茨存在分歧，将近40岁的他甚至还能在球队中扮演关键角色。新生代中能够在球队中占据席位的，也只是像杰里梅斯这类功能型球员。显然这是一辆暮气沉沉且严重缺乏创造力的"战车"。

西班牙队的情况也好不了多少，年

轻人中只有劳尔·冈萨雷斯称得上独树一帜。劳尔确实是"斗牛士军团"难得一见的天才，仅仅20岁就跻身顶尖球星行列，他灵动的突破与犀利的射门是对手防线的噩梦。然而除此之外，西班牙队的球员，就很难再有什么惊喜了。

克罗地亚队在成立之后迅速打出成绩，主帅布拉泽维奇是当代三后卫体系的先驱，对这套打法拿捏得非常到位。球队锋线上由博克西奇和达沃·苏克搭档，两人都称得上是一线球星；中场由博班与普罗辛内斯基坐镇，水准无须赘述；防线上的比利奇与斯蒂马奇等人，也都是在欧洲足坛赫赫有名的人物。

南美区还是巴西队与阿根廷队的天下，"桑巴军团"这一阶段的人才井喷程度远超此前数年，甚至可以和贝利时期相提并论。不过在璀璨的众星之中，罗纳尔多如同皇冠上的明珠，即便放眼世界他也是当之无愧的时代第一人。

你很难想象一个弱冠少年会有如此惊为天人的禀赋，藐视众生的速度爆破、举世无双的人球结合、眼花缭乱的脚法技巧，铸就了一个独一无二的罗纳尔多。他被见多识广的英格兰名帅罗布森称为"外星人"，20岁成为世界足球先生，21岁斩获金球奖，多数人在这个年纪还对未来抱有憧憬，于他而言世界足坛早已被踩在脚下。

在罗纳尔多的阴影下，即便里瓦尔多、德尼尔森也很出众，双边卫卡洛斯与卡福同样耀眼，却都无法在聚光灯下找到属于自己的位置。令人稍显意外的是，年近古稀的老帅扎加洛重出江湖，成了这支巴西队的主教练，从贝利到罗纳尔多，这位"桑巴军团"的传奇主帅，势要捍卫属于"足球王国"的荣耀。

与巴西队相比，这一时期的阿根廷队似乎没有那么出众，但他们也有着属于自己的骄傲。以巴蒂斯图塔、奥特加、雷东多、阿亚拉、萨内蒂为首的这批球员，几乎都处在当打之年，上届世界杯他们中的部分人太过年轻，导致失去马拉多纳之后难以挑起大梁，但在经过了时间的洗礼之后，1998年正是他们迈入成熟期的完美节点。

在足球的第三世界当中，这个周期最突出的还要数"非洲雄鹰"尼日利亚队，其在上届世界杯中的发挥就令人难忘，其后又在1996年拿到了亚特兰大奥运会的男足金牌。早先稍显稚嫩的少年天才们，如今也都逐渐成熟，还补充了巴班吉达等球员，整体的战斗力较之四年前毫不逊色。当然此时中国队也值得重点关注，范志毅、马明宇、李铁与孙继海等，都是当时的栋梁之材。

盛世狂欢的开胃小菜

本届世界杯正赛名额从24支扩充到32支，这也是世界杯16年后的又一次扩军，参与球队的数量自然水涨船高，本届已经超过了170支。亚洲区被赋予了3.5个正赛名额，通过内部的比赛就能决出3个直接晋级的球队，以中国队的实力来看似乎不成问题。

然而结果依然让人失望。本届亚洲区世预赛的内部比赛分为两个阶段进行，第一阶段产生10支球队参与其后的10强赛；10强赛平均分成两个小组，每组头名直接晋级，两个小组的次名打附加赛争夺另一个直接晋级的名额。败者也不会被淘汰，还可以跟大洋洲出线的球队打洲际附加赛，争夺最终的入围门票。

中国队当时实力出众，打进10强赛自然不在话下，面对越南队这样的弱旅，只是赢几个球的问题，不会像今天一样令人提心吊胆。不过10强赛中国队的分组不太好，与沙特、伊朗、卡塔尔及科威特四支西亚球队抽到了一起，给晋级前景蒙上了一层阴影。

这次比赛最著名的自然就是所谓的"金州惨案"，这是10强赛首轮中国队主场对阵伊朗队的比赛，地点在大连的金州体育场。尽管当时伊朗队实力也很强大，坐拥阿里·戴伊、阿齐兹与巴盖里等名将，但中国队的气势丝毫不虚，凭借范志毅和李明的进球取得了2：0的领先。

然而比赛中后段中国队的思想不够统一，到底是攻是守没有一个明确的定论，这也导致了后来的崩盘。比赛后30分钟成了伊朗队表演的舞台，最终伊朗队4：2取胜实现了惊天逆转，这场球赛也成了中国队球迷永远的痛。

首战遭遇大逆转固然影响士气，但后面毕竟还有9场比赛，中国队完全有机会实现翻盘。其实后面的比赛中国队发挥并不差，取得了3场胜利不说，还差点"双杀"了最终小组头名出线的沙特队。事实上中国队最终排名小组第三，落后沙特队3分，落后伊朗队2分。

除了中国队之外，实力日渐壮大的日本队也值得一提，它收获了另一个小组的第二，并且在洲内附加赛当中，凭借冈野雅行的金球绝杀，队史上首次闯入世界杯正赛。而遭遇败北的伊朗队也没有一泻千里，随后在洲际附加赛当中奇迹般地逆转澳大利亚队，亚洲四队最终齐聚法国，也算创造了历史。

与亚洲区的风起云涌相比，一向热闹非凡的欧洲区，这次倒显得有些沉寂。几支传统强队悉数晋级，让人稍感意外的是瑞典队、葡萄牙队与捷克队的出局，作为第二梯队的核心，它们被淘汰实在是1998年世界杯正赛的损失。

瑞典队是上届世界杯的季军，这个周期中尽管当家球星布洛林因伤接近退役，但球队保留了此前的主体框架，拉尔森还有了长足的进步，但球队的发挥实在是一言难尽。在与奥地利队和苏格兰队同组的情况下，瑞典队居然只收获了第三名直接出局，连个附加赛的资格都没拿到。

1996年欧洲杯的亚军捷克队运气欠佳，它与西班牙队、南斯拉夫队同组，最终无缘正赛倒也在情理之中。即便队内涌现了内德维德、波博斯基、帕特里克·博格等一批实力派球星，还是无法扭转命运。

葡萄牙队是这个周期快速崛起的新势

力，以菲戈、鲁伊·科斯塔、库托等人为首的黄金一代，已经在1996年欧洲杯中杀进8强，他们原本希望复制1966年那代人的辉煌，没想到直接折戟预选赛。其实球队的分组相当不错，只有老迈的德国队一支传统劲旅，结果葡萄牙队居然连早已辉煌不再的乌克兰队都没逾越，最终位列小组第三惨遭淘汰。从纸面实力上说，葡萄牙队甚至在德国队之上，可实际比赛永远不是球星的简单累加。

南美洲显得波澜不惊，除了老牌劲旅乌拉圭队依然深陷困境之外，几年间表现不俗的球队，都拿到了世界杯的入场券。非洲区的喀麦隆队与尼日利亚队顺利晋级，再加上北非两强突尼斯队与摩洛哥队，非洲这4支球队值得期待。

暴风雨来临前的等待

本届杯赛扩军到32支球队之后，小组赛的赛制显得更加规整，所有球队平均分配到8个小组，每组前两名晋级16强，然后进行传统的淘汰赛直至决出冠军。相比于此前24支球队时期小组第三的不确定性，新时代的出线模式透明了许多。

东道主法国队的签运相当好，与丹麦队、南非队、沙特队同分在C组，从实力上来说"高卢雄鸡"绝对处于领先位置。主帅雅凯主打的阵形相对保守，中后场始终保持6到7人的驻扎态势，正印中锋只会首发一个人。从实际比赛的效果来看，法国队的防守基本盘确实牢固，一般水准的攻击线几乎找不到破绽。在整体协作之外，像图拉姆这样的单防高手，几乎成了对手前锋的梦魇。然而球队锋线的锐度令人担心，即便有齐达内的调度与组织，他们还是缺少能够一锤定音的人物。

吉瓦什与杜加里充其量只能算是法甲的优质射手，在俱乐部确实偶有出彩的表现，但大场面的发挥相对拙劣，把握机会的能力与顶尖人物相比相距甚远。尽管法国队前两场打进7球并实现零封，但主要依靠的还是边路突击手亨利，吉、杜二人的贡献微乎其微，还都遭遇了伤病的困扰，这显然让主帅雅凯很头疼。

更为致命的是，齐达内的暴脾气在次战沙特队时爆发了，他毫无必要地踩踏对手被红牌罚下，后面的两场比赛都无法出战。在没有"齐祖"的情况下，德约卡夫将成为球队的进攻轴心，但无论是此前还是小组末轮与丹麦队的比赛，都证明了他无法胜任领袖的位置，只能够扮演一个高级僚机。在这样的情况下，尽管法国队拿到了小组头名，未来的晋级之路还是荆棘密布的。

上届冠军巴西队的分组也相当不错，挪威队、苏格兰队与摩洛哥队，与"四星桑巴"比起来都属于鱼腩球队。扎加洛的球队确实在前两战高奏凯歌，提前锁定了小组第一，以至于末轮输给挪威队都无人在意，但通过比赛巴西队还是暴露出不少隐患。

其一就是中路进攻的创造力与罗纳

尔多的状态，本届杯赛巴西队延续了上届的"442阵形"，双后腰邓加与桑帕约仍然属于压舱石型选手，在推进与组织方面能做的相当有限，所以球队很依赖罗纳尔多的回撤策应与冲击，以及双边卫的积极前插。

但是问题在于，此时的罗纳尔多似乎身体出了问题，他的灵动性无法与前2年相提并论，即便正面持球的冲击力依然骇人，渗透传球也做得可圈可点，但如果长期关注罗纳尔多的人，会发现他的身体情况与最佳状态仍有距离。

其二就是球队的防线漏洞较大，边路的卡洛斯与卡福都是攻击欲望很强的球员，卡福勉强能做到前后均衡，卡洛斯的攻强守弱属性就相当明显了。双中卫巴亚诺与阿尔代尔看上去高大威猛，但他们的位置感存在问题，徒有身高却会在高空球处理上犯错。当进入淘汰赛之后，这些短板都很容易被对手利用。

相比之下，意大利队的小组赛之旅充满了挑战性，智利队、喀麦隆队与奥地利队虽然算不上传统劲旅，在自己的区域也算是一方诸侯了。老马尔蒂尼摒弃了萨基主张的平行区域体系，恢复了老式的盯人防守，在阵形上也有复古的趋势。

在全员齐整的情况下，马尔蒂尼、科斯塔库塔、内斯塔与卡纳瓦罗看上去组成了四后卫体系，但从实际站位来看，马尔蒂尼继承了意大利队左后卫前倾的光荣传统，基本处在一个中场的位置，右边的卡纳瓦罗则相对内收靠近中路，同侧的边前卫（诸如莫雷罗）会时常扮演回击手的角色，给防线减轻压力。

这种模式与1982年贝阿尔佐特治下的意大利队颇为相似，而且在内斯塔受伤之后，老马尔蒂尼甚至派上了34岁的贝尔戈米顶替他，这已经不是精神传承了，似乎是一种穿越时空的灵魂交接。每支传统劲旅都会有自身的特质，绵延数十年经久不衰。

与防线相比，中前场倒是更符合现代足球理念，维埃里是当仁不让的主力射手，"九号半"的位置由巴乔或者皮耶罗担纲，尽管主帅更偏向后者，但伤病影响了皮耶罗的状态，巴乔在初期还是获得了首发位置。球队在中场云集了一批工兵，比如迪比亚吉奥和迪诺·巴乔，这样的中场缺乏创造力。

由于本组球队实力较强，意大利队的征程显得较为艰难，最终跌跌撞撞地拿下小组第一。特别是面对智利队的比赛时，身高均不足1.8米的"双萨"（萨莫拉诺与萨拉斯），居然能够强行力压内斯塔与卡纳瓦罗，让两位初出茅庐的中卫颜面尽失。球队攻击端能倚仗的还是巴乔，他在前场提供的传球，能够帮助队友更好地发挥，其他人不具备这种拨云见日的能力。

后期皮耶罗被提上首发之后，球队的进攻显得更加举步维艰，面对奥地利队甚至还要靠巴乔替补来救场，老马尔蒂尼对皮耶罗的无限信任也招致了许多非议。他尽管在之前的赛季与罗纳尔多并称"双骄"，但从此时的发挥来看很难成为主力。

英格兰队与意大利队的情况类似，主帅霍德尔坐拥多位高潜力新人，但是在排兵布阵上举棋不定。最初他坚持让贝克汉姆与欧文打替补，更信任谢林汉姆、安德顿与斯科尔斯这样勤勤恳恳的球员。然而足球是天赋主宰一切的竞技运动，勤勉的庸才无法让球队走得更远，英格兰队甚至被日暮西山的罗马尼亚队逼入了相当被动的境地。

结果还是保罗·因斯的受伤改变了比赛进程，霍德尔派上贝克汉姆顶替他踢后腰，效果算是立竿见影。小贝出场之后，他出众的调度激活了球队的锋线，精准的传球往往能在禁区内制造杀机，这种灵性在多数英格兰球员身上是见不到的。

在球队0∶1落后迟迟无法扳平比分的情况下，霍德尔又换上了18岁的小将欧文，他在出场之后与小贝相得益彰，两人撑起了英格兰队的整条攻击线。后来也正是欧文的门前抢点扳平了比分，尽管勒索克斯的失误让球队吞下了被绝杀的苦果，但主帅霍德尔终于确立了一套即战力出众的主力阵容。

在"352阵形"的框架下，原本的右翼卫安德顿继续保留，贝克汉姆顶替大卫·巴蒂踢后腰，伤愈复出的因斯与他搭档。欧文则顶替谢林汉姆成为主力，这可能是既有班底能组建的最强阵容。

小组赛最后一战与哥伦比亚队的比赛，英格兰队2∶0战胜对手，贝克汉姆在第29分钟主罚任意球破门，这是"圆月弯刀"第一次在世界大赛向世人展示，这也是贝克汉姆为英格兰队打进的第一球，此球奠定了贝克汉姆在英格兰队的地位。然而属于贝克汉姆的这届世界杯的故事，却在后面变成了悲情走向。

阿根廷队小组赛的征程算是苦中作乐，拿下日本队不算轻松，即便5∶0击溃牙买加队，也是依靠对手拿到红牌后才占据绝对优势，但毕竟结果是好的。而且帕萨雷拉的球队非常有特色，阿根廷队的阵形收得相当窄，中场中路云集了奥特加、贝隆与克劳迪奥·洛佩斯等技术流球员，他们主打灵活的中路小组配合，通过不断的跑位与渗透制造机会，在自身收割数据的同时，也能帮助中锋巴蒂上演帽子戏法。

同组中的克罗地亚队则显得相当稳健，虽然开赛前损失了主力前锋博克西奇，但球队依然顺利搞定了实力相对较弱的两个对手，与阿根廷队携手晋级。尽管在2年前的欧洲杯克罗地亚队就有令人惊艳的发挥，但此时却显得较为低调，毕竟拿下新军日本队都很艰难的"格子军团"（克罗地亚队昵称），无法成为舆论的宠儿。

德国队的发挥就一言难尽了，其饱受青黄不接的影响，球队半数主力都是30多岁的老将，一定程度上还得倚仗老将马特乌斯出场，在与南斯拉夫队的比赛中，球队的短板暴露非常明显。

南斯拉夫队的脚下技术非常出色，德国队面对斯托伊科维奇、斯坦科维奇与米亚托维奇等球员的时候，几乎处于完全被压制的状态。德国队秉持那种硬桥硬马的力量型踢法，但年龄的增大与判罚的严苛让老迈的"德意志战车"无所适从，不到一个小时就0∶2落后，看上去一场完败在所难免。

好在南斯拉夫队的耐受力相对一般，德国队的精神力量在最后时刻发挥了作用，球员们依靠高举高打扳平比分，比埃尔霍夫的头球又一次决定了比赛。然而这场球赛足以显露德国队的颓势，即便搞定了伊朗队与美国队，但小组出线之后注定举步维艰。

赛前情况相对乐观的西班牙队，则让球迷们大跌眼镜，自视为欧洲拉丁派的代表，在遇到"非洲雄鹰"尼日利亚队的时候，可谓原形毕露。这支"斗牛士军团"脚下技术固然不错，但比赛方式缺乏侵略性，中场的推进与渗透能力欠佳，面对像奥科查这样的大师，明显落于下风。

尽管西班牙队拥有劳尔这样的超新星，而且劳尔也确实收获了进球，但苏比萨雷塔的失误与奥利塞赫的超级世界波，如同命中注定的审判，将短板明显的西班牙队与昏聩无能的主帅克莱门特推入深渊。在被顽强的巴拉圭队逼平之后，西班牙队尽管6∶1大胜保加利亚队，也无法挽回小组出局的事实。

荷兰队的晋级情况相对平稳，尽管克鲁伊维特首战的红牌影响不小，但科库代打前锋的效果完全可以接受。即便比利时队与墨西哥队给"橙衣军团"带来了不小的挑战，但荷兰队还是顺利地以小组头名的身份出线。

层出不穷的魅力瞬间

16强当中最受瞩目的自然是阿根廷队与英格兰队的巅峰对决，两队的比赛从不缺少故事与火药味，这次"三狮军团"因为小组赛意外输给罗马尼亚队屈居第二，便与多年的死敌阿根廷队过早地碰面了。从赛前的实力对垒来看，双方阵容都处于鼎盛期，看上去会奉献一场不错的比赛。

然而实际情况还是超过了最乐观的预期，两队一开场就显得活力十足，欧文与奥特加这样天赋溢出的年轻攻击手，总让人感叹造物主的慷慨。十分钟的针锋相对之后，两边各打进一个点球，英格兰队的进攻套路更加立体化，阿根廷队则依然坚持中路渗透。

随后的一段时间，贝克汉姆与欧文站了出来，两人的一次精妙连线撕开了对手的防线，18岁的"追风少年"展现了震古烁今的速度与冲击力，他在接到贝克汉姆传球之后驭风前行，查莫特与阿亚拉都无法阻挡他飞驰的脚步，一脚劲射过后门将罗阿只能望"球"兴叹。这粒进球让欧文真正地从英格兰走向了全世界，绝世天才的未来不可限量。

不过阿根廷队显然也是有备而来，英格兰队防线相当扎实，运动战很难打开局面，球员们就在定位球上找到了突破口。上半场结束之前，贝隆与萨内蒂几乎复刻了四年前瑞典队的传奇任意球配合，萨内蒂反跑之后的绝妙进球，自然成了世界杯历史上的经典瞬间。

如果评选世界杯历史上最精彩的半场，英、阿此战具备很强的竞争力，然而美好总是转瞬即逝，简单的意外就能终结大众对于未来的期许。下半场刚开始，贝克汉姆就因为小动作报复西蒙尼被红牌直接罚下，比赛的天平自然倾斜了。

原本双方就是针尖对麦芒的较量，人数上的区别自然是颠覆性的，而贝克汉姆又是英格兰队中场唯一具有创造力的球星，他的下场等于球队"自废武功"，只能用消极的防守策略来应付剩下的比赛。在其后的很长时间内，坎贝尔、亚当斯、加里·内维尔等人确实扛住了压力，在对手的连环冲击下镇定自若，力保球门不失。

这里需要强调的是，本场阿根廷队神锋巴蒂状态不佳，英格兰队又显得众志成城，连希勒都时常深度回撤，几乎成了临时后卫，这样的决心在过往的"三狮军团"身上并不多见。他们甚至利用角球机会再度破门，只可惜希勒冲撞门将犯规在先，不然他们真的有可能创造奇迹。

最终比赛被拖到了点球大战，英格兰队最不擅长此道，2年前的本土欧洲杯刚刚经历了一次梦魇（半决赛点球大战不敌德国队），此番出战看上去底气不足。结果自然是英格兰队败了，但这次输球不光是因为所谓的悲剧传统，主帅的选人也存在一定问题，让大卫·巴蒂这种球员主罚生死球值得商榷。"三狮军团"与十二码相生相克，在法兰西的夏夜依旧难逃宿命的轮回。

原本被视为新一代偶像的贝克汉姆，因为红牌与这场球的失利，瞬间成了全民公敌，他的职业生涯遭遇了重大打击。未来的救赎之路极为漫长，甚至耗费了他职业生涯最好的几年时光。

除此之外，另一场值得关注的比赛，就是荷兰队与南斯拉夫队的较量。这是一场技术水准较高的对决，虽说"橙衣军团"实力上还是占据优势，但实际的比赛情况出乎了不少人的预料。

荷兰队的开局其实不错，博格坎普在上半场就帮助球队首开纪录，但是下半场伊始形势急转直下。南斯拉夫队先是利用高球扳平了比分，随后状态飘忽的斯塔姆又送给对手一个点球，幸亏这球没有打进，不然荷兰队就会陷入极端被动。

按照纸面情况来看，斯塔姆与弗兰克·德波尔的中卫搭档堪称完美，但本届比赛队长德波尔发挥出色，斯塔姆却经常有走神和低级失误，这实在对不起他世界最贵中卫的名头。在这一连串的波折之后，"橙衣军团"最终凭借戴维斯终场前的远射完成绝杀。如果不是这位全能中场的灵光闪现，荷兰队就算能够通过后续比赛晋级，体力和战斗力也会大打折扣。

其他几场比赛整体都在预料之中，法国队、巴西队、意大利队与德国队悉数晋级，但难度各不相同。法国队和德国队最为艰难，前者依靠中卫布兰科的进球绝杀，后者还是依赖高球轰炸实现逆转，两队的攻击力都难以服众。

16强中最令人意外的比赛，反而是关注度较低的丹麦队与尼日利亚队的对决，原本"非洲雄鹰"被寄予厚望，但他们却被劳德鲁普兄弟及桑德等人打了个措手不及，各种闪击令人目不暇接，最后北欧劲旅4：1大胜对手，队史上首次闯进世界杯8强。

8强之后的强强对话备受关注，特别是法国队与意大利队、荷兰队与阿根廷队这两组对决。东道主法国队的最大利好是齐达内解禁复出，球队终于迎回了组织核心；意大利队则是摆出了死守的架势，中场工兵倾巢而出，阿尔贝蒂尼这种文艺选手都被安排在了替补席上。

这场球赛法国队的策略也比较保守，撤下了亨利摆出了三后腰与"蓝衣军团"抗衡，不过佩蒂特、卡伦布、德尚和德约卡夫这几名球员，各自都有一定的技术水准，在齐达内全面的调度与策应之下，他们扮演功能型球员还是绰绰有余的。

本场比赛的常规时间，足以体现齐达内为何是世界第一中场，他从容的发挥让法国队运转得极其丝滑，个人的盘带、摆脱与各种神来之笔的处理球，对球迷们来说是无与伦比的享受。哪怕对手的压迫力再强，他都能从容不迫地组织进攻，对手最缺少的就是这种球员，在皮耶罗几乎隐身的情况下，意大利队始终处于被动挨打的状态。

不过抗击打能力强是"蓝衣军团"的老传统，球员们硬是撑到了加时赛，并且依靠阿尔贝蒂尼的调度与巴乔的突击制造威胁，这两名替补算是主帅老马尔蒂尼的后手，事实证明他的用人真是非常巧妙。在加时赛当中，两人就不止一次制造威胁，阿尔贝蒂尼甚至给巴乔送出了一个绝妙的身后球，只可惜"忧郁王子"的射门差之毫厘，再接近几厘米他就会让亚平宁半岛陷入狂欢，让香榭丽舍大街一片死寂。

只可惜一切都没有发生，双方120分钟内互交白卷，巴乔连续第三次在世界杯上迎来点球大战。这一次他克服心魔，第一个出场稳稳命中，然而迪比亚吉奥的横梁葬送了全队的努力。有时候真的会感叹，命运为何对他如此残忍，即便人生之变数就像罚点球，也不该总是如此。

荷兰队与阿根廷队的比赛更精彩一些，"橙衣军团"此战迎回了克鲁伊维特，但奥维马斯的因伤缺阵还是影响了球队的战斗力，"万能补丁"科库又要扮演新的角色。不过荷兰队的进攻依然打得有声有色，前场几人组的绝妙配合，帮助解禁复出的克鲁伊维特找回了自信，即便阿根廷队的洛佩斯通过反越位迅速追平比分，荷兰队依然掌握着比赛的主动权。

从根本上来讲，荷兰队之前比阿根廷队消耗要小，加上战术打法更为丰富，在这种时候就呈现出全面压制的状态。下半场荷兰队完全占据了主动，奥维马斯甚至带伤替补登场，就希望在90分钟内解决战斗，荷兰队的气势看上去不可阻挡。

然而就在局面大好的情况下，荷兰队的左后卫纽曼却因为不冷静的行为被红牌罚下场，比赛的天平瞬间倾斜向另一方。此时"潘帕斯雄鹰"即便无法全力反扑，起码不用被动挨打了，双方就这样你来我往地打起拉锯战，最后大概率又要通过点球决定命运了。

不过暴脾气的奥特加再度扭转了比赛的进程，他毫无必要地顶撞范德萨被罚下，又让双方人数回到了同一起跑线上。此时距离比赛结束只剩下几分钟，看上去两边要在加时赛重新布局，以新的思路终结对手。

然而就在读秒阶段，荷兰队队长弗兰克·德波尔后场起球，前场右翼的博格坎普用一个妙的停球化繁为简，顺势又扣过了阿根廷队的中卫阿亚拉，随后一脚劲射完成绝杀。此球的惊艳程度无与伦比，堪称世界杯历史上艺术水准最高的进球之一。这是真正的"冰王子"，这也是最好的"冰王子"。

对于德国队与克罗地亚队的这场球赛，后世的误读比较明显，"格子军团"3球完胜，被视为德国队老一代球员的溃败，但实际情况完全不是如此。本场比赛德国队开场踢得极其出色，可以算是本届之最，克罗地亚队本身策略就偏保守，加上博班有伤在身，普罗辛内斯基早已枯坐板凳，球队的中场控制力不足。

德国队自始至终压制着克罗地亚队，尽管德国队的技术粗糙，更多选择简单直接的方式威胁球门，但克罗地亚队也没有打出高效的反击。只不过德国队中卫沃恩斯在比赛第40分钟意外吃到红牌下场，贾尔尼顺势远射先下一城，这才让德国队开场建立的优势化为灰烬。

即便是到了下半场，少一人的德国队也打得积极主动，主帅福格茨甚至祭出了搏命阵形，同时派上了克林斯曼、比埃尔霍夫、基尔斯滕与奥拉夫·马绍尔四名高龄中锋，试图挽回球队的尊严。

尽管这一策略未能奏效，最后时刻被克罗地亚队再进两球，但这场球绝对算不上完败，甚至是本届杯赛敢打敢拼的代表作。只可惜时至今日，老迈的德国队确实已经退化殆尽，最后时刻的四中锋年龄之和超过130岁，没有一个中生代球员能够挑大梁，不然以克罗地亚队的实际发挥根本不足以打进半决赛。

巴西队与丹麦队的比赛，原本被认为是一边倒的对垒，然而"桑巴军团"的防线接连犯错，开场的走神和卡洛斯华而不实的倒钩解围失误，差点让巴西队付出了惨痛的代价。好在里瓦尔多本场爆发，他的梅开二度帮助球队3∶2艰难逆转，拿到了宝贵的4强席位，也成了夺冠呼声最高的球队。

■ 撕破长空的"高卢雄鸡"

半决赛荷兰队与巴西队狭路相逢，两队把防区都扩得很大，荷兰队是想阻止罗纳尔多正面拿球后冲击禁区，巴西队自然也忌惮博格坎普的神来之笔与克鲁伊维特的全面打击。所以双方都只能通过对手偶尔的漏洞寻找机会，在这种情况下想打开局面难上加难，甚至很长时间才能形成一次威胁。

直到下半场刚开始，罗纳尔多才终于

甩开了荷兰队防线的纠缠，他利用高速斜插摆脱了对方后卫，接到里瓦尔多的传球顺势破门，此球很有可能决定比赛的胜负。随后荷兰队主要依靠克鲁伊维特的高空轰炸制造威胁，作为"六边形战士"般的青年才俊，克鲁伊维特的基本功非常扎实，不愧为18岁就能决定欧冠冠军的人物。

也正是在比赛结束前三分钟，他接到队友的右路起球高高跃起，将球狠狠砸进了塔法雷尔把守的大门。这场拉锯战被拖入了加时赛，可以想见会是怎样的焦灼场面，尽管带伤坚持了多场比赛的罗纳尔多还能狂奔50多米肆虐防线，但坚挺的队长德波尔和回光返照的斯塔姆还是将比赛拖入了点球大战。

在当年很少有人愿意与巴西队在十二码前交战，毕竟其球员人均脚法出众，门将也能达到平均水准，这种时候胜率很高。这一次也不例外，荷兰队前期的水准其实还可以，但巴西队"门神"塔费雷尔令人惊艳的两连扑，终结了"橙衣军团"的决赛梦想。巴西队连续第二届闯进了世界杯决赛，复刻了贝利时代的辉煌。

法国队与克罗地亚队的较量，则显得更加沉闷，两队的比赛方式显而易见，中后场堆人收缩防区，主动进攻的欲望很低。克罗地亚队的中场水准也没法跟法国队相提并论，仅靠阿萨诺维奇苦苦支撑，显然不足以应付齐达内与三后腰的组合。

不过这场球的进程倒是与巴、荷之战类似，下半场刚开始达沃·苏克就利用反越位帮助克罗地亚队取得领先。然而还没

等他们庆祝完，图拉姆就在前场抢断后与队友配合完成破门，这是他为国出战近40场后的首粒入球，可以说是铁树开花。

两边的一波流并没有改变比赛的大趋势，双方不可能在这么重要的场合拿出激进的策略，毕竟谁都想进军世界杯决赛，哪怕把生死交给点球，也比冒失的落败更能让人接受。**不过克罗地亚队失算了，状态火热的图拉姆本场势不可当，比赛进行到第70分钟，他又在前场突然开火，一脚逆足弧线球打得对方门将措手不及，他用人生中最高光的一场球赛护送法国队登临最高舞台。**

稍显遗憾的是，法国队的中卫布兰科因为一个不冷静的犯规动作，本场比赛吃到红牌导致决赛不能出场。对于"高卢雄鸡"来说，这是巨大的损失。而之于遗憾回家的"格子军团"而言，它本届比赛的发挥已经足够优秀，即便在场面上谈不上多出彩，但在成绩上却让过去的南斯拉夫队都望尘莫及。

从赛前的舆论来看，巴西队还是占据上风的，尽管其整体性相对一般，球员都喜欢卖弄个人的脚下技术。但法国队孱弱的锋线还是令人难以高看，吉瓦什已经证明了他不是合格的人选，小将亨利与特雷泽盖也很难在重要场合挑起大梁。

然而这些纸上谈兵的分析，在决赛日下午来临之时变得毫无意义，"外星人"罗纳尔多所经历的一切，永久改变了世界杯的历史进程，时至今日仍然是足球世界最大的谜团之一。

根据罗纳尔多后来接受英国BBC采访

时的描述，决赛日当天的基本情况是比较明晰的。当天下午他本人突然开始抽搐，有3到4分钟完全失去意识，随后被紧急送到医院做了全身检查，但没有发现任何异常。他在医院一共待了3个小时左右，并且从那里直接前往圣丹尼斯的决赛场地。

由于罗纳尔多的情况不明，巴西队公布的首发名单中用埃德蒙多顶替了罗纳尔多。不过根据罗纳尔多自己的回忆，他后来在电话中哀求主帅扎加洛让他上场，并表示自己完全没有问题，可以应付这样高强度的比赛，最后扎加洛临时决定让他首发出场。

客观的事实大抵就是如此，但有两种潜在的可能性，其一是罗纳尔多在刻意隐瞒情况，比如他在决赛日之前做了一些难以启齿的事情，最终导致突发抽搐。其二是他的心理压力过大，难以承受外界的压力，才会突然出现生理上的剧烈反应。

但无论是哪种情况，都无法改变一个事实，那就是他决赛全场如同梦游，巴西队整体也处在魂不守舍的状态。整届杯赛都没进球的齐达内，居然在决赛中利用并不擅长的头球梅开二度，只能说是命运的安排。

关于这场球的细节无须赘述，1998年7月12日的圣丹尼斯法兰西大球场，注定属于上天眷顾的东道主法国队。尽管过程显得离奇曲折，但法国队的实力配得上这个冠军，而罗纳尔多与巴西队所经历的一切，早已超过了比赛本身的范畴。当竞技之神决定抛弃旧主另立新王的时候，人间众生只能平静地接受安排。

经此一役，齐达内终于一跃成为现象级的顶尖巨星，也为他后来加冕欧足联50年最佳球员打下了坚实的基础。他并不迷人的外表，稍显颓废的气质，都无法阻止热爱足球的人被他的才华折服。

从赛事承办的角度来看，本届世界杯的情况令人满意，相比于1982年扩军后西班牙的表现，法兰西人民用他们的热忱和努力，交上了一份远胜于前人的答卷。

从竞技水准上来看，本届赛事可以说竞争力最佳，1970年以后出生的巨星们百花齐放，为球迷们奉献了无与伦比的演出。尽管在规则进一步放宽之后，场均进球数2.67个还不及上届，但整体的比赛成色有了明显飞跃，豪门之间的碰撞造就了多场名局，成为一代球迷的群体回忆。

球星层面更是无须赘言，这是属于球星们的盛世狂欢，齐达内、罗纳尔多、达沃·苏克、博格坎普、欧文、贝克汉姆、劳尔、巴蒂斯图塔、劳德鲁普兄弟等等名字，早已成为足球历史的一部分。用"百家争鸣"来形容此等绿茵团圆，都显得有些苍白无力。

法兰西的盛夏留给球迷的热情无法褪去。随着时间的推移，球迷的目光将聚焦在亚洲大陆，韩日世界杯即将到来。

第十七章

2002，冷风与黑暗

其次是加时赛上半场，华金与莫伦特斯的绝杀连线，从慢动作回放录像可以清晰看出，华金在右路下底传中的时候，球的正投影显然没有完全越过底线，在空中的轨迹也是内收的，所以莫伦特斯的抢点进球应该有效。这次判决是赤裸裸的抢劫，也成了世界杯历史上最为黑暗的时刻之一。

——引语

▨ 平稳中的暗流涌动

整个20世纪的16届世界杯,无一例外都在欧洲和美洲举行,随着时间的推移,其他大洲球队的参与度越来越高,其在世界杯的影响力与日俱增,因此21世纪的首届世界杯的举办地来到了亚洲。韩国与日本一起成为2002年世界杯的东道主,在1996年拿到主办权的时候,日本队甚至从未参加过一次世界杯,韩国队虽然常年参赛,但仍然难求一胜。

韩国队的觉醒相对较早,在1954年就曾打进世界杯正赛,成为战后亚洲足坛的排头兵。随着韩国经济的快速发展,足球似乎显得没那么重要,所以在此后很长一段时间内,亚洲足坛长期被西亚球队统治,"太极虎"甚至超过30年无缘世界杯正赛。但在社会积累了可观的财富之后,节奏放缓的韩国开始重新审视足球的价值。1983年韩国开启了国内的职业联赛,在那段时间先后涌现了车范根、许丁茂、金铸成等著名球星,韩国队也在1986年重回世界杯的舞台,并且自那之后从未缺席。韩国队在1994年世界杯的发挥给球迷留下了深刻的印象,按照这样的节奏发展下去,当世界杯在本土举办的时候,"太极虎"将成为诸多强队都不愿交手的队伍。

与韩国相比,日本在足球方面欠缺底蕴,在20世纪70至80年代实现经济腾飞之后,日本人才真正开始考量足球的价值,尽管自身足球水平有限,且青训的道路极为漫长,但他们还是选择扎实地走好每一步。与此同时,日本积极地改善国内的足球环境,1980年丰田公司出钱赞助了风雨飘摇的洲际杯,将每年欧冠冠军与南美解放者杯冠军的超级对决,放到了日本国内举办;诸如《足球小将》这样的现象级动漫作品,也催生了一大批热爱足球的少年。当时间来到1993年,日本终于开启了自己的职业联赛,并且砸重金力邀知名球星与教练加盟,这与2010年之后的中国足球超级联赛有不少相似的地方。

在世纪之交的节点上,日本队已经成为亚洲足坛的劲旅,它拿过亚洲杯的冠军,还在1998年首次闯进世界杯正赛,并且在对垒阿根廷队、克罗地亚队的比赛中给世人留下深刻的印象。诸如中田英寿这样才华横溢的球星的出现，同样令人激动不已。可以说日本队已经做好了万全准备，静待世界杯的到来。

在这个周期内，足球的竞技规则并未像之前一样发生大的变动。从传统势力的格局来看，几年间也没有什么翻天覆地的变化。法国队是当时的头号夺冠热门，它在本土世界杯夺冠之后，又在2000年欧洲杯上成功加冕，是首支实现这一壮举（世界杯夺冠后又拿下欧洲杯冠军）的球队。虽说球队的核心班底还是1998年世界杯的原班人马，但随着亨利、维埃拉与特雷泽盖等人的成熟，中前场显得更加饱满，在齐达内的统帅下，大有2002年世界杯继续夺冠的势头。

唯一令人担心的就是球队防线的老龄化问题，图拉姆、德塞利、勒伯夫、利扎拉祖与门将巴特兹等等，到了韩日世界杯开始的时候，都是年过而立的老臣。如果遇到活力十足且冲击力强的球队，就会存在一定的隐患。

英格兰队的整体情况变化也不大，曼联队的"92班"全面迈入成熟期，贝克汉姆、斯科尔斯、加里·内维尔都是"三狮军团"极其倚仗的人物，哪怕是尼基·巴特与菲利普·内维尔这样相对边缘的角色，也都能找到属于自己的位置。较为可惜的是，与他们同期的几名利物浦队天才都有早衰的趋势，罗比·福勒、麦克马纳曼与杰米·雷德克纳普要么遭遇伤病侵袭，要么状态下滑较快，反倒是最为年轻的欧文，成为相对耀眼的人物。

值得一提的是，英格兰队的中后场有不少新人崭露头角，比如20岁就参加欧洲杯的史蒂文·杰拉德、迅速蹿红的左后卫阿什利·科尔和中卫里奥·费迪南德，尽管他们尚处在弱冠之年，但在埃里克森治下的英格兰队站稳脚跟，看起来是顺理成章的事。

意大利队依然延续了"铜头铁脚豆腐腰"的架构，攻击线上的人才可谓取之不尽、用之不竭，维埃里、托蒂、菲利普·因扎吉、皮耶罗都是当时意甲的顶尖人物，哪怕像蒙特拉、德尔韦奇奥、恩里克·基耶萨这样的二线梯队球员，放在别的国家队也能获得一席之地。尽管他们中的有些人受到各种情况的困扰，但组建一套征战世界杯的豪华班底不成问题。

防线上卡纳瓦罗、内斯塔都处在巅峰时代，像尤里亚诺与马特拉齐这样的实力派只能枯坐板凳。门将位置更是出现了布冯这样的绝世天才，他在20岁出头的年纪就成为"蓝衣军团"的定海神针，人们纷纷猜测他有希望成为迪诺·佐夫那样的图腾式人物。

稍显遗憾的就是中场缺乏创造型人才，能倚仗的还是上届就有不错发挥的迪比亚吉奥，但他只是一个偏硬派的全能选手，无法达到豪门组织者的标准。不过除他之外，像托马西、加图索和老将迪利维奥等人，都是实打实的工兵，在保守派老帅特拉帕托尼治下，"蓝衣军团"的战术理念跃然纸上。

德国队的情况依然不容乐观，上届世

界杯平均年龄超过30岁的德国队，在随后的欧洲杯上依然要依赖年过40岁的马特乌斯。几年间虽有巴拉克、戴斯勒、克洛泽、梅策尔德这样的新人涌现，但考虑到球队整体的人员架构，想重现往昔的辉煌似乎还有很长的路要走。

荷兰队在2000年欧洲杯之后失去了博格坎普，已经全面过渡到1970年后出生的球员打头阵的时代。从人员配置上来看，荷兰队依然处于全盛时期，均衡的三条线给人无限的遐想，这是最适合冲击大赛冠军的阵容，2000年欧洲杯遭遇点球梦魇，接下来的世界杯自然是这代球员完成救赎的最好舞台。

西班牙队几年间完成了一定程度的换血，20世纪90年代的部分老臣逐渐淡出，建立了以劳尔为绝对核心的新班底。在新帅卡马乔治下，"斗牛士军团"的班底不再倚仗皇马和巴萨两队，像拉科鲁尼亚、瓦伦西亚等球队也贡献了不少即战力，但是从硬实力上来看，与顶级的球队还有差距。

南美区的巴西队这一阶段的情况令人担忧，其关键成员也是"前朝"老面孔，罗纳尔多、里瓦尔多、卡福与卡洛斯等人还是球队最为倚仗的人物。而令人痛心的是，法国世界杯之后，罗纳尔多接连遭遇两次足以终结职业生涯的伤病，从病榻上爬起来用了2年的时间，他的水准似乎再也恢复不到从前了。

唯一令人欣喜的是罗纳尔迪尼奥的显露，他是最为典型的巴西球员，充满想象力的动作、无拘无束的天赋挥洒，将艺术性与实用性完美结合，被普遍视为足球王国未来的核心人物。然而刚及弱冠的他，还需要在几位"大哥"的庇护下成长，在即将到来的韩日世界杯上，他显然还不能成为独挑大梁的人物。

阿根廷队这一阶段变化不小，倒不是体现在阵容班底上，而是它的新主帅贝尔萨。这是一位显赫世家出身的理想主义者，通过不断的学习与实践，打造出了一套他认为超越时代的压迫体系，称得上是当代足球的鼻祖级人物。日后的瓜迪奥拉、克洛普、波切蒂诺等人，多少都从贝尔萨身上汲取了某种养分，他也被普遍认为是过去30年对足球世界影响最大的南美人。

你很难想象多年来以潇洒球风著称的阿根廷队，开始主打令人窒息的压迫式足球，在"全民皆兵"的要求下，年过30岁的"战神"巴蒂甚至都在对方半场通过不间断的跑动给持球人施压。有些理念如今看起来稀松平常，但在运动科学水准尚显落后的20年前，贝尔萨的创举令人瞠目结舌，他也因此被人称为"疯子教练"。

没有人知道他带队的上限有多高，但在后马拉多纳时代，"潘帕斯雄鹰"最需要的就是重温旧梦。他们不缺少天才球员，需要的是能够带领他们通往冠军之路的人，贝尔萨肩负着重担。

在韩日世界杯之前，国际足联内部爆发了严重的权力斗争，尽管看上去只是高层之间的互相博弈，但在很多细分问题上都有着深远的影响。其中最为关键的，就是这次权力斗争影响了当届世界杯的裁判安排，这为2002年世

界杯埋下了不好的伏笔。

当时足球圈参与斗争的两位"大佬",就是时任国际足联主席布拉特和时任欧足联主席约翰松。在1998年前任国际足联主席阿维兰热退位的时候,布拉特与约翰松都对这个位置觊觎已久,最终脱颖而出的是布拉特,约翰松自然就成了反对派。

2002年世界杯之前,国际足联进行了新一轮的主席选举,布拉特连任成功,看似大权在握扫除了一切竞争对手,但站在高处从来不是这么简单的事情。其一是约翰松依然在暗处与他作对,其二是布拉特当初的一些许诺没有兑现,惹怒了另外几位足坛权贵,其中包括了时任国际足联秘书长鲁菲南,以及亚足联的主事人郑梦准和非洲足联的当家人物哈亚图。

大家都是布拉特的敌人,自然就走到了一起,他们"抱团取暖"伺机扳倒布拉特。不过世界杯期间,国际足联内部很难发生影响大局的人事变动,但"反布"集团把裁判问题作为突破口,试图让布拉特难堪。

当时国际足联主管裁判工作的,是土耳其人埃尔克齐,他是约翰松的盟友,自然也是"反布"派的得力干将。他要做的就是在世界杯比赛期间,通过裁判的安排打压支持布拉特的一些足协及其背后的国家队,其中尤为值得注意的是,意大利与西班牙两国的足协,都算是布拉特的盟友。一场暗流,开始涌动。

中国足球创造历史

在其他地区之中,这一阶段倒显得有些沉寂,没有了20世纪90年代那种如火如荼的趋势。这里值得称赞的是中国队,在经历了1998年世预赛的惜败之后,球队在不断的打磨中稳步前行,似乎变得越来越有希望。尽管新晋主帅米卢蒂诺维奇饱受质疑,但以他过往辉煌的履历来看(带领4支不同球队参加世界杯正赛),似乎能成为帮助中国队实现梦想的那个人。

作为一个中国队球迷,每当提起2002年世预赛,我总是目光如炬且异常激动。2001年10月7日晚上所有球迷的关注点都汇聚到了沈阳五里河体育场。就在那一天,"我们出线了"。

本届世预赛由于韩、日两队是东道主,所以国际足联方面对亚洲有所照顾,还给剩下的球队留了2.5个参赛名额。当时的中国队尽管实力比起1998年前后的全盛时期有所下降,但在两大劲敌直接出线的情况下,中国队最终入围的概率还是很大的。

更为重要的是,在第一阶段突围之后,中国队在第二阶段的"10强赛"抽签中,占据了天然的优势。时任亚足联副主席兼竞赛委员会副主席张吉龙,制定了一套对中国队非常有利的抽签准则,帮助中国队避开了伊朗队与沙特队两大西亚豪强,与卡塔尔队、阿联酋队、乌兹别克斯坦队、阿曼队同在一组。尽管在今天看来这几支球队都不好打,但以当时中国队的实力来看，拿下小组第一直通世界杯是相对容易的事情。

结果不出所料，中国队从首战开始就势如破竹，中间除去客战卡塔尔队陷入困境之外，其余比赛都顺利拿下。最终，2001年10月7日的沈阳五里河体育场，成为"终局之战"的舞台。只要在主场拿下弱旅阿曼队，中国队就将提前两轮突围成功。

后来我们记住的，自然是于根伟的一剑封喉，那可能是中国足球历史上最重要的一球。当终场哨声响起，中央电视台转播屏幕上赫然闪烁的"我们出线了"，倾诉了几代球迷的梦想。44年的等待就为了这一刻，那一夜是真正的全民狂欢，也成为所有亲历者的群体回忆。

当然本届世预赛欧洲区和南美区都出现了一些波澜，为中国队欢庆之余，我们依然有必要关注一下外面的世界。欧洲区最令人吃惊的，自然就是荷兰队惨遭淘汰，尽管它与葡萄牙队、爱尔兰队分在一组，出线稍显困难，但"橙衣军团"没有任何理由败下阵来。

葡萄牙队黄金一代战斗力迅猛，在无缘1998年世界杯之后，本届打出了高水准表现。但如果拿下小组第二，荷兰队仍然有参加附加赛的机会，结果范加尔的弟子们居然连横冲直撞的爱尔兰队都搞不定，最终只能在巅峰期充当看客了。

南美区最大的意外是巴西队的挣扎，作为唯一从未缺席世界杯正赛的球队，作为1994年才首尝世预赛败绩的球队，巴西队这次居然差点儿被淘汰。你很难解释为何卢森伯格与莱奥两任教练都带队带得如此挣扎，最后依靠务实的"大菲尔"斯科拉里，才勉强将球队拖上了岸。与世预赛拿下43分创造南美区历史纪录的阿根廷队相比，巴西队在即将到来的世界杯，似乎要以"下狗"的姿态出战了。

刺骨冷风与意外频发

本届世界杯的赛制与主要规则，都与4年前的法国世界杯完全一致，甚至连争议颇大的加时赛"金球制"都得以保留。对于中国球迷来说，此时我们最关注的显然是自己的球队，中国队与巴西队、哥斯达黎加队、土耳其队同分在C组。

从赛前的舆论来看，不少人还是持相对乐观的态度，虽说巴西队不是中国队可以抗衡的，但哥斯达黎加队算不上中北美的劲旅，土耳其队更是48年后重返世界杯的准新军。在当时一些媒体的预测中，从哥斯达黎加队这支弱旅身上取分并非难事。

但是从实际比赛来看，中国队的问题很快暴露。面对所谓的弱旅哥斯达黎加队，中国队球员无论是个体的身体素质、技术能力，还是团队的协作意识与大局观都有很大的问题。尽管哥斯达黎加队也是技术相对粗糙的身体流，但中国队依然在勉强招架了30分钟后就全面落于被动，只能通过间歇性的快速反击制造威胁。最终

0∶2落败，这不光是主帅或者是某一个球员的问题，哪怕孙继海没有伤退、范志毅状态正佳，以中国队对足球的理解是很难与这种级别的球队周旋的。

次战对阵巴西队，中国队的表现倒是有可圈可点之处，面对劲敌敢于拿球做动作，零星的三传两递也体现出部分球员的能力。然而整体实力的鸿沟还是太过明显，55分钟过后中国队已经0∶4落后，肇俊哲也错失了打进中国队在世界杯首球的机会。总的来说这场球差强人意，但提前出局的现实还是让人唏嘘不已。

末轮对阵土耳其队只能算是荣誉之战，主帅米卢蒂诺维奇给了更多球员机会，但中国队的气势早已一泻千里，开场10分钟就两球落后，彻底没有了战斗力。很多中国球迷此时并不指望能有奇迹发生，只是希望看到一种令人振奋的精气神。可惜现实令人心碎，三场全败丢9球且1球未进，中国队的第一次世界杯之旅就这样结束了。

当年的国内舆论充斥着各种反思，其实本质上就是中国的足球发展还处在相对落后的阶段，这不是某一代球员的问题，这是需要时间去积累认知的过程。可惜20年后，中国队与正确的道路渐行渐远，连当初那个相对落后的状态都成了遥不可及的梦。

在本小组当中，巴西队的发挥超出了球迷们的预期，前场的"3R组合"（罗纳尔多、里瓦尔多、罗纳尔迪尼奥）气势如虹，堪称1970年世界杯以来"桑巴军团"最为出众的前场攻击组合。尽管中场核心埃莫森的意外受伤损失很大，但三中卫与双后腰组成的基本盘相对稳固，边路"双卡"（卡洛斯与卡福）依然可以大幅度支援进攻。

尽管巴西队的主帅斯科拉里以保守主义著称，但本届比赛他似乎更倾向于恢复传统的桑巴风格，让天才球员们自由发挥，只是在此基础之上加固后方堡垒，让他们没有后顾之忧。因为伤病两三年没系统性参加国家队比赛的罗纳尔多，3场比赛打进4球，他的复苏也让外界对巴西队的信心大增。

与巴西队相比，夺冠大热门法国队的情况则令人意想不到，齐达内在此前与韩国队的比赛中大腿肌肉拉伤，肯定要缺席部分小组赛，再加上另一位中场关键人物皮雷因伤落选，"高卢雄鸡"的前景蒙上了一层阴影。

然而事情的发展还是超出所有人的预期，法国队在没有了齐达内之后，整支球队陷入了群龙无首的状态，面对任何球队都很难正常运转，揭幕战就被非洲新军塞内加尔队冲得七零八落。个人爆破力极强的前锋迪乌夫，让老迈的勒伯夫与德塞利吃尽苦头，这匹黑马1∶0力克上届冠军，算是致敬了1982年的阿尔及利亚队与1990年的喀麦隆队。

其实主帅勒梅尔的球队良将如云，尽管防线老化的问题路人皆知，但锋线上大牌云集，攻击线不至于如此疲软。要知道这届比赛法国队坐拥"三大金靴"（英超金靴奖获得者亨利、意甲金靴奖获得者特雷泽盖、法甲金靴奖获得者西塞），但勒梅尔在策略上存在很大问题。

勒梅尔依然继承了4年前雅凯的思路，比赛中正常只安排特雷泽盖一名正印中锋，早已在阿森纳队主打中锋的亨利，又被安排到了左边路，这让他踢得很别扭。加上德约卡夫、米库等人完全承担不了齐达内的工作，球队中前场的运转非常吃力，单纯堆积明星球员是无法产生良好化学反应的。

而且球队运气相当不好，比赛中多次击中门框，亨利次战打乌拉圭队还早早被红牌罚下场，这让球队陷入了绝境。末轮尽管齐达内带伤出战，但球队早已没有了心气，在烈日下被丹麦队击溃，小组赛一平两负提前出局，而且一球都没有打进。这是自1966年世界杯的巴西队以来，首次出现上届冠军小组赛即遭淘汰的情况。

另一大夺冠热门阿根廷队的命运竟与法国队有些类似。主帅贝尔萨是一个从不妥协的人，即便世界杯的踢法应该要有针对性，但他依然不留余地坚持"3313狂阵"。阿根廷队所在的小组实力雄厚，除了老对手英格兰队之外，还有瑞典队与尼日利亚队两支劲旅。

阿根廷队的比赛策略也很明晰，遇到"三狮军团"这种劲旅就采取高位压迫的方法，试图抢开局迅速建立优势。然而他们在消耗了大量体力之后并没有取得先手，这也让阿根廷队在之后的比赛中相当被动，球员的精力都是有限的，被对手打进点球之后，连组织反扑的气力都显得不那么足。

事实上，贝尔萨这场球树立的新核艾马尔发挥不俗，他在中前场的组织与串联可圈可点，一脚远射也颇具威胁。但在高消耗之后其他球员有些力不从心，临门一脚总是把握不好，加上英格兰队防线本就实力不俗，最终0∶1败北，被对手复仇成功。英格兰队取得进球的方式是点球，罚进点球的正是贝克汉姆。此次亲自复仇，也算是终结了贝克汉姆与阿根廷队之间的恩怨。

面对尼日利亚队与瑞典队，阿根廷队采用的就是另一种比赛方式了。在己方大量掌握球权的时候，他们还是秉承"压着踢"的策略，无论是贝隆还是艾马尔当核心，都能创造出不少得分机会，然而令人费解的是，贝尔萨始终让年龄偏大的巴蒂斯图塔首发，让正值巅峰的克雷斯波替补，球队狂轰滥炸却很难收获进球，典型的得势不得分。

在首战1∶0艰难搞定尼日利亚队的情况下，末轮阿根廷队被瑞典队逼上绝境，最后时刻才靠克雷斯波的进球扳平比分，终场哨响后却只能目送对手晋级。后世一般认为贝尔萨的理念太过超前，那批球员被自身的体系击溃了，但从上述分析来看，实际情况显然要一分为二来看。

若球队一直与强队过招，那么贝尔萨如果一成不变，确实会遭遇所谓的体力危机。但毕竟在小组赛中有两个相对较弱的对手，没能全部拿下，核心问题还是锋线疲软，除了巴蒂状态不佳以外，"小虫"

洛佩斯与基利·冈萨雷斯都没有亮眼的发挥，在克雷斯波出场时间极其有限的情况下，提前出局倒也没有那么难以理解了。毕竟固执的贝尔萨，直到今天还在坚持他的初衷，从未被环境所改变。

2000年欧洲杯的亚军意大利队，与墨西哥队、克罗地亚队、厄瓜多尔队分在同一小组，虽说有些挑战，但出线应该不成问题。然而特拉帕托尼的球队遭遇了严重的减员危机，险些就要跟法国队、阿根廷队一起买回国的机票了。

球队在赛前就折损了边路好手佩索托，第一场面对厄瓜多尔队，迪比亚吉奥又因伤报销，再加上内斯塔的伤病与卡纳瓦罗的黄牌累计停赛，三场比赛下来意大利队伤痕累累。面对克罗地亚队与墨西哥队，即便不考虑误判的因素，意大利队也很难轻松拿下比赛，后防的失误成为常态，最终还是靠皮耶罗替补救主，才勉强拿到了一张晋级16强的门票。

西班牙队与德国队的晋级显得顺理成章，比赛过程没有那么挣扎。两队的牌面人物也都有出色发挥，"斗牛士军团"的劳尔持续输出，帮助球队取得三连胜昂首挺进淘汰赛。德国队主要依靠中场核心巴拉克与锋线新锐克洛泽。**当时年仅24岁的"K神"，3场小组赛5次利用头球得分，甚至在球队8：0大胜沙特队的比赛中，上演了世界杯历史上有完整影像记录以来（1966年之后）最令人印象深刻的头球帽子戏法。而这些进球中的绝大部分，都来自巴拉克的直接助攻。**

东道主韩国队与日本队，由于此前在世界杯上难求一胜，本届虽然信心十足，但外界也不敢抱有太高的期待。韩国队与葡萄牙队、美国队、波兰队一个小组，从纸面实力来看，韩国队即便不是最弱的，似乎也没有什么优势可言。

然而韩国队的备战工作，可能是32强中做得最好的，主帅希丁克已经带队高强度集训了数月，还进行了多场有针对性的热身赛。他从底层逻辑上改变了韩国队对足球的认知，还利用所谓的"魔鬼训练法"，拔高他们的意志力上限，这让原本就以"跑不死"著称的"太极虎"的战斗力更上一层楼。

本届比赛韩国队主打一套张力十足的"343体系"，中后场依靠多人的跑动覆盖稳住基本盘，进攻端虽然技术略显粗糙，传切配合没有那么流畅，但安贞焕、朴智星等人单体能力出众，加上冲击力十足的李天秀与车杜里等新锐，球队的即战力不可低估。

实际的比赛进程出乎不少人的预料，韩国队在前两场先是击败了波兰队，后又逼平了美国队，一只脚已经迈入淘汰赛。对于此前不知胜利是何滋味的韩国队来说，幸福来得有些太突然，但其硬实力是有目共睹的，起码这个阶段还是靠自己在前进。

小组末轮面对劲敌葡萄牙队，韩国队打平即可出线，但葡萄牙队之前发挥不佳，这场球赛要全力争胜。从比赛场面来看，求胜欲望更强的却是韩国队，葡萄牙队整体有点偃旗息鼓的感觉。在这种情况下，韩国队最终1∶0取胜合情合理，对手直到最后时刻才打起精神，根本配不上一场胜利。

这场球最大的争议点就是葡萄牙队的两张红牌，由于韩国队后来在淘汰赛中的所作所为，这场球也成了污点，但实际情况完全不是这样。葡萄牙队第一张红牌，是前锋若奥·平托背后铲人所得，在那个严打背铲的年代，这属于顶风作案，得到一张红牌并不为过。至于后卫贝托的红牌，则是两张黄牌累计所致，这也没有什么解读空间，完全就是正常的结果。即便韩国队后来进入4强的行径为人所不齿，但它小组出线的过程却经得起历史的推敲。

与韩国队相比，日本队的分组形势要好很多，比利时队、俄罗斯队与突尼斯队实力都相对一般，哪怕是曾经威震四方的"欧洲红魔"，也到了寿终正寝的时候了。这一阶段日本队的青年才俊很多，尤其是中田英寿、稻本润一及小野伸二这几名天才中场，算是主帅特鲁西埃手下的得力干将。

日本队的征程与韩国队一样顺利，虽说原本被委以重任的中田英寿的表现没有突出到独当一面的程度，但团结的球队爆发出了巨大的能量，加上稻本润一的持续高光，日本队取得了两胜一平的成绩，以小组第一的身份出线。从小组赛阶段来看，韩国队与日本队的高光表现，不亚于历史上任何一支东道主球队，两队配得上来自主流世界的掌声。

在小组赛的征程之中，法国队、阿根廷队和葡萄牙队3支豪强球队的意外出局，让这届世界杯从一开始就冷意十足。而且这股冷风没有停止的迹象，并且在后面的淘汰赛中发生了质变，甚至演变成了一种黑暗的冷风。

世界杯的至暗时刻

本届的16强对阵显得看点不足，居然没有一组存在传统意义上的强强对话。不过考虑到韩国队与意大利队比赛的后世影响力，其他的比赛也许都成了陪衬，这也算是世界杯历史上的黑色幽默了。

这场球赛从双方的阵容上来看，韩国队人员齐整，派上了全部主力，意大利队则是损兵折将后的残缺阵容。主力中卫内斯塔与卡纳瓦罗都不能上场，只能派出尤利亚诺搭档临时客串的马尔蒂尼，中场核心迪比亚吉奥已经返回国内养伤，主帅特拉帕托尼显得焦头烂额。

由于"蓝衣军团"阵容不齐，即便面对韩国队这种级别的对手，其依然采取防守反击的策略。这一招客观来说颇有成效，因为东道主韩国队擅长覆盖与压迫，如果长期掌控球权，其技术能力无法消化，整体效果反而不好。在韩国队开场罚丢点球，维埃里帮助意大利队取得领先之后，比赛就朝着传统意大利式结局发展了，一切看起来波澜不惊。

然后要出场的自然就是"黑衣法官"莫雷诺了，他是一名来自厄瓜多尔的主裁判，在这种比赛中安排相对好控制的小国裁判，是"反布拉特"联盟使出的绝活。莫雷诺执法的特点是哨声很碎，重大争议较少，但是"小打小闹"将比赛折腾得七零八落。在一些小判罚扰乱意大利队心智之后，给了韩国队乱中取胜的机会。在常规时间行将结束的时候，韩国队利用意大利队后卫帕努奇的失误，由薛琦铉捡漏扳平比分。当比赛进入到加时赛之后，裁判就成了"蓝衣军团"的真正梦魇。

首先是托蒂那张有争议的红牌，从各个角度的慢动作录像来看，防守他的韩国球员宋钟国先碰到了球，但是否顺势带倒了托蒂，从现存的影像中无法辨别。所以这个球除了当事人，恐怕谁也没法知道确切的情况，托蒂到底有没有假摔也就成了历史悬案。总的来说，这张红牌值得商榷，但不能断定就是误判。

其次就是意大利队中场托马西的反越位绝杀球，此球算是标准的直传斜插，从现有的影像资料来看，托马西是完全不越位的。然而比赛中裁判组的反应快速且果断，扼杀了这个可以结束比赛的金球。从上帝视角来看，这才是韩、意之战最令人不齿的细节，意大利队原本可以提前晋级下一轮。

最终安贞焕力压马尔蒂尼打进金球绝杀，意大利队就这样含冤出局了，63岁的老帅特拉帕托尼怒不可遏，事后表示这场球赛的一切他永生不会忘记。20年后的今天，每当我们提起世界杯上那些令人唾弃的比赛，韩、意之战总是占据一席之地。

在其他几场比赛中，英格兰队轻松击败丹麦队闯入8强，巴西队、西班牙队与德国队几支老牌劲旅，则在苦战之后才勉强晋级。此外塞内加尔队、美国队与土耳其队（淘汰了东道主日本队）3支非传统劲旅，也拿到了8强的门票，对于它们来说这必将是一段难忘的旅程。

如今提到这届杯赛的8强战，巴西队与英格兰队的对决，都显得没有那么重要了。毕竟韩国队与西班牙队的对决，将东道主韩国队彻底钉在了历史的耻辱柱上，可以说永世不得翻身。

这场韩、西之战，裁判团队又是典型的小国班底，主裁判来自埃及，两个边裁来自乌干达与特立尼达和多巴哥，第四官员则是科威特人。韩国队依然尽遣主力出战，西班牙队的劳尔因伤缺席，本场排出了"451阵形"，只有莫伦特斯一个正印前锋可以摧城拔寨。

按照两队的竞技风格与实力对比，本场应该是西班牙队主控，韩国队通过压迫和逼抢制造快速进攻的模式，然而实际情况却有一些出入。西班牙队的控制力没那么强，韩国队有时候甚至能占据场上的主动，随着比赛的深入，球员们的体力优势愈发明显，多人围剿的场面甚至让人怀疑他们服用了兴奋剂，毕竟这种集体超越生理极限的操作实在令人瞠目结舌。

当然这场比赛的真正主角还是裁判团队，他们比之前的莫雷诺更胜一等，仿佛演练好的职业操盘手，只要西班牙队出现威胁进攻，哨声与旗语总会第一时间跟上。由于"斗牛士军团"喜欢纵向的渗透进攻，本场光有争议的越位球就出现了很多次，只要西班牙队存在威胁韩国队球门的可能，裁判就一定会果断出手。

总结来看，最让人无法容忍的判决有三个。首先是下半场开始后不久，巴拉哈接队友任意球的头槌破门，此球他与防守人虽有身体接触，但明显是对方的动作更大，他本人没有任何犯规的可能性。裁判却在第一时间吹掉了进球，专业程度令人"赞叹"。

其次是加时赛上半场，华金与莫伦特斯的绝杀连线，从慢动作回放录像可以清晰看出，华金在右路下底传中的时候，球的正投影显然没有完全越过底线，在空中的轨迹也是内收的，所以莫伦特斯的抢点进球应该有效。这次判决是赤裸裸的抢劫，也成了世界杯历史上最为黑暗的时刻之一。

最后就是加时赛下半场，西班牙队抓住转换机会打出反越位配合，莫伦特斯形成单刀之时又被吹掉。这次越位判决也是令人发指的，即便从普通视角都能看出，莫伦特斯绝对没有处在越位位置。在这一系列的操作之后，比赛被拖入了点球大战，西班牙队球员的心态接近崩溃。最后华金罚丢点球，韩国队队长洪明浦一蹴而就闯进4强，却给世界足球留下无尽的阴影。

英格兰队与巴西队的比赛算是势均力敌，虽说"三狮军团"赖以生存的边路生命线左边无人堪当大任，右边贝克汉姆则是带伤强行参加世界杯，但一路走来整体情况还是稳中向好。巴西队则过分依赖"3R组合"的发挥，他们的表现就是球队的晴雨表。

最终这成为一场属于罗纳尔迪尼奥的比赛，在欧文利用卢西奥的失误先下一城之后，巴西队陷入了被动。随后罗纳尔迪尼奥完全接管了比赛，他先是在半场结束前助攻里瓦尔多追平了比分，又在下半场打出了那粒名垂青史的超级任意球，这也成了38岁的英格兰队"门神"希曼一生难以洗刷的耻辱。

巴西队虽然获胜，但依然出现了不少隐患，罗纳尔迪尼奥因为不冷静的动作吃到红牌停赛，罗纳尔多则有伤病在身，整体状态与之前相比有了一定的差距，如果巴西队想争冠的话，这都是要重视的问题。对于"三狮军团"来说，众多豪门出局之后，他们原本有冲击大力神杯的机会，只可惜时也命也，贝克汉姆终究无法成为36年前的博比·摩尔。

另外两个4强名额属于德国队和土耳其队。前者继续磕磕绊绊的晋级之旅，依靠巴拉克的制胜球才勉强取胜；后者依靠加时赛的金球，淘汰了看似不可阻挡的黑马塞内加尔队，创造了属于本国足球的历史。

"外星人"主宰五星巴西

半决赛中德国队与韩国队狭路相逢，由于此前东道主的行径太过恶劣，一些德国名宿在赛前就坐不住了，贝肯鲍尔甚至都想亲自干涉本场比赛。据说最后国际足联主席布拉特介入,派出了自己的亲信、瑞士人梅耶执法本场比赛。在意大利队和西班牙队被"整"之后,这次他算是亲自出手了。

韩国队本场比赛的战术很有针对性,没有选择此前相对稳健的锋线配置,转而让李天秀与车杜里两位年轻的冲击型选手先发,试图在短时间内冲垮有些生锈的"日耳曼战车"。但这届的德国队虽然硬实力一般,面对硬桥硬马、有冲击属性的球队,似乎并不是那么惧怕。

在绍尔与代斯勒两名技术流中场因伤无缘本场比赛之后,德国队主要的战术就是巴拉克、施耐德与诺伊维尔等人之间的小配合,再结合克洛泽在禁区内的冲击力,试图给对手制造威胁。中后场虽然损失了诺沃特尼与沃恩斯两大中卫,但梅策尔德等新人及时顶了上来,所以德国队的体系相当有张力。

韩国队来势汹汹的进攻没有起到什么作用,即便偶尔形成威胁射门,也没法逾越已臻化境的"门神"卡恩。德国队的攻击欲望也不是很强烈,在裁判一碗水端平的情况下,双方陷入了僵局之中。最后解决问题的还是巴拉克,他在禁区内包抄之后的两连抢射终结了悬念,韩国队龌龊的前行之路在这里被终结了。

从客观来说,德国队本届的纸面阵容确实有些薄弱,其闯进决赛主要依靠签运,晋级路上六个对手的实力都很一般,球队还踢得磕磕绊绊。但竞技体育就是看最终结果的游戏,既然光明磊落地闯进了决赛,他们就该得到尊重。不过巴拉克因为累计黄牌停赛,将缺席最后的决赛,这成为巴拉克职业生涯的最大遗憾。

另一场半决赛中,巴西队遇到了土耳其队的顽强阻击,尽管两队第一次交手的时候"桑巴军团"已经摸了底,但巴斯图尔克、哈坎·苏克等人的水准相当不错,防线的韧性也还可以。最终巴西队凭借罗纳尔多摆脱数人之后的脚尖捅射,这才击败对手闯进了决赛。

对于罗纳尔多来说,4年前的法兰西之夜堪称梦魇,这之后他又经历了惨痛的伤病折磨,如今能获得自我救赎的机会,还要感谢上天的眷顾。面对外界一致不看好的德国队,巴西队实现七战功成、五次加冕的目标,似乎只是时间问题。

2002年6月30日,日本横滨国际竞技场,决赛即将举行。德国队巴拉克累计黄牌停赛,对球队来说是重大损失。巴西队则迎来了罗纳尔迪尼奥的复出,胜负的天平在赛前似乎又发生了明显的倾斜。然而足球运动的美妙就在于,你永远无法通过理论推演,去预知实际情况的发生。

这是德国队在本届世界杯发挥最出色的一场,球员们的思路非常明确,通过不间断的逼抢与身体对抗,打乱巴西队的节奏,再利用施耐德与弗林斯等人在右路的局部配合,试图寻找破门的机会。即便巴西队的技术水准占据明显优势,在德国队体力充沛的情况下,他们无法获得多少机会,只有零星的几次尝试,罗纳尔多也在直面卡恩的时候败下阵来。

即便到了下半场，德国队也没有出现疲软的迹象，与生俱来的超强意志力，以及过去半个多世纪积累下来的底蕴，帮助德国队顽强地与巴西队周旋。只可惜德国队抵挡住了一切，却没法遏制突然爆发的罗纳尔多。更令人意想不到的是，整届杯赛发挥堪称完美的卡恩，居然在最关键的时刻失误了。

下半场进行到第67分钟的时候，罗纳尔多在对方禁区前抢了德国队后腰哈曼的脚下球，顺势交给里瓦尔多完成远射。此球卡恩扑救的时候出现脱手，快速启动的罗纳尔多包抄到位首开纪录。这粒进球是击溃德国队球员精神意志的关键，他们一旦处于落后状态，单一的攻击手段很难挽回败局。

更让人绝望的是，罗纳尔多很快卷土重来，克莱伯森右路套边后完成传中，里瓦尔多精巧地漏球之后，罗纳尔多顺势起脚推射破门，梅开二度。他在本届世界杯的总进球数达到8个，不仅锁定了最佳射手，还创造了30年来世界杯金靴奖得主的最高进球纪录。

比赛的最后时刻，一向不屈的德国队似乎提前缴械了，球员们着实没有能力进行反扑，也许闯进决赛并抵抗1小时，本身就已经触及球队的极限了。如果巴拉克能够上场，局面也许会有不小的改变，但这世上从来没有假设，三星德国队输给了四星巴西队，目送对手绣上第五颗星，成为当之无愧的世界杯历史最强球队。

从办赛角度来说，韩国与日本称得上优秀的东道主，抛开竞技层面不谈，这是一届令人信服的世界杯，各种承办与组织工作都完美落实，还首次实现了16:9的源码高清直播，凸显了新世纪世界杯的新气象，令人印象深刻。

然而从竞技角度来说，本届杯赛可以说是1962年之后最令人不堪回首的一届。各路传统强队的发挥令人失望，法国队、阿根廷队、葡萄牙队小组赛出局，意大利队与西班牙队也没能达到预想的高度。倒是赛前不被看好的巴西队与德国队会师决赛，实在令人有些意外。

再加上韩国队令人不齿的行径，从顶层级别考量，本届世界杯的比赛质量可以说是历史最差。即便出现土耳其队、塞内加尔队、美国队等黑马球队，整体成色也算不上多出众，只能说是强队集体"哑火"之后的幸运儿们。

中国队的首次世界杯之旅也以惨淡的结局收场，我们曾经有多激动，失败之后就有多落寞。那时的我们曾以为这是中国队走向成功的开端，见证了一切之后，发现现实居然如此残酷。更令人心碎的是，这看似惨淡的旅程，却是之后20年都无法企及的存在。

从球星层面考量，值得称赞的也是屈指可数，巴西队的"3R组合"算是少有的亮点，德国队的克洛泽横空出世也算可圈可点。

韩日世界杯在争议中落下帷幕，从竞技层面来说，这不算是一届成功的世界杯。因此4年后的德国世界杯将备受瞩目，事实也确实如此。

第十八章

2006，黄昏的离歌

　　通过慢镜头回放，人们惊讶地发现，居然是齐达内一头将他顶翻，才有了后来我们看到的一幕。尽管后来我们知道了马特拉齐的不敬之语，但在那个瞬间还是十分震惊。随后齐达内被红牌罚下，他走过球员通道之时，与大力神杯擦肩而过的画面，也成了世界杯历史上的永恒瞬间。

——引语

■ 新锐崛起与诸神黄昏

2002年世界杯成为很多球迷心中挥之不去的阴影。在这样的背景下，2006年世界杯将承载着巨大的期望，如果不能重现昔日的辉煌，那么新千年的足球之路必将布满荆棘与坎坷。最终德国成为主办国。

20世纪70年代出生的那批球星，可能是足球史上最为出色的一代球员，无论是深度还是广度，都有独领风骚的资本，他们为足球世界带来了灿烂无比的一段时光。不过进入2006年世界杯周期之后，70年代上半段出生的老将陆续迎来职业生涯的暮年，而一批80后新锐开始登上历史舞台，新老交替成了时代的主旋律。

欧洲区最令人惊喜的当数德国队。在锋线上，波多尔斯基的出现让德国队看到了希望，他是一名得分能力出众的前锋，射术令人过目难忘，这种干脆利落的球风很符合日耳曼人的审美，更何况他的效率也令人满意。拉姆则是一名球商高、运动能力强的边路球星，他出众的奔袭水平和对比赛的理解能力，让其迅速脱颖而出。在这个曾经盛产超能边卫球员的国度，新一代的王者即将破土而出。而施魏因斯泰格也开始崭露头角。

这3名球员都在2004年随德国队参加了欧洲杯，尽管球队依然发挥不佳，小组赛就宣告出局，但是新人们得到了宝贵的锻炼机会。在新帅克林斯曼接手之后，他要依靠这批新锐征战本土世界杯，那时才是他们真正闪耀的时刻。

另一个进入人才井喷期的是荷兰队，尽管无缘2002年世界杯正赛，2年后在欧洲杯的发挥也只能算勉强及格，但几年间新人的涌现却令球迷们激动不已。疾如闪电的"小飞侠"罗本、灵气十足的首届欧洲金童奖获得者范德法特、运筹帷幄的中场多面手斯内德，以及边路好手范佩西，都展现出了成为巨星的潜质。他们也在2004年欧洲杯上得到了历练。

常年陪跑的预选赛之王西班牙队由老帅阿拉贡内斯接手，开始对战术和人员进行改革。与4年前相比，尽管劳尔等球星还处在当打之年，但多位帅才的横空出世，还是让人惊叹造物主的恩赐。其中最值得一提的自然是中场天才球员的涌现。哈维在经过了4年的成长之后风格更加老成，24岁的阿隆索也成为中场稳定的一环，最让人惊喜的是1987年出生的法布雷加斯和1984年出生的伊涅斯塔，让西班牙队在中场位置天赋溢出。锋线上的新搭档托雷斯与比利亚也都是罕见的天才。

与之相比，法国队、意大利队与英格兰队新老交替的情况就没有那么理想，不过3支球队也都出现了令人惊叹的人物。"三狮军团"最大的发现莫过于鲁尼，出道之后以"小坦克"之名横扫足坛，无论是在俱乐部还是英格兰队，他都以势如破竹的冲击力向世界宣告属于他的时代即将到来。

意大利队则诞生了它最需要的人物，那就是永远被歌颂的皮尔洛。在前几届世界杯上，"蓝衣军团"的锋线和防线不可谓不豪华，但中场长期缺乏持球核心，连基本的持球推进都成了问题，像阿尔贝蒂尼与迪比亚吉奥等人只能算是特点鲜明的普通球星，要撑起豪门的中场显然有些不切实际。皮尔洛的出现彻底改变了意大利队的气质，他与生俱来的大局观和组织调度能力无须多言，九号半出身练就的脚下技术，也能帮助他在纷繁复杂的环境中独善其身。在前场腹地绞杀日趋激烈的21世纪足球风格影响下，他在教练的安排下主动选择回撤扮演深位组织者，被誉为改变足球历史的关键人物之一。

法国队主体上还得依靠1998年世界杯的冠军老臣，在齐达内与图拉姆回归之后，对这批人的依赖愈发明显。不过他们也有属于自己的新鲜血液，来自马赛队的边锋里贝里令人眼前一亮，他是一位兼具速度与技术的边路快马，同时具备不俗的串联能力，能够给暮气沉沉的"高卢雄鸡"带来难得的活力。

而作为非传统足球强国的葡萄牙队，在"黄金一代"老去之后，看上去又要经历暗无天日的低谷期。*但此时上天似乎打开了另一扇门，2003年，一位未及弱冠的少年横空出世，甚至在"红魔"曼联队站稳了脚跟。即便宛若璞玉的他仍需打磨，但自身蕴藏的潜质早已显露无遗，这个少年的名字叫作克里斯蒂亚诺·罗纳尔多。彼时人们对他的称呼是"小小罗"，当时没有人想到，他将会在之后的10多年扛起葡萄牙队的大旗，并且傲视足坛。*

南美区巴西队的新老交替比较顺利，在韩日世界杯上光芒万丈的罗纳尔迪尼奥，在新的周期内成为足坛第一人，将世界足球先生与欧洲金球奖都收入囊中，成为德国世界杯之前的头号球星，自然也肩负着率队卫冕的重任。除他之外，阿德里亚诺与罗比尼奥这两位前锋的出现也让人眼前一亮，前者早已征服意甲球迷，并且随队拿到了2005年联合会杯的冠军，甚至被誉为未来可以接班大罗的超级中锋。后者则是脚下技术华丽的"桑巴精灵"，尤其擅长各式各样的单车过人，他的定位与1998年的德尼尔森类似，尽管还不能独挑大梁，但作为奇兵替补破局，在大赛中的作用也是显而易见的。

阿根廷队虽说诞生了2001年世青赛的

传奇一代,但几年下来多数人的发展并未达到预期,起码没有出现现象级的巨星,也少有人能在阿根廷队成为核心人物。**反倒是在2005年世青赛中,有位18岁的少年一战惊天下,他叫利昂内尔·梅西。在世界杯即将来临之际,梅西已经在巅峰的巴萨队成为主力轮换,并且在阿根廷队获得了一定的出场机会。虽说偶尔会遭遇伤病的侵袭,但在主帅佩克尔曼眼中,他已经是"潘帕斯雄鹰"世界杯征程中的一员。**

虽说"由来只有新人笑,有谁听到旧人哭",但在残酷的竞争环境下,足球世界还是尽力保留了一丝温情。德国世界杯将是一大批70后巨星的谢幕演出,法国队的齐达内、巴西队的罗纳尔多、西班牙队的劳尔、英格兰队的贝克汉姆、葡萄牙队的菲戈,这些名字陪伴一代球迷走过了青春岁月,却要在德国之夏迎来"诸神黄昏"。

■ 群星闪耀与离歌序曲

本届世预赛,共有近200支球队报名参赛,进入新千年之后,足球运动发展的势头令人欣喜。不过让中国球迷感到心碎的是,中国队的好势头却在这届世预赛戛然而止,而且出局的方式再度刷新下限,也沦为了永远的笑柄。

中国队在2002年首次打进世界杯正赛,2004年又收获了本土亚洲杯的亚军,而且球队新老交替进行得有条不紊,在新帅阿里汉治下,即便最终进不去世界杯正赛,起码也能征战到最后一刻。本届世预赛亚洲区分为三个阶段,中国队直接参加第二阶段的比赛,这个阶段共分成8个小组,每组4支球队进行双循环比赛,头名晋级最终的8强赛。中国队所在的小组实力较弱,马来西亚队与中国香港队不足为虑,稍有实力的科威特队,在首战就被中国队顺利拿下,看上去出线不是问题。

然而在后面最为关键的卡位战中,中国队0∶1输给了科威特队一场,在末轮之前两队同分,中国队净胜球少2个,所以在与中国香港队的生死战中,要尽可能多进球。后来的故事相信经历过的球迷都很熟悉,中国队7∶0大胜中国香港队,科威特队却以6∶1大胜马来西亚队,在净胜球数完全一致的情况下,正好比中国队多了一个进球,最终拿到晋级资格。然而最让球迷们无法接受的,还是所谓的"算错数"。

这场球中国队前60分钟一帆风顺,取得5∶0的领先,同期科威特队一直与马来西亚队1∶1战平,我们出线似乎只是时间问题。然而科威特队随后突然发力,20分钟内连进5球,最终6∶1获胜。

然而根据后来各方的消息,中国队不是没能力打进第8个球,而是有关方面算错了数字,以为7个球足够晋级,闹出天大的笑话。有些闪失至多算贻笑大方,但世预赛上一个小失误,就能剥夺一代人的青春,这是何等残酷的事实,中国球迷却经历了无数次,直到麻木之时仍心有不甘。

欧洲区波澜不惊，主流球队悉数入围，没有出现比较明显的冷门。南美区整体上也算波澜不惊，但倒是有值得一提的地方。首先就是从本届世界杯开始，上一届冠军得主不再保送进入下一届正赛，要通过常规的世预赛争夺晋级名额，巴西队也就参与其中了。相对倒霉的是乌拉圭队，它仅仅拿到南美区第五名，要跟大洋洲的澳大利亚队打洲际附加赛。尽管乌拉圭队坐拥众多五大联赛球星，实力上看似高出一筹，结果却在点球大战中遇到了澳大利亚队的传奇"门神"施瓦泽，最终被"袋鼠军团"（澳大利亚队昵称）挡在了世界杯正赛的大门外，这算是本届世预赛的最大冷门。

最后需要着重提及的是非洲区，本次比赛算是冷门频出，传统劲旅喀麦隆队与尼日利亚队都未能出线，此前有不错发挥的塞内加尔队也遗憾出局。曾经辉煌的北非地带，也只有突尼斯队突围成功。最终拿到正赛名额的，居然包含了加纳队、科特迪瓦队、安哥拉队与多哥队4支新军，这在各大洲世预赛历史上都算得上奇观了。

本届世界杯的整体赛制与前两届完全一致，只是淘汰赛阶段取消了所谓的"金球制"，加时赛恢复成常规的模式，无论比赛进程如何都将踢满30分钟。2004年欧洲杯短暂采用过"银球制"，即加时赛上半场如果一方进球并保持到半场哨响，比赛就随之结束。但在德国世界杯之前，这一制度也被废弃，成为历史的一部分。

东道主德国队的表现自然备受瞩目，它与波兰队、厄瓜多尔队、哥斯达黎加队同分在一个小组，签运算是非常不错。而从实际比赛的情况来看，这支全新的青年军也让人眼前一亮。"猪波拉"（"小猪"施魏因斯泰格、波多尔斯基、拉姆）三人组与年轻的中卫默特萨克都成为常规主力，主帅克林斯曼起用新人的决心可见一斑。

德国队在进攻端的改善是显而易见的，前几届完全依靠起高球争顶的打法已经被抛弃，如今形成了边中结合、地面与高空并重的体系。虽说德国队球员的小技术无法与拉丁派球员抗衡，但新一代球员的水准已经完全够用，28岁的克洛泽脚下技术甚至有了明显提升，完全可以与波多尔斯基及施魏因斯泰格等人进行多变的小组配合。

三场小组赛下来，德国队一共打进8球，几乎都是脚下球形成的威胁，令球迷们感觉耳目一新。脚下生风的拉姆，勤勉扎实的"小猪"，状态火热的克洛泽，乃至顶替巴拉克出场的调度高手博洛夫斯基，都成了球迷们津津乐道的对象。不过高歌猛进的东道主德国队也暴露了一些隐患，个人层面是巴拉克的伤病，揭幕战他甚至都没有出场，后续比赛中的状态也远未达到最佳。主帅克林斯曼需要做出抉择，是否增加博洛夫斯基的出场时间，这将影响到球队后续的进攻组织。团队层面的问题是防守端漏洞较多，特别是与哥斯达黎加队的比赛中，两个中卫的身前身后都有问题，明知万乔普直来直去的进攻套路，却无法做出有效的回应，这是他们需要着重解决的。

与此前几届世界杯相比，本届诞生了真正意义上的"死亡之组"，那就是阿根廷队、荷兰队、科特迪瓦队与塞黑队组成的C组。两支传统劲旅自然不必多言，塞黑队战斗力也不可小觑。科特迪瓦队虽然是世界杯的新军，但其身体流的冲击打法是很多强队所惧怕的，更何况他们还有来自豪门的德罗巴、科洛·图雷和埃布埃等名将，彼时23岁的亚亚·图雷虽然还未名满天下，却也在球队中扮演了关键的角色。

不过赛前分析是一回事，实际比赛的情况完全不可预料。塞黑队甚至0：6输给了阿根廷队，早早退出了出线名额的争夺。值得一提的是，也正是在这场比赛中，不到19岁的梅西替补出场，打进了个人世界杯生涯的首球。在剩下的3支球队中，科特迪瓦队扮演了豪强试金石的角色，鉴别出了阿根廷队与荷兰队的真实水准。从阿根廷队与科特迪瓦队的比赛情况来看，佩克尔曼的球队还是主打控制流的"442体系"，整体形态与1998年较为类似，中路渗透成为核心手段，里克尔梅负责掌控全局，马斯切拉诺殿后扫荡，辅以马克西这样的全能选手，基本掌握了比赛的节奏。

在强大中场的加持下，阿根廷队的锋线想取得进球并非难事，克雷斯波与萨维奥拉的组合本就特点鲜明，再加上左路攻击欲望爆棚的索林提供宽度，科特迪瓦队很难有招架的实力。尽管他们自身的冲击踢法也有一定的威慑力，但在丧失球权的情况下，偶尔依靠简单直接的横冲直撞，最终也只是在人群中迷失了自我。

荷兰队的情况则与阿根廷队完全不同，在与科特迪瓦队的比赛中全面失势，尽管斯内德、范博梅尔与科库的中场三人组名气很大，但实战效果并不乐观。三人中没有一个真正的持球核心可以掌控节奏，拦截方面也做得不好，对手此战派出了冲击力极强的巴卡里·科内与阿鲁纳·科内辅佐德罗巴，加上亚亚·图雷与佐科拉把守的中场有些优势，一度占据了比赛的主动。

荷兰队最终能够2：1勉强取胜，靠的就是边路罗本与范佩西的绝对实力。他们的进攻发起基本不通过中场，球直接交到边路完成推进，随后在前场也是依靠个人能力解决问题。如果没有这两人的出色发挥，荷兰队一场大败在所难免。从这组对比也能看出，荷兰队与阿根廷队的实力完全不在一个层次上，最后排名小组第二也符合它的身位。

上届冠军巴西队与克罗地亚队、日本队、澳大利亚队分在一组，拿下头名显然不是问题，但通过比赛发现，这支被过度看好的球队似乎有点华而不实。主帅佩雷拉尽量讨好大牌球星，在既有的"442阵形"的大框架下，罗纳尔多、阿德里亚诺、罗纳尔迪尼奥与卡卡的所谓"魔幻四重奏"同时首发，实际的效果却很难令人满意。

罗纳尔迪尼奥在巴萨队经历了一个辉煌的赛季之后，整体状态明显有了滑坡，他的状态不够兴奋，在场上不仅没有此前炫目的表演，连常规的技术动作完成得都有些瑕疵。罗纳尔多由于伤病和年龄等原因，体态日渐臃肿，在场上显得步履蹒跚，尽管打日本队成功梅开二度，但依靠这样的身体状态，遇到强队很难发挥。

阿德里亚诺原本被寄予厚望，算是正值当打之年的超级前锋，但几场比赛下来，他不仅与大罗的位置有些重叠，比赛状态也无法令人满意。整体上与罗纳尔迪尼奥类似，有点慵懒的感觉，在比赛中没有什么存在感，更别提制造威胁了。这四人当中唯一正常的就是卡卡，尽管没有传统巴西球员的表现力，但他的实用主义前腰踢法，还是能够帮助球队取胜。

从小组赛的情况来看，主帅佩雷拉必须在淘汰赛做出抉择，"魔幻四重奏"只是看上去华丽，实战效率却非常低下。如果不尽早重用罗比尼奥等有生力量，他们很容易在淘汰赛中无功而返。

英格兰队出征之前非常高调，有些球迷甚至认为其当下的阵容异常豪华，比起1990年的那代球员有过之无不及，甚至可以与1970年左右的最强班底比肩。当拥有兰帕德、杰拉德、鲁尼、贝克汉姆、特里与费迪南德等球星的时候，确实有自信心大增的资本，但"三狮军团"的实力永远需要比赛来检验。

事实证明英格兰队依然是徒有其表，内核还是边路起高球，再由中锋抢点得分。哪怕"双德"此时已经贵为金球奖的前三名，他们到了英格兰队依然无法完美兼容。两人当时都是偏冲击型的进攻踢法，在控场方面有较大缺陷，更不可能有一人拖后牺牲为另一个人作嫁衣。所以他们在场上作用重叠，相互抵消之下没有明显的作用。

更令主帅埃里克森头疼的是，锋线上的伤病情况还比较严重。鲁尼在赛季尾声受伤，小组赛阶段出场都存在问题。欧文连续首发状态不好，第三场还遭遇重伤直接告别本届世界杯。在这种情况下球队难以破局，最后还是依靠贝克汉姆的定位球攻门，以及传中找克劳奇解决问题，兜兜转转总是回到原点。不想否认英格兰队的传统踢法，但是实践早已证明，在精神力量无法比肩德国队的情况下，如果英格兰队不尽早实现彻底的改革，继续保持简单粗糙的踢法，即便有再多球星，大赛中的战斗力依然不值得期待。小组头名出线的成绩依然无法令球迷们满意，留给主帅埃里克森解决的问题还有很多。

意大利队本届比赛由老帅里皮掌舵，赛前国内的"电话门"丑闻让"蓝衣军团"陷入舆论旋涡之中，由于队内很多人与此事有直接关联，他们算得上哀兵出征。不过在极其困难的情况下，里皮选择放手一搏，他一改前几任主帅保守的策略，主打攻势足球，让人眼前一亮。

在球队拥有皮尔洛的情况下，发起进攻变得相对轻松，前场类型各异的攻击手，也都获得了表现自我的机会。大器晚成的灵活高中锋托尼、新生代的佼佼者吉拉迪诺、大伤后回勇的老将皮耶罗、火线复出的"狼王"托蒂，以及佩罗塔、亚昆塔等功能型球员，都在积极寻求突破。虽然在训练的过程中，一些球员的状态并未达到预期，像托蒂由于身体情况不佳，甚至成了拖后腿的人物，但要想走到最后，每个人都应该利用小组赛发掘最大的潜能。

防线的情况喜忧参半，卡纳瓦罗一改过去不稳定的表现，化身为不可思议的超级铁闸，打出了世界杯有史以来最强的后防表现。但令人心碎的是，他的老搭档内斯塔连续第三届世界杯小组赛受伤，黄金组合注定无法一起捧起大力神杯。

结合以往的情况来看，意大利队此次小组赛的发挥中规中矩，比他们的多数前辈要好一些。从阵容结构与比赛状态上来说，意大利队到了淘汰赛依然是各路豪门不愿碰到的硬骨头，毕竟过去的20年间，他们还未在世界杯淘汰赛的常规时间输过球。

法国队在这次小组赛的发挥比上一届没好多少，依然在被淘汰的边缘苦苦挣扎。球队的首发阵容，包括了齐达内、亨利、维埃拉和图拉姆这些功勋老臣，但这些人所展现出的比赛欲望令人担忧，最明显的就是第二场与韩国队的比赛。

法国队的实力显然在"太极虎"之上，球队开场就凭借亨利的进球取得领先，但随后他们显得非常随性，大有鸣金收兵的意思。面对实力明显在自己之下的亚洲球队，一球领先就选择紧缩防守，而且注意力还不是那么集中，似乎有种胜券在握的感觉。

但实际情况远非如此，韩国队顽强的意志力已经多次显现，在比赛最后时刻依靠朴智星的进球扳平比分，送给法国队两连平。齐达内还因为不冷静的动作，连续第二场吃到黄牌，小组赛末轮对阵多哥队的生死战，他只能作壁上观。由于世界杯前齐达内就已经宣布将在杯赛结束后正式退役，所以如果小组赛不能出线，他的职业生涯就会戛然而止。

好在队友们比较争气，法国队末轮2∶0拿下多哥队，给齐达内争取了一场谢幕战的机会。事实上，1998年他也因为红牌被停赛两场，同样是队友们的坚持，才为他的复出铺平了道路。

葡萄牙队在2004年本土欧洲杯上收获了亚军，所以在本届比赛受到的关注也不少。葡萄牙队与墨西哥队、安哥拉队、伊朗队同分在一组，签运算是不错。其主帅是此前巴西队的冠军教头斯科拉里，球队的基本盘是菲戈、C罗与德科，"魔幻双翼"与组织核心的搭配相当契合。

与此同时，葡萄牙队的防线也达到了较高的水准，中卫里卡多·卡瓦略与右后卫米格尔都算是一线名将，门将里卡多也是著名的点球"门神"，徒手扑点一直为球迷们所津津乐道。加上身前还有马尼切与科斯蒂尼亚的双后腰组合，几道屏障令对手不寒而栗。

葡萄牙队最大的短板是中锋位置缺人，无论是保莱塔、努诺·戈麦斯还是波斯蒂加，终其职业生涯都只能算是三四线球星，甚至难以在主流豪门谋求一个位置。所以葡萄牙队真正能倚仗的，还是边路球员的冲击力。

从实际比赛来看，在德科有些小伤的情况下，斯科拉里试验了几套打法，效果各异但已经初见端倪。菲戈与C罗更擅长打边路，他们可以依靠个人突破与频繁换位扰乱对手的防线，与此同时德科是不可或缺的，如果没有他的控场与调度，球队会陷入单向化的莽撞之中。

球队的防线完全值得信赖，面对二、三流的球队即便做不到滴水不漏，对手想进球也是很困难的。最终葡萄牙队在小组赛中三战全胜豪取头名，C罗在对阵伊朗队的比赛中打进了个人世界杯生涯的首球，主帅斯科拉里更是豪取世界杯十连胜，创造历史纪录。

西班牙队的晋级历程也比较轻松，同组的乌克兰队、突尼斯队与沙特队难以构成真正的威胁，只能目送"斗牛士军团"收获三连胜。不过阿拉贡内斯的球队也有问题，除了防线偶有的隐患之外，还有一个问题值得重视。后世提到西班牙队大赛三连冠（2008—2012年）的时候，总喜欢把三届大赛并称，其实阿拉贡内斯时期球队的踢法与瓜迪奥拉主导的时代完全不同。阿拉贡内斯的路线还是传统西班牙的技术流，讲究控制但也注重速度与边路推进，但是侵略性明显不足，无法给对手形成致命的压迫，这也是西班牙队在大赛中长期"陪跑"的重要原因之一。

后来由瓜迪奥拉主导的时代，西班牙队萧规曹随，不仅是所谓的终极传控实现了无差别的三角覆盖，更重要的是无球时

的恐怖压迫。这是球队气势的写照，也体现了旷世奇才对于球场空间的超前理解，此时的西班牙队则完全看不到这种策略的影子，即便哈维、阿隆索等人早已在阵中成为核心球员。只能说这批西班牙球员的个人能力比以往提升明显，但体系与理念上的劣势，还是让它的晋级之路显得危机四伏。

■ 瞬间永恒与离歌响起

由于本届小组赛冷门较少，所以当比赛进行到16强这个阶段，就已经出现了豪门对决。其中最引人注目的是西班牙队与法国队的比赛。"斗牛士军团"此前状态火热，三战全胜大有直冲云霄之势。法国队虽然显得老态龙钟，但"为齐达内而战"的口号萦绕在每个球员的心头，当一场比赛可能成为生涯谢幕战的时候，每一分钟都显得弥足珍贵。

这场球赛法国队派出最强阵容，西班牙队则进行了调整，此前一直替补的劳尔首发出战，在比利亚与托雷斯身后扮演一个相对自由的攻击手角色。按照常规的套路来说，年轻的西班牙队只要拿出活力和冲击力，击溃老迈的法国队不成问题。

比赛的实际情况与预想的出入不大，西班牙队确实在追求快节奏的攻防，很快就依靠点球首开纪录。但令人没想到的是，随着比赛的深入，法国队老将们渐渐

找到了状态，齐达内的球感似乎也恢复了，那种拿捏自如的"停、传、转"重现江湖，球队的运转变得流畅之后，"高卢雄鸡"在对手的强击之下显得游刃有余，与小组赛相比天差地别。

而且小将里贝里得到了主帅的重用，他是球队前场最有威慑力的球员，盘带突破如入无人之境。也正是依靠他与维埃拉的精妙配合，法国队在半场结束之前扳平了比分。此球的意义非常重大，因为法国队最大的优势是稳健，如果长时间处于落后状态，急于求成的反攻模式不是球队擅长的，甚至会因此一泻千里。

下半场双方始终维持着1：1的僵局，但是从直观感受来看，法国队状态的回暖肉眼可见，西班牙队骨子里的绵软感虽然有所改善，但到了关键时刻还是令人担忧。比赛进行到第83分钟的时候，法国队获得了一个有争议的任意球，维埃拉利用对手的防守漏洞头球破门，此球基本预示了西班牙队即将被淘汰。

随后"斗牛士"如潮的攻势收效甚微，毕竟经验老到的法国球员多是经历过大风大浪的顶级球星。即便身体机能大不如前，他们依靠经验与意识，还是牢牢地掌控了比赛的节奏。读秒阶段齐达内通过反击打进一球，护送球队挺进下一轮，他的谢幕演出也随之顺延。气势如虹的西班牙队就这样止步了，各种声讨与反思铺天盖地而来，但这一切都是竞技之神的安排，属于你的那一天若未到来，能做的就是继续等待。

另一场焦点战在葡萄牙队与荷兰队之间展开，客观来说两队实力有着明显的差距，防线层面葡萄牙队占据上风，面对"橙衣军团"最引以为傲的锋线"三叉戟"，坐拥"魔幻双翼"的葡萄牙队也丝毫不畏惧。更为重要的是，德科领衔的中场水准远在斯内德等球员之上，后者连科特迪瓦队的冲击都难以阻挡，更别提与顶尖高手过招。最终，马尼切为葡萄牙队打进制胜球。

本场比赛的实际对垒，可以明显体现出控制力层面的差距。真正让外界感到不可理喻的，还是火爆的比赛场面，双方一度接近失控，主裁判伊万诺夫出示了16张黄牌及4张红牌（两队各一半），创造了世界杯的纪录。

原本拉丁派与中欧派相遇，理应是技术流的对决，但开场之后荷兰队连续对C罗犯规点燃了火药桶，伊万诺夫的哨子比较软，更助长了双方的气焰。尤其是荷兰队的后卫博拉鲁兹，他的动作早已算得上直红下场，却始终得以幸免，反而是半场结束前葡萄牙队后腰科斯蒂尼亚先被罚下，进一步导致了双方的失序。

后来各种各样的暴力犯规就司空见惯了，两边似乎都无心顾及赛况，只希望将怒火发泄到对方身上。伊万诺夫的判决尺度还是飘忽不定，当镜头最终停留在德科与范布隆克霍斯特身上时，被驱逐的两人相谈甚欢，算得上黑色幽默了。葡萄牙队虽然晋级下一轮，但德科与科斯蒂尼亚双双停赛，C罗因伤下场情况不明朗，其付出的代价太过惨重。

16强中真正的技术流对决，要数阿根廷队与墨西哥队的较量，美洲原生态的脚下比拼令人过目难忘。尽管"潘帕斯雄鹰"名声在外，但墨西哥队的小技术丝毫不落下风，其组织串联反而更有章法，弹性十足的防线还能阻止对手的渗透传递，让阿根廷队感觉到非常压抑。

虽然最终阿根廷队的取胜过程非常艰难，但球队也算收获颇丰，梅西的高光表现为球队的冲冠之路增添了极重的砝码。

在其他几场比赛中，巴西队、德国队、意大利队与英格兰队悉数晋级，尽管前两者相对轻松，后两者"命悬一线"，但此时结果比一切都重要，今天过后明天就是崭新的一天。值得一提的是，罗纳尔多在对阵加纳队的比赛中，打进了个人在世界杯上的第15球，就此超越德国队传奇前锋盖德·穆勒，成为世界杯历史射手王。

1/4决赛的比赛可谓"火星撞地球"，豪门之间的较量令人热血沸腾，除了意大利队三球击败乌克兰队之外，其余几场比赛都吸引了全世界球迷的目光。在上届世界杯弱旅频繁爆冷之后，本届杯赛传统豪强终于捍卫了自己的尊严。

东道主德国队遇到技术出众的阿根廷队，从实力对垒上来说，尽管日耳曼人的打法趋近立体化，但在对手的绝对控制力面前，似乎还是落于下风。不过克林斯曼并不服输，他还是决定放手一搏，与对手比试一下脚下的硬实力。

从实际效果来看，克林斯曼的冒险失败了，他试图从各个区域渗透进阿根廷队的核心地带，但都被对手拒之门外。巴拉克与弗林斯等人，比起里克尔梅领衔的中场，技术还是显得粗糙了一些。所以在很长一段时间内，阿根廷队都占据主动。

下半场阿根廷队迅速通过阿亚拉的头球先下一城，随后德国队愈发难以招架，"潘帕斯雄鹰"看上去胜券在握。但保守的佩克尔曼随后的换人饱受诟病，他为了加强防守，用坎比亚索换下了状态不算很好的里克尔梅，而且没给梅西出场机会，转而启用非常边缘的国际米兰队前锋朱里奥·克鲁斯。

结果就是这两次换人，葬送了阿根廷队的前程，在里克尔梅下场之后，阿根廷队的中场全面失控，德国队趁机掌握了局面，并且在几分钟后就利用头球接力追平比分。更令阿根廷球迷愤怒的是，加时赛中尽管阿根廷队夺回了场面优势，但克鲁斯这样的球员在禁区内毫无作为，如果把这个名额给梅西，以他此前的发挥来看，显然会给德国队的防线制造巨大威胁，说不定就可以避免十二码前的残酷决战。

最终的故事早已流芳百世，点球大战前德国队门将莱曼拿到了神秘的小纸条，随即将对方球员的主罚特点谙熟于心。他从容地扑出了阿亚拉与坎比亚索的点球，东道主德国队昂首挺进半决赛，实力强大的阿根廷队只能黯然神伤。

法国队与巴西队的比赛同样引爆了舆论场，此时的"高卢雄鸡"渐入佳境，巴西队则显得令人担忧。球队中场核心埃莫森因伤缺阵，位置重叠的阿德里亚诺也被主帅拿下，只派出了罗纳尔多一名正印中锋。

从比赛的细节来看，法国队的状态明显更好，球队此时有种"天下在手"的感觉，每个人都从容自如，处理球的感觉浑然天成，形成了配合流畅的整体。齐达内的表现更是让人梦回1998年，闲庭信步般的触球、盘带与传球，让众多巴西巨星相形见绌，在他的掌舵之下，法国队占据了场面的主动。

反观巴西队，以罗纳尔迪尼奥为首的核心球员状态本就一般，随着比赛深入也没有改观，面对强敌反而踢得很急躁，总想靠一己之力从正面撕裂对手的防线，这显然是不现实的，毕竟马克莱莱、图拉姆等球员都是一等一的防守名将。

在这种你来我往的拉锯战中，决定比赛胜负的往往就是细节了，亨利抓住卡洛斯系鞋带时的疏忽，利用定位球抢点破门，锁定了比赛的胜局。我们可以为巴西队的失利找到很多理由，但法国队此刻的表现完全配得上一个4强的席位，齐达内的退役之战似乎变成了一场世界巡演，受到万众瞩目的同时，演出效果也令人赞叹。

在英格兰队与葡萄牙队的比赛中，"三狮军团"主帅埃里克森做了取舍，沿用了此前的"4141阵形"，但将哈格里夫斯放在了单后腰位置，从而将喜欢冲击的"双德"前推，最大程度发挥他们的效能。这个体系的弱环就是锋线上形单影只的鲁尼，如果没法与中场形成联动，球队的终结能力可能大打折扣。

葡萄牙队由于德科停赛，只能派出几名防守型中场迎战，但他们的技术水准还是远在对手之上，总体上来说控制得了局面。不过这两个队在攻坚层面都有短板，英格兰队的攻击确实乏善可陈，但葡萄牙队指望保莱塔进球也很困难，所以在你来我往的消耗之后，两边始终都没打破僵局。

比赛在下半场风云突变，贝克汉姆因为受伤无法坚持比赛被换下场，他在场边痛哭的画面成为世界杯的经典瞬间。同时鲁尼因为红牌被罚下，英格兰队随即换上克劳奇，在少一人的情况下反而占据了主动。克劳奇的支点作用很明显，他自身也能直接冲击球门，差一点就帮助球队创造奇迹。要是埃里克森首发能派出双前锋，结果也许会不一样。

最终，比赛被拖入点球大战，英格兰队的命运就注定了，对手的神奇门将里卡多，在两年前的欧洲杯上曾徒手搞定英格兰队的点球。如今虽然不再冒进，但英格兰球员的命中率实在不高，四罚仅一中的水准，只能无奈地告别世界杯。

■ 蓝衣之歌与最后一舞

半决赛中德国队碰上意大利队，过去这两队只要在世界杯相遇，就会引发舆论的热议，毕竟1970年的"世纪之战"太过闪耀，以至于后人总期待昨日重现。这场球赛前德国队遭遇重大减员，主力后腰弗林斯停赛缺席，意大利队则迎来了马特拉齐的解禁复出（之前与澳大利亚队的比赛吃到红牌停赛）。

如果我们提到这场比赛，总会用各种表达惊叹的形容词来渲染，尽管90分钟内双方战成了0∶0，但这也许是世界杯历史上最经典的一场0∶0。两队自始至终都保持着超快的对攻节奏，里皮激进的策略尤其令人难忘，双方不断地找对手身后的空当，大范围的跑动穿插层出不穷，要是运气好一点，复制1970年的进球盛宴也不足为奇。

当比赛进入加时之后，更加急迫的还是意大利队，其曾连续三届世界杯点球大战败北，里皮显然想在120分钟内解决战斗。反观克林斯曼则显得从容不迫，世界上没有任何一支球队想在十二码前与德国队兵戎相见。

搏命的里皮连续祭出大手笔，组成了皮耶罗、托尼、托蒂与亚昆塔的四前锋神阵，这与前任主帅一球领先就换后卫的思路相比，显然突破了意大利队的极限。他们围着对手一阵狂轰滥炸，最终凭借格罗索的神来之笔，在东道主球迷震天的助威声中，抢走了一场宝贵的胜利。另外值得一提的是，本场比赛卡纳瓦罗的发挥极其出色，甚至达到了现象级的水准，如果不是他的统筹与补位，球队可能早就缴械了。如果评选世界杯历史上中卫的最强一战，本场的卡纳瓦罗无疑是最大热门。

另一场法国队与葡萄牙队的比赛，由于两队老将多，体力难以恢复，显得比较沉闷。最终法国队依靠齐达内的点球破门涉险过关，他也将自己的谢幕演出顺延到了世界杯决赛之上，这恐怕是前无古人、后也难有来者的盛事。相比之下，菲戈则完成了世界杯上的最后一舞，葡萄牙队进入了属于C罗的时代。

意大利队与法国队在决赛中相遇了，两支球队都显得比较慢热，即便在进程中仍有一些起伏，但相会在决赛本身就足以证明实力。如果意大利队最终取胜，它将成为四星王者；如果法国队成功加冕，那么齐达内将带着无限荣光离开绿茵场，从此成为永恒的传奇。

2006年7月9日，柏林奥林匹克体育场，大战一触即发。本场比赛意大利队显得更加兴奋，法国队则延续了一贯的老练作风。里皮的激进思路在亚平宁足坛是绝对的异类，他需要通过终局之战来完成个人理念的登峰造极。

然而开场后没多久，毛躁的意大利队就送给了对手一粒点球，云淡风轻的齐达内罚出了曼妙的勺子点球，于他而言此刻似乎早已超脱胜负，单纯享受职业生涯中的最后一场比赛。当一名巨星从苍生中穿梭而过，在离开之时显得如此潇洒写意。

不过意大利队很快找到了对手的短板，那就是防空能力欠佳。"蓝衣军团"连续三个角球都制造了巨大威胁，除了马特拉齐的扳平球之外，托尼的门柱险些帮助意大利队反超比分。意识好、机动性强的图拉姆，在绝对的身材碾压面前，还是显得有些无助。

好在经过调整，老谋深算的法国队

掐中了意大利队的"七寸",那就是它的中场核心皮尔洛。在投入重兵将他限制之后,意大利队的推进与调度就严重受阻,哪怕是身体状态最佳的托蒂在重量级的比赛中也无法担此重责,更别说此时的他大伤初愈,战斗力大打折扣。

反观法国队,齐达内的体能情况比半决赛要出色很多,随心所欲的状态几乎回到了与巴西队比赛时的感觉。只可惜球队的锋线缺少一锤定音的人物,亨利更喜欢持球寻找机会,特雷泽盖又长期枯坐板凳,双方只得1∶1进入加时赛。

其实从宏观上来看,加时赛中法国队也占据着绝对优势,齐达内惊艳的头球险些杀死比赛,布冯使出"洪荒之力"力挽狂澜于既倒,然而随后的剧情超出了所有人的预期。加时赛下半场开始后没多久,意大利队中卫马特拉齐突然痛苦倒地,全世界的球迷都陷入了茫然的情绪之中。

通过慢镜头回放,人们惊讶地发现,居然是齐达内一头将他顶翻,才有了后来我们看到的一幕。尽管后来我们知道了马特拉齐的不敬之语,但在那个瞬间还是十分震惊。随后齐达内被红牌罚下,他走过球员通道之时,与大力神杯擦肩而过的画面,也成了世界杯历史上的永恒瞬间。

平复心情之后,两队进入了点球大战,这次双方的命中率出奇地高。9名出场球员当中,只有法国队的特雷泽盖打丢了,似乎是冥冥中的宿命轮回,6年前在鹿特丹,正是他的进球夺走了意大利队的德劳内杯,如今时移世易,竞技之神却还是找上门来,要他为此付出代价。

一届精彩的世界杯,却以这样令人惊诧的方式落幕,意大利队完成第四次加冕,里皮与他的球队实现了自我救赎。尽管回国之后,他们中的很多人还将面临正义的审判,未来的职业生涯都前途未卜,但在这一刻他们是意大利人的英雄,享受今夜就足够了,瞬间的王者也好过永恒的懦夫。

从办赛的角度来说,严谨的德国人交上了一份令人满意的答卷,新的足球时代真正到来了。从球队的角度分析,这是一届属于传统豪门的比赛,最终8强之中只有乌克兰队一支相对冷门的球队,而即便是16强出局的西班牙队,也给人留下深刻的印象。多场豪门碰撞火星四溅,成为世界杯历史长河中值得铭记的一抹亮色。

从球星的层面考量,本届赛事完美契合了"诸神黄昏"的主题,齐达内、罗纳尔多、菲戈、劳尔和贝克汉姆等巨星,都完成了个人的谢幕演出,尽管结局各有不同,但他们的发挥都无可指摘。

新锐们的表现同样可圈可点,特别值得关注的,自然还是C罗与梅西,尽管罗本、托雷斯与拉姆等人也都有上佳的发挥,但从上帝的视角来说,本届世界杯注定是一个时代的开端。往后的10余年间,世界杯的故事都要从2006年开始说起。

4年之后,世界杯将来到非洲大陆,这又会是怎样的精彩篇章,让我们拭目以待。

第十九章
2010，新大陆与新王朝

> 终场哨响，属于西班牙足球的顶峰时刻到来了，他们曾经春风得意，却数次在国家大赛中铩羽而归。如今西班牙队迎来了天才井喷的时代，在瓜迪奥拉主导的框架之下，呈现出了接近理想主义的比赛方式。从世界杯赛事诞生的第一天起，人们便没有见过统治力如此惊人的球队，如今眼见为实，"无敌舰队"实至名归。
>
> ——引语

足球新潮流与梅罗时代

因为经济发展等问题，非洲的国家一直无法举办世界杯，但进入21世纪之后，情况发生了微妙的变化。根据国际足联的安排，2010年世界杯在非洲举办，最终南非成为2010年世界杯的主办国。

20世纪80年代以后，非洲足球发展的势头极为迅猛，尤以喀麦隆队与尼日利亚队最为突出，分别被称为"非洲雄狮"与"非洲雄鹰"。在1990年世界杯上，"米拉大叔"率领的喀麦隆队表现惊艳，这个时候非洲球队已经有了脱胎换骨的变化。从1994年开始到世纪之交，尼日利亚队又刮起一股旋风，队内涌现了多位技术出众的球星，不仅连续两届世界杯杀进淘汰赛，还在1996年亚特兰大奥运会上接连击败巴西国奥队与阿根廷国奥队夺得冠军。如今提到奥科查、恩万科沃·卡努、伊克佩巴与巴班吉达等人的名字，仍能勾起球迷的回忆。

进入21世纪之后，塞内加尔队成为2002年世界杯最大的黑马，它不仅在揭幕战中击败了法国队，还强势打进8强追平了非洲球队的历史最好成绩。随后的世界杯周期中，加纳队与科特迪瓦队也顺势崛起，到了这片大陆举办世界杯的前夕，已经呈现出百花齐放的趋势。

在新的世界杯周期当中，足球世界迎来了自1974年以来的最大变革，引领潮流的是巴萨队的新主帅瓜迪奥拉。球员时期的他是一名出众的后腰球员，但在那个群星璀璨的时代算不上如雷贯耳的球星，然而他早早显露的执教才华，最终颠覆了足球世界。

在描述1974年世界杯普及的全能足球浪潮时，笔者就曾指出足球运动的本质就是对空间的利用。当己方掌握球权时，最大限度增加轮转来提升空间的覆盖率；当对方掌握球权时，最大限度采用紧逼策略压缩对手的空间。瓜迪奥拉便是这种理念的极致信徒，他将一切推向了不可思议的高度。

2008年夏天成为巴萨队主教练时，"瓜帅"只在"红蓝军团"的青年队执教过一年，是不折不扣的菜鸟教练。不过上任伊始，他的改革手段令巴萨队教父克鲁伊夫都感到惊艳。瓜迪奥拉先是扶正梅西为绝对核心，然后劝回打算去拜仁的哈维，并将他的球场位置前提，让他充当前场的组织大脑。最后从青年队提拔了后腰布斯克茨，核心框架正式搭建完毕。

这支球队的标签十分鲜明，它追求的就是极致传控与极限压迫，包括门将在内的11名球员，在场内始终呈现出多个流动三角的站位，以保证球可以不间断地传递，在消耗对手精力的同时，利用瞬间的纵向输出实现致命一击。在对手掌控球权的时候，从前锋开始就筑起第一道防线，每个人都身先士卒，合力形成小组包围圈，经常能在高位重夺球权并就地展开反击。这支球队在2009年成为史无前例的六冠王，而进入2010年之后，它已经化身为几乎不可击败的"宇宙队"，成为最令人闻之色变的超级球队。

与此同时，以巴萨队球员为主要班底的西班牙队，也发生了脱胎换骨的变化。尽管老帅阿拉贡内斯在2008年就已经率领"斗牛士军团"拿到了欧洲杯的冠军，但那支球队的踢法与之后相比仍有区别。阿拉贡内斯的球队并不追求极限控制，也没有刻意强调压迫，他对于快速推进的执念更深，甚至有种反击流派的味道。新帅博斯克基本沿用了瓜迪奥拉在巴萨队的思路，过去多届世界杯上球队侵略性不足的顽疾终于得到改善。如今这支球队达到了空前的高度，显然是世界杯夺魁的最大热门。

在2006年世界杯上，梅西与C罗都有着不错的发挥，不过其后两人的成长速度还是大大超乎了外界的预期。从2008年开始，他们就被视为下一个时代的王者，"绝代双骄"争锋的序幕缓缓拉开，若以2022年的目光审视过去，更显得意味深长了。

两人当中C罗率先站在了世界之巅，2006—2007赛季开始，弗格森治下的曼联队重振雄风。这一阶段C罗从超新星蜕变为顶尖巨星，摒弃了华而不实的踢法，球风变得更加务实且高效。曼联队实现了久违的英超三连冠，还在2007—2008赛季拿下欧冠冠军。C罗也以绝对核心身份，在2008年获得金球奖与世界足球先生。此时尽管梅西也已跻身世界前三的行列，但巴萨队的疲软制约了他的上限，然而瓜迪奥拉的到来，改变了双方的竞争格局。

2008—2009赛季，巴萨队在相对不被看好的情况下，在欧冠决赛中击败了曼联队，这是"绝代双骄"第一次顶峰相会，梅西也借此实现了翻盘。2009年夏天，C罗以创下世界纪录的转会费（8000万英镑）加盟皇马队，开启了与梅西正面竞争的模式，但这段征程显得十分悲壮。

彼时的巴萨队太过强大，尽管C罗率领的皇马队发挥同样出色，但在各条战线中都被对手压制，取得一场胜利甚至都变得遥遥无期。在这种情况下，2010年世界杯就显得格外重要，C罗必须借助在国家队的表现来赢回舆论的制高点。

■ 波澜不惊与内讧的高潮

本届世预赛有超过200个国家和地区参与其中，创造了新的历史纪录。在4年前兵败之后，中国队这次摩拳擦掌，期待重现2001年那代人的辉煌。不过随着澳大利亚队正式加入亚足联，在正赛名额没有增加的情况下空降一支劲旅，中国队面临的压力可想而知。

这次亚洲区世预赛分为四个阶段，中国队顺利进入第三阶段，这一阶段是所谓的"20强赛"。所有参赛球队平均分成5组，每组4支球队，小组前两名晋级最终的"10强赛"，然后决出入围正赛的名额。

中国队跟澳大利亚队、卡塔尔队、伊拉克队同分在一组，按照今天的眼光来看，中国队可以说是毫无机会。但那时球队的阵容还有一战之力，本组的情况也显得很胶着，可能很多球迷都记得2008年除夕夜中国队与伊拉克队那场"揪心之战"，也曾为邵佳一在昆明罚丢点球黯然神伤。实际上这两场平局就是本组的写照，微小的闪失就会招致满盘皆输。

最终中国队只取得了一胜三平两负积6分的成绩，小组垫底出局。但值得注意的是，小组第一的澳大利亚队也只积10分，跟中国队的差距就在一场胜利左右。

不过本届亚洲区却有惊喜出现，沉寂多年的朝鲜队突然爆发，44年后重返世界杯舞台。每当提起这支球队，1966年的故事便涌上心头，这一次朝鲜队依然是神秘之师，令人捉摸不透。

欧洲区的比赛显得波澜不惊，传统劲旅悉数入围。不过法国队的晋级过程引发巨大的争议，它获得小组第二，被迫与爱尔兰队去打附加赛。在双方两回合战平的情况下，在次回合的加时赛中，亨利在明显手球的情况下助攻队友加拉打进制胜球，法国队侥幸拿到了去往南非的门票。

此球对后世有着巨大的影响力，亨利的声望也因此堕入谷底，尽管他承认这是手球，但表示自己并不是裁判，这样的辩解只能徒增大众的反感。

南美区阿根廷队的晋级过程一波三折，在主帅马拉多纳的率领下，他们在最后几轮开踢前，一度接近被淘汰出局。直到后来老将帕勒莫的雨中绝杀，以及末轮顶住压力小胜乌拉圭队，阿根廷队才收获了一个直通的名额。这支天赋溢出的球队，在球星组合到一起之后，化学反应似乎远未达到预期。

本届世界杯的赛制与前一届别无二致，小组赛阶段也没有诞生明显的"死亡之组"，最出风头的球队甚至与场上表现无关，法国队拙劣的内讧抢占了各大媒体的头条。前文已经提到，法国队晋级世界杯的过程就为人所不齿，而在主帅多梅内克治下，各种各样的矛盾也早就到了爆发的边缘。

首先主帅多梅内克的性格就令人捉摸不透，而且法国队在后齐达内时代群龙无首，各种小纠纷层出不穷。尽管像里贝里这样的球星早就能独当一面，但面对一盘散沙的集体，个体的能量总是有限的。在世界杯之前的热身赛中，法国队居然0：1输给了早已无缘世界杯的中国队，更让球队的前景蒙上了一层阴影。

小组赛前两场比赛，法国队先是0：0战平乌拉圭队，随后0：2输给了墨西哥队，已经走到被淘汰的边缘。此时球员阿内尔卡辱骂主帅多梅内克的消息霸占了媒体的版面，显然队中出现了泄露更衣室消息的内鬼。更令人意外的是，法国足协居然通过媒体的报道，直接就将阿内尔卡开除出队，这实在是令人匪夷所思的事情。根据后来的报道，多梅内克本人甚至想给阿内尔卡道歉的机会，结果没有起到作用。

此事在法国队内引发剧烈的震动，小组末轮之前法国队球员宣布罢训，以此来抗议开除阿内尔卡的决定。事实上球队虽已军心涣散，但内部矛盾被公开化还是多数球员不能接受的，内鬼的存在也闹得人心惶惶，"高卢雄鸡"的流量吸引力，甚至超过了那些夺冠的超级热门。

最终摇摇欲坠的法国队输给东道主南非队，以极不光彩的方式打道回府，缔造了世界杯历史上罕见的丑闻。即便齐达内这代球员退役之后新时期能顶上的新球员屈指可数，但只要战斗精神还在，也不至于落到如此地步。当然如果没有了内讧，也就不是我们熟悉的那支法国队了。

西班牙队的情况也令人感到震惊，它与瑞士队、智利队和洪都拉斯队同分在一组，尽管托雷斯饱受伤病困扰，但兵强马壮的"斗牛士军团"理应不该遇到挑战。

然而西班牙队首场比赛就遭遇了滑铁卢。

第一场与瑞士队的比赛，主帅博斯克祭出了以比利亚为首的单前锋阵形，其他配置与此前差别不大。客观来说本场比赛西班牙队完全控制了局面，那种碾压的态势与巴萨队区别不大。但问题在于，托雷斯的缺阵影响了攻坚，瑞士队又是有名的"牛皮糖"，当其选择低位紧缩的阵形时，多数对手都会望而却步。在上届世界杯上，瑞士队四场比赛常规时间一球未丢，只是在点球大战中遗憾出局。

最终0：1的结果堪称世界杯史上最大的冷门之一，西班牙队"预选赛之王"的不雅昵称又开始被频繁提起。不过这次西班牙队可是有备而来，独步天下的硬实力不会因为一场意外失利而崩盘。在后面的比赛中，博斯克撤下一名中场，选择让托雷斯与比利亚一同首发。尽管此时"圣婴"托雷斯的状态远未达到最佳，但他的牵制作用还是为队友创造了不少机会。在对手的铁桶阵面前，多一个能在前场冲锋的人物，远比在中后场倒脚威胁大得多。

后面两场比赛西班牙队都顺利拿下，特别值得一提的是其与智利队的比赛，对手主帅是著名的"疯子教练"贝尔萨，他居然选择与西班牙队拉开阵势对攻，并且在场面上不落下风，一度还能威胁对手的球门。只可惜这种激进的踢法漏洞太多，在付出两次丢球和一张红牌的代价之后，局面又被西班牙队掌控了。

梅西所在的阿根廷队，尽管预选赛发挥不佳，但球队的天赋着实令人艳羡。其锋线呈现出人才井喷的态势，伊瓜因与特维斯占据了主力位置，强如阿奎罗和状态火热的迭戈·米利托都只能枯坐替补席。只可惜中后场的配置稍显一般，在里克尔梅与马拉多纳的矛盾激化之后，他们只剩下一些功能型中场，防线上能倚仗的还是老将海因策与萨穆埃尔，其他球员的情况多少令人担忧。

好在阿根廷队的分组不错，同组的尼日利亚队、韩国队与希腊队在此时都算不上劲旅，从硬实力上来说难以对"潘帕斯雄鹰"构成威胁。马拉多纳主打的是一套架构偏窄的"442体系"，梅西被安排在双前锋身后充当前腰，迪马利亚在左侧偏内收的位置，球队还是希望通过中路的传导和突击打开局面。

在优势局的情况下，阿根廷队的进攻是令人满意的，哪怕先手遇到困难，及时调整也能收获不错的结果。梅西虽然没能取得进球，但是他的作用依然非常明显，通过不间断地持球突破撕扯防线，适时送出致命一传，如果机会好还可以直接威胁球门。伊瓜因的状态令人欣喜，他在同韩国队的比赛中上演帽子戏法，大有希望竞争最佳射手。

不过即便面对竞争力一般的球队，其防线也无法令人放心，特别是萨穆埃尔因伤报销之后，连压轴的主心骨都没有了。德米凯利斯本就是稳定性一般的球员，再给他找一个临时搭档，只能祈祷比赛时上天眷顾了。头重脚轻是主帅马拉多纳必须重视的问题，如果不解决好，阿根廷队难以走得更远。

C罗所在的葡萄牙队，情况就要复杂很多，这个周期内老将悉数告别赛场，年轻的C罗要独自挑起大梁。更令人担忧的是，球队出现了人才断档的窘境，新生代中只有纳尼等个别球员值得期待，攻击线的整体实力比以往有了大幅度下滑。

而且葡萄牙队所在小组的球队实力也相当出众，巴西队、科特迪瓦队与朝鲜队，要么水准远在它之上，要么特点鲜明不能掉以轻心。总之C罗独自带队的第一届世界杯，显得危机四伏。唯一的好消息是，葡萄牙队最后一轮才对阵"桑巴军团"，前面发挥好了其压力会大大减轻。

此时的巴西队处于人才凋零期，以罗纳尔迪尼奥和罗纳尔多为首的老一代巨星淡出之后，在欧化浪潮的席卷之下，桑巴属性的球员越来越少。这支球队当中大多是工兵型人物，领军带队的卡卡也是欧化体系培养的精英，锋线上他们甚至要仰仗法比亚诺这个级别的球员，放在十几年前他根本无法入选世界杯的大名单。

从比赛的实际进程来看，巴西队算是保住了基本盘，尽管与过去相比差距很大，但在铁腕主帅邓加的率领之下，纪律严明的球队下限还是很高的。面对实力不如自己的球队，巴西队能够拿满核心分数，轻松锁定小组第一。

反观葡萄牙队，情况就显得比较糟糕了。纳尼在开赛之前就因伤退出，首战还折损了中场唯一的核心德科，在大部分的比赛中，几乎要靠C罗一个人撑起球队的攻击线，像达尼、

阿尔梅达等球员只能勉强一用，甚至作为僚机都不能令人满意。

在这种情况下，C罗的心态起了变化，他经常深度回撤持球突击，在机会不好的情况下也会强行射门，这既反映出他急躁的情绪，也体现了对队友能力的不信任。因此，除了大胜朝鲜队的比赛，其他比赛葡萄牙队踢得都很挣扎，打进一球也不是容易的事。

好在中卫里卡多·卡瓦略与门将爱德华多稳住防线，他们在三场比赛中一球没丢，这是葡萄牙队能够小组出线的关键所在。与两支传统劲旅相比，朝鲜队的比赛历程就显得跌宕起伏了，首战将巴西队逼得使尽浑身解数，最终仅以一球小负。赛前列队时泪流满面的郑大世，更是夺走了所有人的目光，从这场比赛来看，朝鲜队44年后的回归首秀如同过往那般惊艳。

只不过令人意外的是，第二场比赛朝鲜队突然一泻千里，居然0∶7输给葡萄牙队。要知道在整个世界杯历史上，单场丢7球都是极少发生的，更何况葡萄牙队的攻击线问题显著，面对精神状态拉满的球队，居然能打出如此一边倒的比赛。与他们的前辈相比，这次旅途实在令人失望。

德国队新老交替的情况令人满意，在一批功臣归隐，巴拉克又因伤缺阵的情况下，2009年U21欧青赛一代站了出来，他们在"猪波拉"三名中生代的引领下，迅速成为球队的关键人物。在整个1986—1990年龄段，除了传统中锋位置，出现了全方位的人才井喷。

门将位置上的新生代佼佼者诺伊尔，防线上的巴德施图贝尔、热罗姆·博阿滕，中场的多面手赫迪拉，前场的精灵托马斯·穆勒，以及一位创造力十足的前腰球员，再算上其他机会不多的边缘人，可以称之为黄金一代。从纸面阵容来看，德国队小组出线的征程应该比较轻松，但实际情况还是比预想的困难一些。

德国队的新主帅勒夫主打一套稳健的"4231体系"，面对澳大利亚队这样的弱旅打得酣畅淋漓，但次战与塞尔维亚队的比赛却遭遇意外。克洛泽很早便吃到有争议的红牌下场，球队最终爆冷输球，导致最后一场成了生死战。

不过这支年轻的球队相当沉稳，他们末轮面对加纳队即便打不开局面，也踢得不急不躁。这批球员综合素质出色，虽然脚下技术达不到拉丁派的顶尖水准，硬度方面与前辈们相比也有差距，但他们将两者结合得比较好，在稳固防守的同时能打出立体化的进攻套路。在个人能力的加持之下，最终通过一脚远射终结了比赛的悬念，昂首挺进淘汰赛。

与德国队相比，在曼联队"92班"陆续淡出之后，英格兰队就显得平庸了一些。球队的顶梁柱还是"双德"、鲁尼、特里与费迪南德等人，新生代的沃尔科特、列侬等人虽然偶有惊艳发挥，但始终无法达到特定的高度，在"三狮军团"也无法成为关键角色。

尽管在主帅卡佩罗治下，英格兰队在预选赛中取得了傲人的成绩，但偏保守的球风还是引起了外界的非议。另外在杯赛性质的比赛中，球员的单体天赋也是很重要的，如果整队的灵性都处在相对一般的层次，那么很难抱有较高的期待。

英格兰队与美国队、斯洛文尼亚队、阿尔及利亚队同在一组，看上去会踢得相对轻松，然而英格兰队却险些小组出局。球队的三条线都有着严重的问题，锋线上鲁尼因为伤病完全处在梦游状态，中场"双德"的兼容问题依然无法解决，即便派上巴里与兰帕德搭档，将杰拉德拉到左边，依然无法梳理好球队的攻守转换。如果35岁的贝克汉姆没有受伤，他的一脚调度可能比这三位的总和更加有效。

防线上费迪南德赛前因伤退出，特里缺少了黄金搭档，经过实践证明莱德利·金、卡拉格与厄普森各有各的问题，伤病、状态与能力总有一个成为主帅的心头大患。再加上主力门将格林的"黄油手"失误，球队处在一片混乱之中。球队开局就是两连平，幸亏末轮1:0小胜斯洛文尼亚队，才勉强拿到小组第二，但是首轮淘汰赛就碰到了"天敌"德国队。

荷兰队的情况相对平缓，尽管核心队员罗本赛前受伤，小组赛基本没有出场。但在主帅范马尔维克的保守思路之下，球队踢得算是有条不紊，斯内德的核心作用比几年前更加明显，尽管中后场的能力有明显短板，但三战全胜小组晋级没有问题。

上届冠军意大利队就没有这么好的运气了，尽管里皮重新拿起了教鞭，但是几年间其新生代完全断档，能够跻身核心阵容的只有中卫基耶利尼一人。其他值得倚仗的球员还是卡纳瓦罗、皮尔洛、布冯与亚昆塔这些"前朝元老"，而且他们又年长了4岁。

更为致命的是，皮尔洛开赛前就有伤病，前面的比赛完全不能打。布冯首场比赛就因伤报销，加上卡纳瓦罗年龄过大，当年的冠军三人组已经无法为球队贡献力量。结果球队开局收获了沉闷的两连平，末轮如果拿不下斯洛伐克队，出线形势将十分不利。

结果皮尔洛还是不能首发出场，依靠德罗西、加图索与蒙托利沃梳理中场又无法实现，他们踢球完全没有章法，给人一种脱节的感觉，防线的失误还让他们处于落后状态。皮尔洛迫不得已在下半时替补出场，尽管身体状态不在最佳，但组织梳理的效果立竿见影，加上另一名替补夸利亚雷拉的冲击，"蓝衣军团"的进攻有了质的飞跃。

只可惜球队防线还是靠不住，在他们拼命追分的危急时刻，后卫的失误葬送了球队的前途。从最后的结果来看，意大利队只需要一场平局就能晋级，结果却是冰冷的2:3。时至今日，仍有很多球迷记得皮尔洛挽狂澜于既倒的大师风范，以及夸利亚雷拉的神仙吊射，只可惜这一切没能挽回上届冠军小组出局的命运。

特别值得一提的是，本届比赛日、韩两队发挥出色，都从各自的小组顺利出线。这也是两队除了本土世界杯之外，第一次从小组突围，充分证明了亚洲足球水平的进步。

门线悬案与双骄的落寞

本届淘汰赛的赛制与4年前完全一致，16强阶段的最大看点，显然是德国队与英格兰队这对宿敌的再度交手。本场英格兰队派出了鲁尼与迪福的双前锋搭档，显然是想通过提速来冲击德国队，结果却被对手用这招克制住了。开场之后德国队发起了迅猛的冲击，边中结合打得很灵活，穆勒等人跑位飘忽不定，前场几个人的协作有声有色，虽然技术精细度仍然一般，但对付英格兰队已经绰绰有余了。

在这种较快节奏的压迫下，德国队很快取得了2∶0的领先，卡佩罗的球队攻击力本就一般，此时情况变得非常危急。不过这批球员没有因此掉链子，他们在半场结束前的一段时间，逐步找到了比赛的节奏，开始尝试传统的边路模式，并且取得了一定的效果。

此前防守端多次犯错的中卫厄普森，利用高球抢点扳回一城，紧接着英格兰队前场完成反抢，兰帕德在禁区弧顶处顺势吊射，球砸中横梁下沿弹进了球门。然而令人匪夷所思的是，乌拉圭主裁判拉里昂达居然无视这个进球，选择让比赛继续进行。从慢动作回放可以看出，球的正投影早已完全越过门线，这是一次彻头彻尾的误判，几乎葬送了英格兰队的前途。

很多人会说这是因果报应，毕竟1966年世界杯决赛，英格兰队凭借"门线悬案"击败了联邦德国队。但要强调的是，当时联邦德国队常规时间的绝平球就是手球犯规在先，应当被取消的。更何况加时赛中的门线问题，时至今日也无法下结论，而这次兰帕德实打实地被冤枉了，这是足球史上耻辱的一天。

由于进球不算，下半场英格兰队仍然落后一球，他们开启了集体出动的模式。尽管球队创造出了一些机会，兰帕德再次击中了门框，但迟迟无法将比分扳平。缓过劲来的德国队，利用对手空虚的防线，连续打成两次快速反击。穆勒的梅开二度终结了比赛的悬念，这是一场令人五味杂陈的比赛。

诚然英格兰队硬实力不如德国队，在比赛前期的发挥也不尽如人意，但其克服了过往的顽疾，在落后的情况下展现出了惊人的斗志。最终却因为裁判员的重大失误，无奈地打道回府，这次误判对足球世界造成了巨大的震动，也间接加速了科技介入足球的进程。

另一场重头戏是西班牙队与葡萄牙队的伊比利亚内战，C罗要独立带队挑战王者之师。本场比赛德科依然无法复出，在中场原本就不对等的情况下，葡萄牙队的情况岌岌可危。事实上从比赛开球之后，胜利的天平就倾斜了。

葡萄牙队采用了偏保守的回收策略，西班牙队完全掌控了比赛的局面，尽管托雷斯依然没有复苏，球队锋线把握机会的能力并不出众，但这种无止境的倒脚，锁死了对手的命门。西班牙队只需要一次不经意间的提速，就能制造杀机终结比赛。

反观葡萄牙队，在对手咄咄逼人的气势之下，C罗拿球的机会很少，偶尔在很深的位置持球突破，也很难制造实质性的威胁。

最终在比赛的第63分钟，哈维脚后跟妙传比利亚打进制胜球，西班牙队顺利晋级8强。对于C罗来说，独自带队参加的第一届世界杯，不仅结果令人失望，过程更是让人绝望。球队的人才断档问题愈发严重，未来数年等待他的将是漫漫长夜。

在其他几场比赛中，巴西队、荷兰队与阿根廷队都顺利晋级，亚洲球队则不那么走运，韩国队与日本队输给了南美的乌拉圭队与巴拉圭队，没能续写亚洲荣耀。非洲的独苗加纳队表现出众，力克劲敌美国队闯入了8强。

8强当中关注度最高的比赛，自然是德国队与阿根廷队的较量，一边是整体性强、实力平均的"德意志战车"，另一边是球星云集、攻强守弱的"潘帕斯雄鹰"。然而实际的比赛进程却出乎了大多数球迷的预料。

德国队依然延续了抢开局的策略，开场就利用定位球首开纪录，随后舒服地收缩防线，将阿根廷队推到了悬崖边上。马拉多纳手下的这支球队，尽管攻击线上人才辈出，但他们多是持球冲击的类型，需要一定的空间。梅西在极小范围尚能闪转腾挪，但特维斯与迪马利亚就显得力不从心了。

所以在此后的很长一段时间内，尽管阿根廷队多次试图掌控局面发起全面攻击，但始终处于有力使不上的状态。梅西作为前腰，更多的还是锋线思维，拿球之后第一时间会选择带球突破，在控场衔接层面无法发挥更多作用。所以球队有一种各自为战的感觉，在对手相对紧缩的情况下，只得无功而返。

打破这种僵持局面，要么是阿根廷队抓住机会扳平比分，要么就是德国队打反击扩大战果。最终的结局是后者，久攻不下的阿根廷队遭遇重创，克洛泽与弗雷德里希的进球彻底将马拉多纳的球队钉在耻辱柱上。0：4的比分显得那么刺眼，头顶无数光环的梅西，在回到国家队之后显得十分无助。此刻他一定十分怀念哈维与伊涅斯塔，那是上天恩赐世间的瑰宝。

巴西队与荷兰队的比赛，舆论还是更看好"桑巴军团"，尽管这支平民球队的亮点不多，但给人一种难得的踏实感。不过范马尔维克治下的荷兰队更加务实，球队选择祭出"4231"的双后腰阵形，即便遭到了克鲁伊夫的猛烈批评，球队方面也丝毫不为所动。

从比赛的前期进程来看，巴西队还是占据明显优势的，荷兰队的中场始终找不到进攻节奏，仅靠斯内德这个级别的球员是不足以跟对手抗衡的。荷兰队能利用的还是边路的优势，罗本的冲击永远是最大杀器，但受到伤病困扰的"小飞侠"还未达到最佳状态。

开场后不久巴西队就先下一城，随后也算掌握了比赛的局面，如果能趁机扩大比分，这场球赛的悬念就终结了。然而巴西队没有这么幸运，1：0的比分一直维持到了下半场，随后的故事就有些始料未及了。

荷兰队先是通过右路起球造成巴西队门将塞萨尔失误，幸运地扳平比分。随后又通过精心设计的角球战术，由斯内德头球破门完成反超。紧接着巴西队的后腰梅洛头脑发热，踩踏罗本被红牌罚下。巴西队陷入了极端被动的局面，本届世界杯中还未遇到过这种情况，球员们一时间慌了手脚。

在随后的比赛中，荷兰队尽管踢得不像以前的"橙衣军团"，甚至显得较为粗野，但"结果至上"的理念是一如既往的。通过全队的努力，荷兰队守住了来之不易的胜果，将夺冠大热门巴西队送回了家。

西班牙队则遭遇了巴拉圭队的顽强抵抗，对手一直以来就以防守见长，过去曾让法国队、德国队与英格兰队吃尽苦头，此次挑战"无敌舰队"仍然毫无惧色。巴拉圭队采用了令人窒息的压迫式防守，企图切断对手擅长的传切体系，并且收到了很好的效果。球队的反击还有收获，在下半场率先获得了一粒点球。

不过伟大的卡西利亚斯拯救了西班牙队，他从容地扑出了巴拉圭队的点球，才保留了希望的火种。随后尽管"斗牛士军团"也罚丢点球，但还是凭借比利亚的制胜球，艰难地拿到了4强的席位。

乌拉圭队与加纳队的比赛原本受关注度较低，不过比赛的戏剧性却令人惊喜。且不论常规时间双方都打进了漂亮的世界波，在加时赛行将结束的时候，世界杯历史上的名场面诞生了。加纳队持续施压，眼看就要攻破对手的球门，苏亚雷斯却用一个排球动作，在门线上用手挡出了必进球。裁判果断给了"红点套餐"，如果吉安的点球罚进，加纳队就将成为世界杯历史上第一个闯进4强的非洲球队。

然而在重压之下，他罚出的球击中了立柱，驻足观看的苏亚雷斯一阵窃喜，整个非洲大陆却陷入沉寂。比赛随之进入点球大战，死里逃生的乌拉圭队自然占据了心理优势，最终拿下这场胜利，40年后重返世界杯前四的行列。

无冕之王与王朝的建立

半决赛德国队大战西班牙队，赛前的舆论热度非常高，但仅从竞技层面来说，西班牙队明显占据优势。各路专业人士也纷纷发表看法，几乎一致认为将技术流发挥到极致的西班牙队，将进军世界杯决赛。更让德国队雪上加霜的是，攻击端的核心穆勒累计黄牌停赛，没有队友能够替代他的作用。

勒夫采取了相对保守的策略，将比赛主动权完全交给了西班牙队，博斯克则撤下了托雷斯，用巴萨队小将佩德罗首发，意图进一步强化传切体系。在这种基调下，本场比赛呈现出完全一边倒的局面，西班牙队的控球率一度达到了75%，德国队在前30分钟甚至没有一脚射门。

尽管西班牙队在前场腹地的攻坚能力也有欠缺，但其强大的高位压迫能力让德国队无法组织起像样的反击。地面的连续渗透成为奢望，偶尔的长球也难以发挥效果。尽管最终西班牙队仅仅依靠定位球拿下胜利，但这种软刀子割肉的手法几乎是无往不胜，在意志被逐渐消磨之后，彻底崩盘只是时间问题。

就这样西班牙队黄金一代创造了历史，首次闯进世界杯决赛。外界异口同声地惊呼"实至名归"，也足以说明这支球队空前的声望。如果西班牙队能够问鼎金杯，必将在历史长河中留下浓墨重彩的一笔。

在另一场半决赛中，荷兰队与乌拉圭队都显得有些保守，尽管两粒远射看得球迷们大呼过瘾，但双方的主帅还是显得小心谨慎。最终球星的成色决定了结果，斯内德的持续高光与罗本的强势归来，帮助他们拿下了比赛。32年后重返世界杯决赛，"橙衣军团"期待弥补前辈们的遗憾。

从双方的实力对比来看，荷兰队显然是完全落于下风的，决赛中最大的看点，就是选择什么样的策略去跟对手抗衡。此前的智利队与德国队算是两个极端，"橙衣军团"需要做好评估，如果战略出现失误，结果将无可挽回。

2010年7月11日，约翰内斯堡的足球城体育场，大战一触即发。本场比赛博斯克依然选择让小将佩德罗首发，荷兰队则迎来了德容与范德维尔的复出，双方全主力出战，已经毫无保留。

从比赛场面来看，荷兰队选择了扩大防区，采用张力十足且侵略性很强的防守策略，哪怕犯规数容易失控，也要从源头上遏制西班牙队的无解传控。德国队已经证明，单纯的消耗战没有意义，如果不能抢出自己的节奏，比赛就会非常被动。

整个上半场荷兰队两个后腰都吃到黄牌，德容飞踹阿隆索的动作更是引发巨大的争议。从回放来看，这是标准的红牌动作，但主裁判韦伯可能是为了维持比赛的完整性，最终只给了他一张黄牌。不过这样的策略收到了很好的效果，西班牙队的控球率一度只维持在55%左右，而且创造不出像样的机会。

到了下半场，在犯规危机与体能危机爆发之前，荷兰队原本有机会拿下比赛。罗本先后错失一个单刀，以及一个强行超车的准单刀，可能是卡西利亚斯太熟悉他的步伐了，才能用非常规的方式化解他的射门。当西班牙队撑过了最困难的时候，球队陆续换上了纳瓦斯与法布雷加斯，准备终结比赛的悬念。

事实上荷兰队长期维持极限的高位逼抢，已经超出了身体极限，到了常规时间的最后阶段显得力不从心。进入加时赛之后，比赛完全落入了西班牙队的掌控之中。若不是法布雷加斯、伊涅斯塔与比利亚挥霍了几次机会，西班牙队早该结束战斗了。

直到比赛的第116分钟，伊涅斯塔终于接到法布雷加斯的挑传，一脚劲射"杀死"了荷兰队。只见他疯狂跑向场边并脱去了自己的

球衣，胸口的白色内衬上，赫然印着已逝好友哈尔克的名字。西班牙全队陷入疯狂，为这一天，西班牙足足等待了60年。

终场哨响，属于西班牙足球的顶峰时刻到来了，他们曾经春风得意，却数次在国家大赛中铩羽而归。如今西班牙队迎来了天才井喷的时代，在瓜迪奥拉主导的框架之下，呈现出了接近理想主义的比赛方式。从世界杯赛事诞生的第一天起，人们便没有见过统治力如此惊人的球队，如今眼见为实，"无敌舰队"实至名归。

有人曾说，能够击败这支球队的，也许只有岁月。几家欢喜几家愁，荷兰队第三次获得世界杯亚军，"无冕之王"的帽子依然无法在世界杯这个赛场摘下。

从办赛的角度来说，南非是一个合格的东道主，不仅基础设施与服务达到了国际足联的要求，最令人担忧的安全问题，最终也被证明是虚惊一场。

从竞技层面来说，本届杯赛难言精彩，场均2.27个进球是20年来的最低值。受到穆里尼奥保守思潮的影响，本届赛事单前锋体系大行其道，连巴西队、荷兰队与英格兰队这样的传统豪门都变得功利，其他球队萧规曹随也就不令人意外了。

即便是震古烁今的西班牙队，在多数对手采取紧缩策略的前提下，其攻坚也显得非常挣扎，尽管完全控制住了场面，但取得进球还是很困难的事情。作为最终的冠军，整届杯赛仅仅打进8球，这固然有自身锋线受损的问题，但也能从侧面反映出本届杯赛的大风向。

从球队层面考量，传统强队中巴西队、阿根廷队、法国队、英格兰队和意大利队的表现都令人失望。仅有西班牙队、德国队与荷兰队达到了人们的预期，其中荷兰队还因为消极暴力的比赛方式备受指责。在二、三线球队当中，乌拉圭队与加纳队的表现可圈可点，另外来自亚洲的日本队和韩国队也创造了历史。

球星层面也显得乏善可陈，众星云集的西班牙队，由于是标准的"集体作业"，哪怕是大脑哈维也无法被选出来独享赞誉。最终的世界杯最佳球员，颁给了乌拉圭队的弗兰，虽然只是第四名球队的核心人物，但弗兰在整届世界杯的表现都让人拍手称赞，是乌拉圭队晋级4强的大功臣。

除此之外，比利亚、斯内德和托马斯·穆勒等球员也算可圈可点，但比起当年百家争鸣的时代，还是有着明显的差距。即便算不上球星凋零，也很难让人眼前一亮。

在英格兰举办的世界杯，可以说是足球"回家"，那么4年之后将要在巴西举办的世界杯，就是足球的最完美归属。

世界杯最佳"预言帝"

预测世界杯的比赛结果，是很多球迷乐于参与的一件事。南非世界杯比赛期间，一只名叫保罗的章鱼，因为预测准确率奇高而名声大噪。

章鱼保罗生于英国，在德国长大。2008年欧洲杯的时候，它就因为预测比赛结果而成名。保罗在2008年欧洲杯时一共预测了6场比赛，猜对了其中的5场，成功率高达83%。到了南非世界杯，保罗的预测准确率再度提高，达到了惊人的100%。

保罗对南非世界杯比赛预测情况如下：

〇在小组赛中预测德国队击败澳大利亚队（德国队4：0胜）

〇在小组赛中预测德国队输给塞尔维亚队（德国队0：1负）

〇在小组赛中预测德国队击败加纳队（德国队1：0胜）

〇在1/8决赛中预测德国队击败英格兰队（德国队4：1胜）

〇在1/4决赛中预测德国队击败阿根廷队（德国队4：0胜）

〇在半决赛中预测德国队输给西班牙队（德国队0：1负）

〇在三、四名决赛中预测德国队击败乌拉圭队（德国队3：2胜）

〇在决赛中预测西班牙队击败荷兰队（西班牙队1：0胜）

在2008年欧洲杯和2010年南非世界杯中，章鱼保罗共计做出14次预测，其中13次正确，正确率高达92.85%。有意思的是，章鱼保罗预测的这14场比赛最终都分出了胜负，没有一场平局，这也是保罗预测精确度如此高的原因之一。在北京时间2010年10月26日16时30分，章鱼保罗去世。

第二十章
2014，征服与一步之遥

> 终场哨响，德国队开始忘情地庆祝，转播镜头同时也在捕捉梅西的身影，他显得落寞而无助。当大力神杯近在咫尺时，他能做的却也只是驻足凝望，这一瞬间还被某位记者抓拍到，最终这张照片被定名为"一步之遥"，成为世界杯历史上的永恒瞬间。是的，他距离大力神杯仅有咫尺之遥，这却成了他加冕球王之路上的鸿沟。
>
> ——引语

格局：传控与"绝代双骄"

一直以来，足球世界的两大版图固若金汤，欧洲与南美洲呈现出分庭抗礼之势，尽管在博弈中存在短暂倾斜，但固有的格局从未被完全打破。然而令人意外的是，自从1978年的阿根廷世界杯之后，南美大陆就再未举办过世界杯，即便到了21世纪，受益的也是来自"足球小洲"的东道主。

不过在国际足联规章的安排下，2014年世界杯终于回到了南美洲这片沃土，巴西时隔64年再次成为世界杯的主办国。只是时过境迁，当年那个极度渴望证明自己，却因为一场失利举国悲恸的新兴势力，如今早已成为"足球王国"。一切都改变了，却不曾磨灭巴西人对于足球的原始热忱，迎回世界杯的那一天，无异于第二个国庆日。

在全新的世界杯周期中，由于巴萨队及西班牙队的强势，足球世界的底层逻辑发生了翻天覆地的变化。一时间传控足球成为绝对主流，数得上号的球队都渴望对自身的风格进行改良。

短时间内部分球队的踢法有了明显改善，球员个体的脚下技术得到充分打磨，整体的传切体系也更加顺畅。不过这终究是顶尖舞台的你追我赶，瓜迪奥拉给予足球世界最深刻的影响，还重塑了主流世界的底层逻辑，从青训层面开始，球员的培养都开始遵循所谓的"西班牙模式"。

南非世界杯之后的这4年，是梅西与C罗继续制霸足坛的阶段，在巴萨队实力下滑明显的情况下，皇马队完成逆势超车，让两者的对垒接近于平衡状态，这也促成了"绝代双骄"火星撞地球般的旷世对决。

从两人所在的俱乐部水准来说，皇马队与巴萨队就是当时欧洲足坛的王者，可以与之一较高下的只有拜仁慕尼黑队。而从梅西、C罗两人最直观的数据来说，他们简直就是外星来客般的存在。梅西在2012年全年共打进了91球，一举打破了盖德·穆勒年度85球的纪录，西甲联赛更是单赛季打进50球，且曾有连续21轮破门的神迹。在2009年到2012年的欧冠赛场，梅西完成史无前例的四连金靴，进球的脚步在任何地方都未曾停下。

在梅西的强大压力面前，C罗却愈战愈勇。他也曾两次西甲单赛季进球超过40个，并且在2014年世界杯之前刷新了欧冠单赛季进球纪录（17球）。更为恐怖的是，这一阶段C罗几乎每年都能贡献60球左右的输出，最多一次是2013年的69球，尽管与梅西的纪录相比还有差距，但从平均情况来看他甚至更有优势。

这一阶段其他球星沦为"配角"，所在团队很难与皇马队、巴萨队抗衡，个人表现也没法在数据时代脱颖而出。毕竟原先一些顶级前锋，单年打进40球，单赛季联赛打进30球，欧冠一季有10球的稳定输出，就已经登峰造极了，但在"绝代双骄"的阴影下，这样的数据甚至拿不到"高端局"的入场券。

稍显遗憾的是，两人在国家队的情况都不算很理想，梅西所在的阿根廷队显得"头重脚轻"，大部分才华横溢的球员集中在中前场，球队的平衡难以掌握。2011年的本土美洲杯，球队踢得极其没有章法，在8强阶段就被淘汰出局。C罗所在的葡萄牙队，则面临着青黄不接的问题，尽管在2012年欧洲杯中闯入4强，但球队的整体实力还是非常有限，不足以支撑起他的野心。

所以到了世界杯年，其他球员迎来了挑战"绝代双骄"的最好机会，毕竟国家出身几乎无法选择，在生存空间极小的情况下，同时代的其他球星需要集中力量一起挑战梅西与C罗。

本届杯赛依然有超过200个国家和地区报名参赛，整体规模趋近饱和。这个阶段中国队基本告别了上个10年摧城拔寨的老将，但是人才断档随之而来，尽管1985国青一代涌现出了不少球星，但周围的竞争对手进步更快，所以中国队渐渐落于下风。

此前两次中国队未能闯进预选赛最终阶段，情况还是很好理解的：2006年世预赛是最后时刻数学水平不过硬，在自身实力没问题的情况下少进了一个球；2010年世预赛是同组对手实力强且平均，中国队虽然最终垫底，但与头名的差距不过在一场胜利左右，这种发挥也在可接受的范围内。

不过到了2014年世预赛，情况就变得有些令人绝望了。这一年亚洲区还是分成四个阶段，中国队主要参与的就是第三阶段的"20强赛"，这个阶段一共分成5个小组，每组前两名晋级最终的"10强赛"。与我们同组的对手有伊拉克队、约旦队和新加坡队，与四年前相比看似容易了不少。

但这次中国队输得非常干脆，前几场面对约旦队和伊拉克队全部败北，赛程过半基本就失去了晋级资格。这也是近些年中国足球令人绝望的开始，场上的这批球员令大众捶胸顿足，而青训阶段的苗子还不如世预赛溃败的这一批。从这一刻开始，很多资深球迷就意识到，我们可能要长期无缘世界杯了。过去是一步之遥，现在却是千里之外。

欧洲区整体比较平稳，主流强队悉数晋级，唯有C罗所在的葡萄牙队经历了一番波折。葡萄牙队意外地被同组的俄罗斯队压制，只能屈居第二名，去跟瑞典队打附加赛。于是C罗与伊布拉希莫维奇的巅峰对决上演了，这是世预赛历史上的经典名局，也是C罗的代表作之一。

首回合葡萄牙队主场1∶0先下一城，次回合来到瑞典队主场，两队的核心人物开始了直接较量。最终伊布拉希莫维奇打进两球，包括一个漂亮的直接任意球破门，但C罗大演帽子戏法，各种高速奔袭中的疾闪破门看得球迷大呼过瘾。最终葡萄牙队以4∶2的总比分晋级正赛，伊布拉希莫维奇的队伍则连续两届黯然出局。这也是所谓"金边罗"最后的演出，几个月之后C罗就受到伤病袭扰，速度和爆发力受到影响，这也为C罗在2014年世界杯的表现埋下了不好的伏笔。

其他大区的情况波澜不惊，主流球队多数顺利过关，也没有值得一提的黑马令人眼前一亮。32支球队汇聚到了"足球王国"巴西，希望在最狂热的球迷面前展现出自己最好的一面。

■ 征程：冷门与双骄独舞

本届世界杯的赛制与此前完全一致，不过这项人类盛事36年后重回南美大陆，还是让球迷们兴奋不已。5次获得世界杯冠军的巴西队是世界杯历史上表现最出色的球队，本届作为东道主球队，自然希望能够在家门口重夺冠军。

巴西队签运不错，与克罗地亚队、墨西哥队、喀麦隆队分在了同一个小组。从小组赛来看，巴西队最大的问题与赛前人们所担心的一样，那就是在中锋位置上没有足够出色的前锋，不用说与之前的罗纳尔多、罗马里奥相比，甚至4年前的法比亚诺级别的中锋都已难觅踪迹。

当然巴西队的阵容基础依然过硬，后防线上有当时世界上最好的中后卫蒂亚戈·席尔瓦坐镇，两侧的边后卫则是如同边锋一般犀利的阿尔维斯和马塞洛。不过中前场如果以"桑巴军团"的标准来看，还是稍显单薄了一些，中场的保利尼奥和古斯塔沃在欧洲联赛都只能属于二流角色，攻击线上的奥斯卡、浩克都是后来前往中超踢球的球员，中锋位置上更是只能使用弗雷德、若这种级别的球员。

还好在这个周期内，巴西队又诞生了一名顶级天才，那就是早已扬名天下的内马尔。他在巴西国内联赛效力时就已声名鹊起，其中自然有经纪团队炒作的原因，但是他本人的天赋也是有目共睹的。尤其是在本届世界杯的前一年，他以1亿欧元左右（具体数额存在争议）的转会费加盟西甲豪强巴萨队，并且在效力五大联赛的第一个赛季就取得了接近两双（进球数和助攻数都达到或者超过10）的数据。

三场小组赛巴西队打进了7球，其中有4个进球是由内马尔取得的。首战对阵克罗地亚队，马塞洛的乌龙球一度让巴西队比分落后，不过随后内马尔梅开二度反超比分。次战巴西队对阵墨西哥队，墨西哥队门将奥乔亚上演了经典的个人表演秀，多次扑出巴西队的必进球，甚至两次上演极限门线救险，最终他的神勇发挥帮助墨西哥队0∶0逼平东道主巴西队。第三轮比赛巴西队又是凭借着内马尔的梅开二度战胜了"非洲雄狮"喀麦隆队，有惊无险地以小组第一的成绩晋级世界杯淘汰赛。

B组出现了戏剧性的一幕，4年前在决赛中碰面的西班牙队与荷兰队，竟然在本届世界杯的小组赛阶段就狭路相逢，本次相遇也是自1986年的德国队和阿根廷队之后，首次有世界杯决赛球队在下届杯赛直接碰面，而且是在小组赛阶段。另外本小组还有南美劲旅智利队，此时的智利队由桑切斯、比达尔和布拉沃等球员为代表的黄金一代率领，他们在2015年和2016年美洲杯上都夺得了冠军。

2年前的西班牙队依然是一艘"无敌战舰"，当时球队连续三届世界大赛夺得冠军。如今2014年世界杯，博斯克依然是这支冠军之师的总舵手，球队的主力框架依然保持着大赛三连冠时期的班底，"哈白布"组合，皮克和拉莫斯的中卫搭档，锋线上在托雷斯与比利亚实力严重下滑之后，归化了著名的"狂战猛男"迭戈·科斯塔，"斗牛士军团"看起来依然不可战胜。

但是当比赛正式开打时，西班牙队仿佛受到了诅咒。首战对阵上届决赛对手荷兰队，西班牙队完全占据了场上优势并率先打入一球，一切都没有背离人们的预期。但是紧接着"飞翔的荷兰人"开始爆发，范佩西惊艳地鱼跃冲顶破门帮助"橙衣军团"扳平比分，这个进球可以说是世界杯历史上最精彩的头球破门之一。

随后罗本如同脚踩风火轮一般势不可当，帮助荷兰队建立优势，略显老迈的西班牙队防线被多次击穿，最终西班牙队1∶5惨败在荷兰队脚下，这也是世界杯历史上首战输球最惨的上一届冠军球队。范加尔设计的"532阵形"针对性极强，能发挥出几位年轻人的特点，打出高效反击，这让"步履蹒跚"的西班牙队毫无招架之力。

次战对阵智利队，西班牙队在首发阵容上做出调整，拿下皮克和哈维。智利队看到荷兰队用三后卫阵形击溃西班牙队之后，第二场比赛也使用了类似的体系，这样的打法同样取得了奇效。西班牙队整场打得非常不舒服，最终0∶2败下阵来，上届冠军西班牙队连败后提前出局，智利队同荷兰队携手出线。

虽然在4年前夺得了世界杯的亚军，但范加尔治下的荷兰队在本届杯赛大胆起用新人，球队除了罗本、斯内德和范佩西几人之外，4年前的大部分老将都无缘本届杯赛。阵中有大批新锐，而且范加尔赋予了球队活力与激情，小组赛阶段就势不可当，连克西班牙队、澳大利亚队、智利队。

C组是本届世界杯平均实力相对较弱的小组，日本队、哥伦比亚队、科特迪瓦队、希腊队分在了同一个小组，4支球队来自四个大洲，实力平均，打法各不相同。

在开赛前，日本队得到了很高的期望，在过去的1年中它在联合会杯和友谊赛中都有不错的发挥，其中包括战平荷兰队、击败比利时队等经典比赛。不过到了世界杯正赛阶段，日本队的致命问题暴露无遗，在身体强度上与其他大洲球员的差距仍然很大。首战对上科特迪瓦队，日本队开场就取得领先，但是当科特迪瓦队下半场进行换人调整后，2分钟内用硬派打法连进两球，日本队的防线在高强度的进攻下毫无招架之力。随后的两场比赛日本队0∶0战平希腊队、1∶4惨败哥伦比亚队，遗憾出局。日本足球的发展一直令我们羡慕，但是不得不说日本球员的身体素质结合其发展道路，在世界杯上多数时候只能扮演陪跑者的角色。

C组最令人惊喜的是哥伦比亚队，在当家球星"老虎"法尔考因伤缺席后，球队中的另一名球星哈梅斯·罗德里格斯（简称J罗）横空出世，他也成为本届世界杯上最炙手可热的新星。小组赛面对3支风格迥然不同的球队，哈梅斯·罗德里格斯打进3球并且奉献2次助攻，帮助哥伦比亚队三战全胜，轻松取得小组头名。

该届世界杯还有一个名副其实的"死亡之组"。意大利队、乌拉圭队与英格兰队3支世界杯历史上的传统强队被分在了同一小组，与之相比剩下的哥斯达黎加队显得黯淡无光，毕竟它最好成绩也只是世界杯16强。这样看来，哥斯达黎加队似乎将成为三大豪强"蹂躏"的对象，然而足球的魅力就在于此，一切都无法预测。

首轮意大利队与英格兰队狭路相逢，意大利队在过去的十年患上了"皮尔洛依赖症"，4年前因为皮尔洛受伤导致球队小组出局，本届世界杯球队终于再次拥有了健康的皮尔洛，不过此时他已经35岁。然而英格兰队的中场依然拿皮尔洛没有办法，杰拉德与亨德森的组合在皮尔洛面前显得尤为笨拙。比赛第35分钟，维拉蒂传球给皮尔洛，没想到皮尔洛轻巧漏过了这个传球，马尔基西奥在身后插上打入一粒精彩的世界波，随后斯图里奇帮助英格兰队扳平比分，但是2年前在欧洲杯上闪耀的巴洛特利打进制胜球，帮助意大利队取胜。

同组的另外一场比赛大大出乎了人们的意料，上届的4强球队乌拉圭队1∶3负于哥斯达黎加队，要知道虽然苏亚雷斯因伤缺阵，但是乌拉圭队阵中还有世界杯金球奖得主弗兰和卡瓦尼这样的实力派球星。

不过乌拉圭队也有好消息，苏亚雷斯在世界杯前做了半月板手术，本已无望参加世界杯，但是在老队医费雷拉的努力下，苏亚雷斯竟然在不到一个月的时间内就迅速复出。在第二轮对阵英格兰队的比赛中，苏亚雷斯首发出战，他也用梅开二度的表现回馈了球迷的期待，乌拉圭队2∶1击败英格兰队，两连败的英格兰队提前告别世界杯。

"陪跑球队"哥斯达黎加队成为开赛以来最大的黑马，在首轮比赛击败乌拉圭队后，次轮又1∶0击败意大利队，最不被看好的他们竟然提前从"死亡之组"出线。而意大利队则在末轮与乌拉圭队上演生死战。

最后一轮比赛前，意大利队与乌拉圭队同积3分，不过意大利队有1个净胜球的优势，这意味着意大利队打平即可出线，然而这在足球世界中仿佛是不能提起的魔咒。意大利主帅普兰德利在第二轮输球之后更换4名首发，并改打三中卫阵形。比赛第59分钟，意大利队遭遇打击，马尔基西奥带球突破，面对紧逼上来的阿雷瓦洛，半转身护球时抬脚蹬踩了对方的小腿，主裁判直接亮出红牌将其罚下，于是少了一人的意大利队只能通过防守与对手周旋。

第79分钟，世界杯名场面上演，苏亚雷斯与基耶利尼禁区内相互争抢，只见苏亚雷斯突然嘴咬对方左肩，主裁判却视而不见，只判给意大利队一个任意球，基耶利尼拉下左袖亮出伤口仍无济于事。3分钟后，乌拉圭队开出角球，戈丁头球破门帮助乌拉圭队1∶0击败意大利队，"蓝衣军团"也连续第二届世界杯无缘淘汰赛，不过此时球迷们无法想象，更黑暗的时代还在后面。

法国队在遭遇了几年的低谷期之后，终于迎来了自己的全新一代。26岁的本泽马迎来了自己的第一次世界杯之旅，博格巴、格里兹曼、瓦拉内等年轻人也都值得期待。首战对阵实力较弱的洪都拉斯队，法国队在进攻端状态出色，本泽马打进2球并制造了对手门将巴利亚达雷斯的乌龙球，他让门将"降智"的本领，在此时就已展现。值得一提的是，比赛中法国队的一个进球，是通过全新的"门线技术"核验被判定为有效，这也是新科技引入世界杯后产生的典型案例。

小组赛第二轮比赛，法国队对阵希斯菲尔德执教的瑞士队。法国队在中前场进行了调整，吉鲁与本泽马两大中锋联袂首发，博格巴和格里兹曼则在替补席待命。变阵取得了效果，法国队5∶2大胜瑞士队，本泽马虽然射丢点球，但依然打进1球并奉献2次助攻，吉鲁和瓦尔布埃纳也都在本场收获进球和助攻。第三场与厄瓜多尔队的0∶0，足以保证法国队以小组第一的身份出线，年轻球员用出色的表现打破了人们的质疑。

作为巴西队的近邻，阿根廷队在本届世界杯相当于有半个主场之利，约有16万的球迷去往里约热内卢支持自己的球队。拥有梅西的阿根廷队对冠军充满渴望，与4年前马拉多纳担任教练时的激进不同，萨维利亚的风格偏向于保守和稳重，这也让我们在这支球队身上看到了1986年比拉尔多率领的那支阿根廷队的影子。

首战在马拉卡纳球场对阵世界杯新军波黑队，阿根廷队开场128秒就取得领先，梅西左路任意球传中造成了科拉西纳茨的乌龙球，这也是世界杯历史上最快的乌龙球。下半场梅西打进非常精彩的一球，帮助阿根廷队2∶1击败波黑队取得开门红，这也是梅西时隔8年再次在世界杯的舞台上收获进球。

不过值得一提的是，本场比赛阿根廷队踢得还是有些挣扎，不仅整体协作性较差，主帅还在半场更换阵形，由三中卫体系回归了传统的四中卫体系。由此可见在大赛初期，"潘帕斯雄鹰"还处在不断摸索之中。

次轮对阵以防守见长的伊朗队，阿根廷队迟迟打不开局面，直到比赛的最后1分钟，梅西站了出来。他打进一粒精彩的世界波绝杀球，帮助阿根廷队取得两连胜，得以提前晋级淘汰赛。末轮对阵尼日利亚队，梅西又打进2球，帮助球队3∶2击败对手，拿到本小组第一名。

梅西在2014年世界杯小组赛的表现堪称完美，但是阿根廷队也暴露了自己在进攻端过度依赖梅西的问题，虽然阵中还有伊瓜因、阿圭罗这样的顶级前锋，但他们的表现都相对一般。要知道梅西在本届世界杯前的赛季身体状况并不好，体能透支且多次被拍到在场边呕吐，这为阿根廷队接下来的淘汰赛之路埋下了隐患。

比利时队的黄金一代正式启航，在预选赛中它以不败战绩时隔12年再次打进世界杯。在过去的几年间，比利时队集中诞生了一批优秀的球员，而且这些球员均匀地分布在三条线上：刚刚跟随马德里竞技队打进欧冠决赛的库尔图瓦镇守龙门，后防线上有曼城队队长孔帕尼，中场有维特塞尔、阿扎尔等天才球星，彼时还没有扬名天下的德布劳内也被委以重任，锋线上则是有"小魔兽"卢卡库坐镇。23人大名单中有11名来自英超的球员，平均年龄只有25岁的比利时队让人们看到无限的希望。

除了三条线上都有突出的球星之外，球队的板凳深度也是比利时队引以为傲的优势。首战对阵阿尔及利亚队，上半场比利时队就因为一粒点球落后于对手，下半场主教练威尔莫茨替换上了费莱尼、莫滕斯，两名替补球员各打进1球帮助比利时队取得开门红。次战对阵俄罗斯队，球队又是凭借替补上场的19岁小将奥里吉的进球1∶0战胜对手。第三场对阵韩国队，提前出线的比利时队自信地大幅度轮换阵容，依然1∶0击败韩国队，昂首挺进16强。

德国队经历了10年的打磨之后，迎来了自己的又一个黄金时代，8年前在本土世界杯上涌现的拉姆、施魏因斯泰格、波多尔斯基与默特萨克都已经成为经验丰富的中坚力量，4年前的诺伊尔、托马斯·穆勒、博阿滕也更加成熟，再加上像格策、胡梅尔斯等第一次参加世界杯的年轻球员，德国队成为球迷眼中的夺冠热门。

德国足球在过去几年受到瓜迪奥拉战术风格的影响，在技战术打法上变得更加细腻，以传控为主导代替了过去赖以生存的长传球与冲击，阵形打法上也有新的尝试。小组赛三场比赛，主教练勒夫全部使用无锋阵，4年前主打右边前卫的托马斯·穆勒担任先发中锋，而经验丰富的边后卫拉姆则被安排在了后腰的位置上，这也是瓜迪奥拉在拜仁慕尼黑队开发出的用法。

小组赛第一轮德国队遭遇了C罗率领的葡萄牙队，这场比赛也让德国队成为世界杯历史上首支完成100场比赛的球队。4年前就发挥出色的托马斯·穆勒上演了本届世界杯的第一个帽子戏法，也成为首位世界杯单场攻入葡萄牙队3球的球员，最后德国队4∶0大胜葡萄牙队取得开门红。C罗独木难支，无法帮助球队取胜，未痊愈的伤病，让他无法在与德国队的较量中展现自己。

次轮对战加纳队，德国队延续了自己大赛第二场发挥不佳的传统，虽然穆勒助攻格策率先破门，但随后安德雷·阿尤和吉安连续进球反超比分。面对落后的比分，德国队主帅勒夫选择变阵，换上了老中锋克洛泽，"K神"替补出场首次触球就完成破门，将比分追为2∶2，这也是他在世界杯上的第15个进球，追平了罗纳尔多的历史纪录。末轮对阵德国传奇球星克林斯曼率领的美国队，德国队凭借托马斯·穆勒的进球1∶0战胜对手，最终德国队顺利晋级淘汰赛。

葡萄牙队在本届世界杯遭遇了重大的打击，首轮惨败德国队之后，第二轮对阵美国队，葡萄牙队被逼入绝境。直到比赛最后时刻，C罗助攻瓦雷拉完成进球，葡萄牙队才得以2∶2战平对手。最后一战葡萄牙队虽然2∶1击败加纳队，但是最终因为净胜球劣势仅仅排名小组第三，遗憾止步小组赛。C罗就这样结束了他的第三次世界杯之旅，令人非常遗憾。在本届世界杯上，"绝代双骄"只剩下梅西独自前进。

■ 黑马：遗憾与强者之争

本届世界杯在小组赛阶段出现不少冷门比赛，意大利队、西班牙队和英格兰队等传统豪强都止步小组赛，导致16强阶段没有明显的强强对话，但即便如此，也有多场比赛进行得非常激烈，八场比赛中竟然有五场踢到了加时赛阶段。

东道主巴西队碰上了同样来自南美洲的智利队，巴西队过往10次在世界杯赛场对阵南美球队的战绩为八胜一平一负，有着统治性的优势。开场18分钟巴西队就凭借着大卫·路易斯的进球取得领先，但是随后巴西队回传失误送给了桑切斯扳平比分的进球。

下半场和加时赛赛况十分激烈，浩克的进球因为手球在先被吹无效，最后时刻智利队皮尼利亚的射门又击中横梁，比赛进入残酷的点球大战。巴西队五个点球罚丢两个，但是客场作战的智利队罚丢三个，最终巴西队惊险地晋级8强。这样的巴西队，夺冠前景似乎不那么乐观。

智利队虽然惨遭淘汰，但是球队的黄金一代展现了出色的水准。主教练桑保利作为贝尔萨坚定的追随者，继承了贝尔萨在智利队执教的成果。就这样，没有鲜明特色的智利队被注入了灵魂，球员们在本届世界杯踢得活力十足，1年后这套班底就击败阿根廷队夺得了美洲杯冠军，随后1年又在"百年美洲杯"上成功卫冕。

另外一场惊心动魄的比赛就是荷兰队与墨西哥队的较量，上半场双方握手言和，下半场多斯桑托斯远射破门帮助墨西哥队取得领先。直到比赛进行到第88分钟，当荷兰队接近绝望时，替补上场的亨特拉尔助攻斯内德扳平比分。补时阶段，罗本在禁区内摔倒为球队赢得一个有争议的点球，亨特拉尔顶住压力完成点球绝杀，荷兰队上演了本届世界杯的第三次逆转，也成为首支单届世界杯3次在常规时间（不计加时赛）实现逆转的球队。

德国队在16强赛阶段的对手是本届世界杯唯一的阿拉伯国家球队阿尔及利亚队，本来毫无悬念的比赛却让德国球迷看得心惊胆战。90分钟内双方战成0：0平，若不是诺伊尔的出色发挥，德国队甚至无法将比赛拖到加时赛。加时赛中德国队终于找到了进球的感觉，连入两球最终2：1淘汰对手晋级。

值得一提的是，本场比赛德国队门将诺伊尔的跑动距离达到了惊人的5.5公里，已经达到了非门将位置球员的一半，而且还在禁区外贡献了接近20次触球。作为"门卫"踢法的集大成者，他的活动范围令人咋舌，甚至可以参与球队的中前场传球，在出击压迫层面更是做到了极致，诺伊尔也凭此一战流芳百世。

阿根廷队本届杯赛的打法相当实用，主教练萨维利亚把球队的防守端调教得非常有竞争力，不过进攻端的攻坚能力是他们的短板，小组赛过度依赖梅西就为淘汰赛埋下了隐患。1/8决赛的对手瑞士队加强了对梅西的盯防，阿根廷队90分钟内难觅良机。直到加时赛的尾声阶段，瑞士队防守端才露出一丝破绽，而这样的纰漏对于梅西来说就已经足够了，他在中路人群之中闪转腾挪，为迪马利亚送出精准的助攻，阿根廷队绝杀瑞士队晋级下一轮。

另外的几场比赛，哥斯达黎加队120分钟与希腊队战平，最终点球决战胜出，首次打进世界杯8强，也成为继2002年美国队之后又一支打进8强的中北美洲球队；法国队2：0淘汰尼日利亚队，尤文图斯队中场博格巴打入自己的世界杯首球；哥伦比亚队2：0战胜乌拉圭队，队史上首次打进世界杯8强，J罗上演梅开二度并有一粒世界波入账，以5球的成绩登上了射手榜首位。比利时队2：1击败美国队，两支球队90分钟内战成0：0平，进入加时赛后德布劳内发挥出色，不仅打进1球，还助攻替补出场的卢卡库扩大了比分。

1/4决赛法国队与德国队狭路相逢。法国队在小组赛阶段的表现非常突出，但是新生代球员还是欠缺一些经验。德国队在本场比赛迎来胡梅尔斯的复出，而正是凭借他的进球，德国队在第12分钟就取得领先，在随后的比赛中其防守做得无懈可击，最终德国队成功打进半决赛，这也是历史上第一次有球队能够做到连续四届世界杯比赛晋级前四。

法国队虽然在本届世界杯止步8强阶段，但是它已经与混乱的2010年划清了界限。经过了更新换代之后，法国队的基本阵容已经搭建完成，随着人才的进一步井喷，未来的足球世界必定是属于"高卢雄鸡"的。

东道主巴西队在1/4决赛遭遇了哥伦比亚队，这场比赛也是内马尔与J罗两名当红新生代球员的对决。巴西队第7分钟取得领先，内马尔开出角球，蒂亚戈·席尔瓦远点近距离将球挡入。下半场比赛大卫·路易斯35码处任意球直接射入球门右上角，巴西队2：0领先。随后巴卡帮助哥伦比亚队制造一个点球，J罗一蹴而就，这粒进球也是他本届世界杯打进的第6球，他最终还收获了本届杯赛的金靴奖，只可惜黑马之旅就此终结。

本场比赛巴西队虽然成功晋级，但是却遭受了巨大的打击，先是蒂亚戈·席尔瓦因为冲撞门将吃到黄牌，他因为累计黄牌停赛而错过半决赛，随后在比赛第88分钟内马尔遭到了祖尼加的恶意犯规，赛后诊断为第三腰椎骨裂，就此告别本届世界杯。巴西队接下来的路将会异常艰难，这也为巴西足球史上最惨痛的失利埋下了伏笔。

荷兰队与黑马哥斯达黎加队的比赛异常精彩。后者继续扮演黑马的角色，常规时间与加时赛的120分钟内，没有让荷兰队取得进球。于是双方进入残酷的点球大战，值得一提的是，老帅范加尔在加时赛最后时刻做出了一个出人意料的换人决定，他用克鲁尔换下了首发门将西莱森。

这个换人决策与其说是为了点球大战，更不如说是心理战，因为从西莱森和克鲁尔的扑点球历史数据来看，两人相差并不多。也许正是因为范加尔的这个换人决策，让荷兰队在点球大战中取得了心理优势，克鲁尔完美发挥，帮助荷兰队淘汰了哥斯达黎加队，连续第二届世界杯打进4强。

阿根廷队1/4决赛对上了老冤家比利时队，球队的前锋"小烟枪"伊瓜因终于找到了射门的感觉，开场8分钟他攻入本届世界杯个人首球，易边再战也有击中横梁的表演。本场比赛阿根廷队在攻防两端都发挥出了不错的状态，比利时队则暴露了自己缺乏大赛经验的问题。最终阿根廷队成功晋级4强，这也是阿根廷队自1990年以来首次打进4强，创造了后马拉多纳时代的最好成绩。

不过值得关注的是，梅西本场比赛身体状况欠佳，虽然还能在比利时队的高大球员之中连续变向，但比赛尾声的单刀球已经反映出了自身的问题。原本单挑门将是梅西最擅长的得分手段之一，此刻不仅绝对速度缺失，射门也显得绵软无力，这是球队在晋级之后要予以重视的问题。

■ 残酷：耻辱与一步之遥

在半决赛中，本届世界杯最经典的对决即将上演，由东道主巴西队对阵兵强马壮的德国队。这场比赛将成为巴西足球永恒的耻辱，就如同1950年的"马拉卡纳打击"一般。

在一场比赛中同时失去自己的后防核心蒂亚戈·席尔瓦和进攻核心内马尔，主教练斯科拉里却依然决定进行大胆的调整，他们在贝洛奥里藏特球场近6万名观众的助威声中，一开场就选择了相对激进的策略。选择激进就会冒更大风险，一不小心就会落入万丈深渊，这一次的巴西队便是如此。

开场第11分钟，托马斯·穆勒在禁区里轻而易举打入1球，12分钟后克洛泽补射破门，打进个人世界杯生涯的第16球，成功超越了罗纳尔多的世界杯进球纪录。而值得一提的是，本场比赛罗纳尔多在现场担任解说嘉宾，这冥冥中似乎也是一种命中注定。

在恍惚的巴西队还对2球落后感到震惊之时，托尼·克罗斯就在69秒内连下两城将比分改写为4：0，然而巴西队的噩梦远未结束，随后赫迪拉打进德国队第5球，半场比赛就以5：0领先东道主巴西队。"桑巴军团"的情况难以解释，中场屏障宛若多米诺骨牌一碰即溃，连胡梅尔斯这样的中后卫都能持球狂奔几十米长驱直入，令费尔南迪尼奥等球员束手无策，他们都被钉在了历史的耻辱柱上。

下半场比赛许尔勒替换上场梅开二度，奥斯卡则帮助巴西队打进了挽回颜面的一球。最终，在世界杯半决赛的舞台上，德国队竟然踢出7：1这样离奇的比分。赛后连德国队球员都难以相信这个结果，勒夫表示巴西队上半场先是有些慌乱，随后就土崩瓦解了。中场时勒夫特意嘱咐弟子，下半场要继续认真对待比赛，尤其是不要做出戏耍巴西球员的动作。赫韦德斯后来回忆，当时德国队内部也是统一了态度，认真对待比赛，不能激怒或者羞辱对手。

赛后的德国队球员也并没有过分地庆祝，诺伊尔表示球队需要马上冷静下来，即使他们收获了这样一场大胜，也不能够狂妄，毕竟决赛就在眼前了。巴西队在遭遇这样的惨痛失利之后，必将迎来大的动荡及改变。

德国队决赛的对手将在荷兰队和阿根廷队之间诞生。与巴西队对阵德国队的经典大战相反，荷兰队与阿根廷队联袂为我们送上了一场沉闷的比赛。两支球队都凭借着出色的防守走到4强这一步，最终120分钟内握手言和，比赛进入点球大战。

荷兰队这一次提前用完换人名额，替补门将克鲁尔无法获得出场机会，而神迹似乎也离他们远去。弗拉尔和斯内德双双罚丢点球，阿根廷队则是"弹无虚发"，"潘帕斯雄鹰"淘汰荷兰队晋级决赛。这一刻的梅西终于松了一口气，俱乐部取得再多荣誉，也无法比肩此刻的高度，作为新时代的扛旗者，大力神杯永远是他追逐的终极目标。

从赛前的实力对垒来看，三条线实力均衡的德国队似乎更占优势，特别是36岁的老将克洛泽状态回勇，专为世界杯而生的他，似乎要扮演决定性的角色。而阿根廷队在8强赛阶段就折损了迪马利亚，球队的攻击线本就不那么犀利，接下来的决赛看上去困难重重。

2014年7月13日，里约热内卢马拉卡纳球场，世界杯决赛即将开始。时隔24年，德国队与阿根廷队再次上演巅峰决战。20多年过去了，马拉多纳、马特乌斯等当年的英雄都已两鬓斑白，数风流人物，还看今朝。决赛上多位政要和球星受邀出席，场面可谓声势浩大。上届冠军队的代表普约尔与巴西名模吉赛尔·邦辰携大力神杯入场，巴西球星卡卡则是在赛前展示了比赛用球。

德国队过去两届世界杯都淘汰了阿根廷队，在心理层面占据着绝对优势。德国队主帅勒夫从1/4决赛开始改变球队的战略：启用克洛泽，重回传统中锋模式，"K神"连续三场淘汰赛先发出战；而拉姆也回到了自己熟悉的边后卫位置上。决赛中勒夫原本连续三场使用同一首发，但赫迪拉热身时受伤，克拉默救急出场，此前他仅替补出场12分钟，这也是他首次在关键比赛中成为德国队首发。

萨维利亚沿用淘汰荷兰队的主力阵容，伤愈的阿圭罗替补席待命，而刚刚恢复训练的迪马利亚只能作壁上观，他的缺席对于阿根廷队来说也是最大的损失。

比赛开始第21分钟，托尼·克罗斯的头球回传失误给了伊瓜因一个单刀球机会，但是他面对绝佳机会竟然将球打偏，这成为伊瓜因职业生涯的一大遗憾。比赛第29分钟，梅西在前场精妙地将球转移到右侧的拉维奇脚下，他助攻伊瓜因破门但却越位在先。上半场最后阶段，赫韦德斯接托尼·克罗斯的角球头球击中立柱，德国队也错过一次好机会。上半场比赛阿根廷队控球率仅为29.8%，是该队自1966年以来在世界杯上的最低数据。

下半场第47分钟，阿根廷队再次迎来黄金机会，比格利亚直传，梅西单刀突入禁区左侧，在门前11米处左脚推射滑出远门柱，这也是本场比赛梅西最为接近破门的一次。90分钟战罢双方0∶0平，比赛进入加时赛。这是本届世界杯的第八次加时，追平1990年世界杯单届八次加时的纪录，这也是连续第三届世界杯决赛无法在90分钟内分出胜负。

加时赛第23分钟，伟大的时刻来临，许尔勒左路加速过马斯切拉诺，他的传中越过德米凯利斯头顶，格策前点距门4米处胸部停球左脚凌空勾射，球飞入球门远角，德国队1∶0领先阿根廷队。比赛的最后时刻，梅西获得一次远距离任意球的机会，他在将球打飞之后，露出一丝苦笑，这苦涩的表情五味杂陈，无论你是不是热爱他的球迷，都会意识到现实的无情与残酷。

终场哨响，德国队开始忘情地庆祝，转播镜头同时也在捕捉梅西的身影，他显得落寞而无助。当大力神杯近在咫尺时，他能做的却也只是驻足凝望，这一瞬间还被某位记者抓拍到，最终这张照片被定名为"一步之遥"，成为世界杯历史上的永恒瞬间。是的，他距离大力神杯仅有咫尺之遥，这却成了他加冕球王之路上的鸿沟。

德国队时隔24年再次夺得世界杯冠军，四次夺冠的成绩追平意大利队，并列历史第二，仅次于巴西队的五次夺冠。而德国队也打破魔咒，成为首支在南美洲登顶的欧洲球队，这也是欧洲球队历史上第一次在世界杯赛场上完成三连冠，足球世界的天平完成了真正的倾斜。

　　本届赛事算不上非常精彩,但比起保守的南非世界杯还是有了明显提升。尽管沉闷的对决仍有不少,但小组赛阶段酣畅淋漓的大战,以及淘汰赛阶段出现的精彩名局,已经奠定了本届杯赛的底色。

　　本届赛事部分劲旅的发挥不尽如人意,西班牙队、意大利队、英格兰队、葡萄牙队及乌拉圭队早早出局,巴西队即便闯进4强,最后的结局也让人难以接受,只有德国队、阿根廷队与荷兰队的表现令人满意。另外本届赛事缺乏独当一面的人物,C罗过早被淘汰,梅西虽然闯进决赛,但受制于体能等因素,个人发挥显得高开低走。被寄予厚望的内马尔,也没有展现出独领风骚的能力,只能说中规中矩。

　　真正让人眼前一亮的,还是罗本、诺伊尔这样原本属于第二梯队的巨星,以及J罗这样异军突起的新人。虽然与上届南非世界杯相比不落下风,但跟当年群星璀璨的杯赛相比,还有着不小的差距。

　　世界杯在呼唤新的群星闪耀的时代,在4年之后的俄罗斯能如愿吗?一起静候。

第二十一章
2018，远东的第二颗星

> 本届世界杯中法国队最亮眼的年轻人无疑是姆巴佩，他在决赛打进了锁定胜局的进球，也成为仅次于贝利的世界杯决赛第二年轻的进球球员。"法国妖王"在本届世界杯中打进 4 球，在历史上所有的 U20 球员中也仅次于 1958 年的贝利（共打进 6 球）。一颗冉冉升起的新星，通过世界杯的舞台告诉全世界，属于他的时代要来临了。
>
> ——引语

传控浪潮退去与C罗的反击

2010年,国际足联经过票选,将2018年世界杯的主办权授予俄罗斯。而在这届世界杯前,国际足坛也发生了不少变化。

在"梦三巴萨"与西班牙队如日中天的那几年,所谓的传控体系与无锋阵形几乎横扫了主流足坛。诸多球队无论过去的风格是怎样的,都想借着这股浪潮完成转型。但是问题在于,并不是每支球队都有和西班牙队同等级的人才储备,而这些球队强行改造不仅难以学精,甚至会丢掉赖以生存的特质。

最为典型的就是德国队,在瓜迪奥拉执掌拜仁慕尼黑队之后,德国队主帅勒夫"近水楼台先得月",几乎将瓜迪奥拉的很多理念"嫁接"到了德国队身上。这种模式在2014年世界杯上效果显著,技术改良的成果帮助德国队成功夺冠,然而随着时间的推移,短板逐渐暴露出来。

事实上,所谓的传控体系只是手段,足球比赛最核心的要素还是进球能力,无论你在外围怎么倒脚,如果没法直接威胁球门,那最多也只能收获平局。外界对于巅峰巴萨队与西班牙队的认知存在偏差,两队对局面的掌握是表象,核心的破局思路是静中有动,在缓慢的三角传递之中,会出现让对手猝不及防的节奏变化——纵向的突然输出,可能是哈维的直塞,可能是梅西的单点爆破,也可能是几名球员的连续"撞墙"配合,都可以瞬间撕破对手的防线。

德国队在2014年的夺冠征程后期,已经发现了这个问题,其并不具备西班牙队那种纵向杀伤的能力,在基本控场的情况下,无锋阵的攻坚锐度不足,必须派上36岁的老将克洛泽打开局面,利用传统的力量型踢法拿下比赛。

在2016年欧洲杯上,有些固执的勒夫还是坚持选择无锋阵。然而小组赛前期收效甚微,不得已派上老将马里奥·戈麦斯,他的出场立刻扭转了颓势,德国队的攻击线开始流畅运转,仿佛回到了曾经的轨道上。这算是无锋阵与纯传控体系式微的标志性节点,总结下来就是在一种极端模式倾轧过后,实现自我改良的主流球队重拾了刻在骨子里的比赛方式。

就在欧洲杯的同一年，意大利人孔蒂开始执教切尔西队，球队开赛之后成绩并不理想，随后主帅孔蒂果断变阵为三后卫体系，取得了不可思议的13连胜，一举拿下英超冠军。而这股浪潮的影响力同样惊人，吹响了三后卫体系回归的号角。在此后的一段时间内，真可谓"忽如一夜春风来，足坛流行三后卫"。

不过在理性浪潮重新占据上风之后，各队逐渐开始摸索最适合自己的体系，这也促成了多元化时代的到来。在被西班牙队模式支配了多年之后，近在眼前的世界杯，各支球队将会呈现出不同的形态。

在2010—2014年这个世界杯周期中，"梅罗"两人彻底统治了足坛，不过从当时的对垒来看，梅西显然占据上风。他所在的团队堪称历史最强球队，几乎席卷了一切荣誉，梅西个人也连续4年收获欧洲金球奖。而C罗虽然个人表现无可指摘，但团队成绩的欠缺还是让他在竞争中落于下风。

不过2014年之后，情况发生了微妙的变化，尽管巴萨队完成重组，打造了不可一世的"MSN组合"（梅西、苏亚雷斯、内马尔），但对于皇马队来说，这支巴萨队并非当年那支无法战胜的"宇宙队"，只要做好自己便有机会实现超越。

皇马队的前期表现并不令人满意，不过自从2016年初齐达内接过教鞭之后，情况就发生了惊人的反转。齐达内似乎有着某种魔力，随即率领球队拿下了欧冠三连冠，这也是40年来足坛的头一遭。在这期间C罗的表现一如既往地完美，高效的输出让他打破了无数进球纪录，并且被舆论封为"欧冠之王"。

更为重要的是，2016年C罗率领并不被看好的葡萄牙队，一路磕磕绊绊地拿下了欧洲杯的冠军，这绝对算是意外之喜，也让C罗的声望到达历史最高点。2016年和2017年，他连续收获金球奖，在金球奖的获得次数上与梅西战成5：5。以当时的势头来看，C罗抹平了曾经与梅西的差距，似乎走在一条无敌之路上，2018年的俄罗斯世界杯，也就成了两人的终极角斗场。

预选赛的残酷与豪门之殇

本届世预赛仍有超过200支球队报名参赛，这项赛事的影响力早已登峰造极，每一个正赛席位都显得弥足珍贵。本届世预赛亚洲区主要分为三个阶段，中国队顺利进入第二阶段，也就是所谓的"40强赛"。这一阶段中国队与卡塔尔队、中国香港队、马尔代夫队、不丹队分在一组。按照规则，小组头名直接出线，但成绩最好的4支第二名球队也有机会。由于组内除了卡塔尔队，其他全是鱼腩水平，中国队算是抽到了"上上签"。

然而就在这种情况下，中国队居然踢得极其艰难，与中国香港队的首轮交锋竟然只获得了平局。最后主帅佩兰下课，高洪波临危受命拿起教鞭。在末轮比赛前，中国队除了自身要击败卡塔尔队之外，还要同时满足四五个条件才能以小组第二（成绩最好的4支球队）的身份出线。

这一次算是上天眷顾，最后一轮所有条件全部满足，中国队时隔三届之后，终于打进了世预赛亚洲区的最后一个阶段。这个阶段被称为"12强赛"，共分成两个组，每组6支球队，两个小组的前两名直接晋级正赛，小组第三名要先捉对厮杀，胜者再与其他大洲的突围者踢洲际附加赛。

结果在"12强赛"中，中国队前期的表现非常差劲，不仅一场比赛没赢，还出现了难以理解的低级失误。在西安的球场踢完一场比赛之后，甚至有气愤的球迷要求退票，他觉得中国队的表现不值得这个票价。在这种危急的情况下，主帅高洪波半途下课，这一次中国队请来了"银狐"里皮——中国队历史上最大牌的教练。

意大利名帅的薪水极高，他的能力也是毋庸置疑的。在接下来的几场比赛中，中国队有了明显起色，还在主场1∶0战胜韩国队，这场球甚至成为一代球迷的群体回忆。不过由于前面欠下的"债"太多，尽管后面球队的成绩有了明显起色，仍然无法挽回被淘汰的命运。但值得注意的是，这次中国队坚持到了最后一个阶段的最后一轮，时间已经指向2017年9月，此时距离俄罗斯世界杯开幕只剩下9个月的时间。要知道上一届世界杯中国队在2011年11月就已经打道回府，距离正赛开始尚有2年半的时间。

欧洲区此次热闹非凡，意大利队与荷兰队两大传统劲旅居然都被挡在了正赛大门之外。"橙衣军团"相对好理解，毕竟在罗本、斯内德与范佩西这代球员老去之后，荷兰队处在一个青黄不接的困难时期。2016年扩军之后的欧洲杯荷兰队都没打进去，在晋级名额更少的世预赛上出局，球迷们也有心理准备。

意大利队的情况则完全不同，虽说球队在后皮尔洛时代水准有所下降，但2016年的平民球队依然让人眼前一亮，依靠主帅孔蒂主打的一套激情体系，最终闯进2016年欧洲杯8强。而且即便是当时的一线豪门，遇到"蓝衣军团"也没什么办法。

然而意大利队骨子里自带"五五开"的属性，面对中下游球队反而显得不稳定，在世预赛中被西班牙队力压，仅位列小组第二，需要跟瑞典队去打附加赛。结果在两回合生死战中，文图拉治下的球队的表现令人昏昏欲睡，攻击端几乎看不到进球的希望，在球队即将被淘汰的边缘，居然还不想着换攻击手，如此选择被老将德罗西怒斥。

最终这支萎靡不振的意大利队出局了，这是它60年来首次无缘世界杯正赛。对于一个足球底蕴深厚的国家来说，这无异于一场剧烈的地震。不过很多球迷也许不会想到，4年后他们还将经历一次更大的打击。

南美区最值得关注的是阿根廷队，由于梅西因伤缺席了近一半的比赛，"潘帕斯雄鹰"在赛场上显得举步维艰。在梅西作壁上观的八场比赛中，阿根廷队仅仅拿下一场胜利。末轮对阵厄瓜多尔队，阿根廷队必须全力争胜才能拿到去往俄罗斯的门票。在生死存亡之际，梅西爆发了，他打出了国家队生涯最为关键的一个帽子戏法，帮助球队3∶1逆转取胜，昂首进军世界杯正赛。

其他片区没有什么特别值得一提的，只有北非的复苏勾起了老球迷的回忆。埃及队、突尼斯队与摩洛哥队携手晋级，令人回想起属于北非的辉煌岁月。

本届世界杯的赛制与此前几届完全一致，分组阶段也没有出现显著的"死亡之组"，一度霸占舆论头条的竟是与竞技本身无关的闹剧。西班牙队在世界杯开始前突然发生变故，揭幕战开赛前两天，主教练洛佩特吉由于和皇马队私下接触被西班牙足协解雇，传奇球星耶罗临时接过球队的教鞭。

耶罗在此之前只在2016—2017赛季执教过西乙的皇家奥维耶多队，而且由于换帅时世界杯的报名阶段已经结束，所以耶罗只能使用洛佩特吉确定的23人大名单，这对于他来说将会非常困难，因为洛佩特吉在选人上存在一些争议，比如放弃莫拉塔，导致球队只有迭戈·科斯塔一名中锋，阵形明显不合理。

但是西班牙队的一些老球员依然拥有顶级水平，主力中卫组合还是由皮克搭档拉莫斯，在哈维退出之后依然需要布斯克茨、伊涅斯塔与大卫·席尔瓦保住中场的基本盘。首场对阵欧洲杯冠军葡萄牙队，迭戈·科斯塔展现了强力中锋的实力，他在葡萄牙队的禁区里"翻江倒海"，打入两球。

不过很可惜，C罗打出了个人世界杯生涯最经典一战，点球、抽射加上"C字形"的任意球，C罗的帽子戏法帮助葡萄牙队3∶3战平西班牙队。而C罗超强的个人表演，也再次震惊了世界足坛。尤其是他的第3个进球，发生在比赛的最后时刻，C罗主罚任意球前的坚毅眼神，成为世界杯历史经典瞬间之一。

反观在曼联队有如神助的德赫亚，本场比赛却多次出现失误，反而让西班牙队最稳的一环变成隐患。更令人无法预料到的是，这也成为"曼联门神"生涯中的重大转折点，之后的波折令人唏嘘不已。

后两场对阵伊朗队和摩洛哥队两支实力平平的球队，西班牙队再次暴露出巨大问题，控制力与巅峰期相比大幅下滑，进攻端又只能听天由命。靠着"老白"伊涅斯塔的精妙助攻，西班牙队1∶0小胜伊朗队，对阵摩洛哥队更是最后时刻才绝平对手。混乱的西班牙队虽然小组头名出线，但是前景显然不容乐观。

葡萄牙队在2年前夺得欧洲杯冠军，老帅桑托斯的保守风格似乎是最适合球队的选择，欧洲杯上葡萄牙队在中场采用工兵车轮战的策略，为前锋线上的C罗提供了最坚实的保障。但是世界杯伊始，看着阵容当中涌现的贝尔纳多·席尔瓦（简称B席）、布鲁诺·费尔南德斯（简称B费，此时还在葡超效力）等球员，桑托斯有了新的想法，首场对阵西班牙队他只用了威廉·卡瓦略一名防守型中场，但是从比赛中看进攻端并无质的改变。

随后的比赛葡萄牙队就是在逐渐地回归保守，第二场小组赛若昂·马里奥顶替此前首发的B费上场，第三场比赛又用阿德里安·席尔瓦替下了前两场首发的穆蒂尼奥。因此除了首战对阵西班牙队打进3球，葡萄牙队对阵摩洛哥队和伊朗队都只打进1球。更夸张的是，包揽葡萄牙队小组赛5粒进球的，是C罗（4球）和夸雷斯马这两位老将。葡萄牙队小组第二出线，迎接它的将会是更加艰难的淘汰赛考验。

31岁的梅西迎来了自己的第四届世界杯，4年前阿根廷队与大力神杯擦肩而过，4年过去后主教练从萨维利亚换成了桑保利。萨维利亚是典型的"比拉尔多派"教练，球风虽然保守，但是大赛发挥出色。新帅桑保利则是坚定的"贝尔萨门徒"，他希望阿根廷队能够在比赛中打得更有现代足球风格一些。

2016—2017赛季，桑保利执教西甲塞维利亚队。塞维利亚队在那个赛季阵形值得外界仔细研究，现代化的打法让人耳目一新。但是桑保利与贝尔萨一样，也许因为他们的打法都太"超脱"了，所以要达到理想的效果肯定需要长时间的磨合，在俱乐部天天训练也许能够做到，而国家队集训时间少得可怜，因此阿根廷队的前景也不乐观。

从实际比赛来看也的确如此，首战对阵打法鲜明的冰岛队，阿根廷队根本没有太好的破局办法，仅仅收获一场平局。次战对阵克罗地亚队，阿根廷队更是迎来了至暗时刻，桑保利本场在阵形上复刻了贝尔萨的"3313阵形"，导致球队在防守端出现了太多的空当，最终被克罗地亚队踢了一个3：0。幸好阿根廷队在最后一场拨乱反正，打回"4231阵形"，凭借梅西的出色发挥和罗霍的最后绝杀才惊险地晋级淘汰赛。

南美的另外一支豪强五星巴西队，是赛前最被人们看好的球队之一，与4年前相比，巴西队出现了两名关键球员。卡塞米罗的出现让巴西队的"腰位"再一次硬了起来，另外当年还在巴西街头粉刷外墙的热苏斯，如今让巴西队在锋线告别了萌芽期，起码可以避免继续用弗雷德等平庸之辈。除了这两个关键位置上的强援之外，与4年前相比，巴西队在整体性上也有了不小的进步。

巴西队在小组赛阶段与瑞士队、塞尔维亚队、哥斯达黎加队分在一个小组。在对阵瑞士队的首战中，巴西队遇到了一定的麻烦，瑞士队实力不俗，全德甲班底的球员们防守老到，战术纪律严明，巴西队凭借着库蒂尼奥的穿云箭才艰难打平瑞士队。不过随后面对哥斯达黎加队和塞尔维亚队，"桑巴军团"都展现出了高人一筹的水平，凭借两个2：0拿下比赛，最终从本组中头名出线。

东道主俄罗斯队的分组形势不错，同组除了乌拉圭队水平突出之外，沙特队和埃及队都显得不堪一击。俄罗斯队在揭幕战上就凭借着出色的身体优势5∶0大胜沙特队，次战对阵埃及队又取得了3∶1的胜利，主场作战的俄罗斯队将自己的优势发挥得淋漓尽致，无论是戈洛温、切里舍夫的锐度还是久巴的高度，都让2支鱼腩球队难以招架。不过末轮面对实力不俗的乌拉圭队，俄罗斯队输得相当干脆，也体现了其即使坐拥东道主之利，上限确实也不会太高。

本小组末轮的荣誉之战还出现了历史性的一幕，埃及队在对阵沙特队的比赛中，选择让球队的老门将埃尔·哈达里首发出战，这一天他已经是45岁零161天的高龄。虽然最终球队以1∶2输球遭遇三连败出局，但是哈达里的发挥已经足够出色，沙特队在比赛中8次射正，哈达里扑出了6次，还包括对手的一个点球。这个年龄纪录对于后来者来说，想打破实在是太困难了，如果布冯参加2026年世界杯的话，也许能打破这个纪录。

上一届世界杯日本队的表现令人失望，在小组赛没有遇到传统强队的情况下，仅积1分垫底出局。4年后日本队签运依然不错，同组的有莱万多夫斯基领衔的波兰队、马内领衔的塞内加尔队，以及上届的老对手哥伦比亚队。

来自四个不同大洲的球队虽然没有一支算得上是传统劲旅，但是不同风格的碰撞让我们感受到了老牌球队的魅力。4支球队在实力上并没有明显的差距，日本队首战就复仇成功，击败了缺少J罗（因伤休战）的哥伦比亚队，后者又击败了非洲劲旅塞内加尔队，非洲生力军则击败了来自欧洲的波兰队，波兰队又击败了日本队。我们在联赛中经常能够看到这样首尾相接的"生物链"，但是在小组赛仅有4支球队的情况下出现生物链现象，着实令人赞叹。世界杯历史上强队集合的"死亡之组"，我们也曾在本书中介绍过，但是如果论水平之均衡、不同风格碰撞之激烈，这个小组在整个世界杯历史上也算名列前茅。

英格兰队的整体水准有了一定程度的提高，与4年前相比其阵容发生了翻天覆地的改变，英超顶尖射手哈里·凯恩的出现，让锋线上再度迎来"真命天子"，斯特林、阿里与林加德等球员也在英超各路名帅手下积累了足够的经验。

英格兰主帅索斯盖特为球队制定了三后卫为主的打法，斯通斯、马奎尔、凯尔·沃克三名中卫都有不错的出球能力，两翼的特里皮尔和阿什利·扬的攻击能力也十分出色，配上全能前锋凯恩和兼具技术、跑动能力的二排攻击手们，英格兰队的阵容虽然看起来不如2006年那么豪华，但是球员的搭配更加合理，实战效果也许更好。

小组赛阶段英格兰队2∶1击败突尼斯队，6∶1大胜巴拿马队，凯恩两场比赛打进5球状态火热，最后一轮大幅轮换后输给了同样替补当家的比利时队。这场失利被很多人诟病，他们认为英格兰队想要挑选相对较弱的半区而故意输球，不过以"三狮军团"小组赛的表现，为了远大前程做出一些抉择完全可以理解。

德国队在2014年世界杯夺冠后依然

保持着不错的状态，2016年欧洲杯打进4强，2017年联合会杯又以轮换阵容拿下冠军，彼时球迷们经常赞叹德国队阵容深度无与伦比，能够排出几套即战力出众的阵容。不过在克洛泽退役之后，德国队在中锋位置上并没有涌现出新的人才。

前文在为大家介绍2014年世界杯时曾经提到，德国队小组赛打无锋阵，由托马斯·穆勒出任伪中锋，但是从1/4决赛开始，德国队选择让克洛泽首发，恢复有锋阵打法，最终德国队凭借着有锋阵赢得了冠军。

2018年球队似乎又陷入了类似的轮回，勒夫选择信任"金色侦察机"维尔纳，他符合勒夫传切走地面的打法要求，但是却没有传统中锋的支点能力。德国队在小组赛的三场比赛过程出奇地一致：无锋阵无限传切、配合华丽，但是根本打不开局面，随后勒夫无奈换上中锋马里奥·戈麦斯，企图通过高球去威胁对手。首场德国队输给了墨西哥队；次战瑞典队时半场后换上戈麦斯，效果立竿见影，最终翻盘取胜；第三战对阵韩国队，勒夫依然固执己见，久攻不下之后竟然被韩国队在最后时刻打进两球。上届冠军三战仅积3分，小组赛就遭出局，"魔咒"在依然继续！

特别值得一提的是，德国队原本是世界杯历史上下限最高的球队，当赛制层面只有单阶段小组赛的时候，它就全部突围成功。曾经的冠军主帅勒夫，却在不经意间成为历史的罪人。

上届世界杯止步8强的法国队虽然稍显稚嫩，但已经让我们看到了球队复兴的影子。新周期的4年间，法国队的人才井喷程度令人惊叹，其中最引人注目的是不到20岁的锋线天才姆巴佩，他有着风驰电掣般的速度，一旦有反击的机会就能瞬间撕裂防线，在电光石火间终结比赛的悬念。另外球队在中场位置也有重大收获，低调务实的坎特恩戈洛·坎特异军突起，他在中场永不疲倦地奔跑和覆盖，能够最大限度地保证球队防线的基本盘。

德尚的法国队在小组赛阶段还在探索一些具体的打法，其中最明显的就是中锋位置，是选择更传统的中锋吉鲁（本泽马因为丑闻被国家队开除）还是选择无锋阵，始终是难以抉择的问题。与德国队的犹豫不决导致小组出局不同，德尚从小组赛第二轮开始就确定了吉鲁首发中锋的位置，虽然三场小组赛只打进了3球，但似乎找到了最适合自己，或许也是最适合这个时代的打法：稳字当头、反击制胜。摸到了取胜之钥的法国队，即将变得无比坚实而恐怖。

通过对三轮小组赛的观察，在法国队、德国队、葡萄牙队、阿根廷队身上我们都发现了类似规律，这些球队都曾经想过打出更高级的风格。德国队、法国队进行了无锋阵的尝试，阿根廷队在对阵克罗地亚队的比赛中想要复刻贝尔萨的打法，葡萄牙队初期选择在中场使用更多的组织者。但这些球队后来似乎都发现了问题，看似先进的打法在世界杯这样的关键比赛中往往并不实用，反倒是高中锋、强硬中场这些看似过时的战术，在杯赛上最为实用。

如果只是一支球队出现这样的情况，我们可以理解为巧合，但是多支球队同时出现类似的现象，便确实反映了前述的观点，而这些战术上的细节，在接下来的淘汰赛阶段也将成为决定性因素。

■ 落寞王者与梅罗再次折戟

由于C罗率领的葡萄牙队和梅西率领的阿根廷队都只拿到了小组第二，所以这两支球队在1/8决赛就碰上了实力不俗的对手。葡萄牙队对上了力压东道主俄罗斯队、小组头名出线的乌拉圭队，阿根廷队则遭遇了法国队，这两场比赛也是1/8决赛最受关注的两轮较量。

阿根廷队和法国队联袂为我们带来了一场经典大战，两支球队在经过三场小组赛的磨合之后，都找到了最适合自己的战术打法。桑保利不再迷信打极端的三后卫阵形，而是选择让阿根廷队打回攻守最为平衡的"4231阵形"。法国队则确立了自己的首发体系，后防线两个边后卫选择用卢卡斯·埃尔南德斯、帕瓦尔两名防守更好的球员，中场位置的坎特、博格巴与马图伊迪则是防线前的第二层保障，这两层防线就如同两道铁闸一般难以攻克。

本场比赛如同两代天才的交接仪式，梅西虽然表现出色，奉献两次助攻，甚至一度率领阿根廷队取得领先。但是姆巴佩的速度让脆弱的阿根廷队实在难以招架，他跨越大半场的奔袭制造点球，颇有些"一战惊天下"的感觉。

全场比赛两个进球外加一次造点，19岁的姆巴佩初登世界杯舞台，就征服了全世界的球迷。本场的另外一个名场面就是帕瓦尔的惊天世界波，这个凌空斩精彩至极，以至于球迷们戏称"用光了他一生的运气"。最终法国队以4：3的比分淘汰阿根廷队，继续高歌猛进。

葡萄牙队在经历了小组赛的摸索之后，在中场还是选择让三名防守能力更出色的球员一起登场，前场则是由C罗搭配有一定突破能力的格德斯和技术细腻的"B席"。不过它的对手乌拉圭队是一支在攻防两端都可圈可点的球队，在本场比赛前还一球未丢，锋线上的苏亚雷斯和卡瓦尼又让任何防线都为之胆寒。

比赛第7分钟，卡瓦尼和苏亚雷斯两人就凭借着连续的配合首开纪录，葡萄牙队虽然下半场一度扳平比分，但乌拉圭队紧接着就凭借卡瓦尼的完美弧线球再次取得领先，最终进攻乏力的葡萄牙队无力回天，被挡在了8强门外。33岁的C罗仰天长叹，也许4年后他还有机会，但最好的年华已经随风而去。

西班牙队在经历了大赛三连冠之后，似乎走进了死胡同，长期注重短传配合及跑动覆盖，却忽视了同样重要的对抗能力。1/8决赛面对主场作战且对抗能力出色的俄罗斯队，"斗牛士军团"的问题暴露得十分明显。俄罗斯队通过长传球找高中锋久巴的头顶，就能将战火烧到西班牙队的危险地带，而如果想威胁到俄罗斯队，西班牙队则需要长时间的传球配合。虽然两支球队在个人实力上有着不小的差距，但俄罗斯队的优势恰好击中了西班牙队的弱势，最终比赛被拖到点球大战，东道主俄罗斯队爆冷淘汰西班牙队，强势挺进8强。

1/8决赛还诞生了本届世界杯最为经典的一场较量，这场比赛甚至能在足球史上留下浓墨重彩的一笔，对阵的双方是日本队和比利时队。日本队在小组赛最后一轮为了保存体力，甚至曾通过无效短传拖延时间，这种做法当时引发了很大的争议，但是这也让球员们在1/8决赛时的身体状态更好。比利时队则是力压英格兰队，以小组第一的身份晋级淘汰赛。

赛前日本球迷在场边打出了大空翼的巨幅Tifo（覆盖看台的巨型画），这部漫画仿佛也代表着日本足球这些年的发展。日本队在开场阶段用连续的控球与强壮的比利时队周旋，暂时稳住了局面。下半场日本队率先发力，5分钟内打进2球取得领先。在2∶0之前，日本队可谓把算盘打到了极致，甚至可以把他们小组赛第三轮的倒脚战术也算在其中，球队距离创造历史最好成绩（世界杯8强）仅有一步之遥。

但是经典之所以流传就在于其不确定性，在接下来的比赛中，比利时队开始发挥自己的优势，开启了高举高打的模式。先是由维尔通亨凭借着身高优势打进一粒头球，紧接着费莱尼又力压两名日本球员"劈扣"扳平比分。比赛的读秒阶段，正当所有人都以为要打加时赛时，比利时队凭借德布劳内策划的一次快速反击，通过急速渗透绝杀了日本队。亚洲王者也许在战术方面已经做到了极致，但就像我们在讨论上届世界杯时曾经感叹的那样，他们的某些缺点，也许从他们选择了这条道路之始就注定无法避免。

在另外的几场比赛中，巴西队2∶0轻松淘汰墨西哥队，这也是墨西哥队连续第七届世界杯止步16强。英格兰队和克罗地亚队都与对手战至互罚点球才取胜晋级，瑞典队则是1∶0小胜瑞士队进军8强。值得一提的是，这也是英格兰队历史上首次在世界杯点球大战中笑到最后。

状态不错的巴西队在1/4决赛中遭遇了比利时队，在前文中曾经提到，卡塞米罗的出现让巴西队的腰硬了起来。但是对阵身体天赋出众的比利时队时，他却因为累计黄牌无法出战，这让球队中场的防守变得捉襟见肘。本场比赛比利时队的针对性极强，1.94米的费莱尼和1.87米的沙兹利进入首发，取代的是灵活的卡拉斯科和默滕斯。

"欧洲红魔"在比赛中先是凭借一次角球机会造成了费尔南迪尼奥的乌龙球，随后强壮的卢卡库后场护球转身突破费尔南迪尼奥，助攻德布劳内打进扩大比分的进球，巴西队两个丢球都有费尔南迪尼奥的责任，而他正是顶替停赛的卡塞米罗出战。最终比利时队2∶1淘汰巴西队，继

1986年之后第二次打进世界杯4强。黄金一代名不虚传，他们渴望在前人的基础上更进一步。

乌拉圭队在1/4决赛失去了受伤的卡瓦尼，他在淘汰葡萄牙队的比赛中梅开二度，锋线受损之后又碰到拥有中后场两道铁锁的法国队。两支球队的防守能力其实都非常出色，双方的进球机会都不多，但乌拉圭队的防线还是出现了两次问题，一次是瓦拉内接格里兹曼任意球传中头球破网，一次是格里兹曼的远射致使穆斯莱拉脱手。乌拉圭队最终0∶2不敌打法稳健的法国队，无缘世界杯4强。

与上半区的两场1/4决赛强强对话不同，下半区的两场较量在水平上略有不足，克罗地亚队凭借着顽强的意志，点球淘汰了东道主俄罗斯队，英格兰队则是凭借着马奎尔和阿里的两粒头球，成功晋级4强。

■ 格子军奇迹与雄鸡再破晓

本届世界杯的4强球队，法国队、比利时队、英格兰队与克罗地亚队都有一个共同的特点值得关注，那就是它们都在小组赛第三轮进行了阵容轮换。这有一个前提，那就是这4支球队在前两战都取得了连胜，提前拿到了出线资格，所以有轮换的资本。这一场的休息时间，就可以让很多主力球员有一周左右的调整期，帮助他们在密集的大赛赛程中达到第二个兴奋点。

比利时队在淘汰日本队的比赛中，利用了对手身体上的劣势最终翻盘，在淘汰巴西队的比赛中，则利用了卡塞米罗缺阵之后巴西队的腰部问题。不过风水轮流转，半决赛对阵法国队，比利时队被对手抓住了最大的软肋。

比利时队本场依然延续了迎战巴西队的阵容，首发中有大量的高个子球员，这一方面让其对抗能力出色，但是另一方面则让其后场存在速度、反应、敏捷度的问题。法国队正是抓住了比利时队的这一短板，用格里兹曼的灵巧搭配上姆巴佩的神速，让比利时队不敢大幅度地压上进攻，否则后场的空当将会给姆巴佩无限的施展空间。这样的心理博弈也让法国队的后防线压力小了不少，最终凭借乌姆蒂蒂的一记头球，以性价比极高的1∶0成功晋级决赛。20年之后，他们终于在本土之外证明了自己："高卢雄鸡"回来了。

克罗地亚队凭借点球大战先后淘汰丹麦队和俄罗斯队，成为继1990年的阿根廷队之后，第2支单届世界杯赢得两场点球大战的球队。这也意味着"格子军团"连打了两场120分钟的比赛，体能的瓶颈随时威胁着他们。不过更令人惊讶的是，与英格兰队的半决赛又一次打到了加时赛，但是克罗地亚队的体能和意志力令人赞叹。在开场284秒就丢球的情况下，克罗地亚队在下半场68分钟扳平比分，到了加时赛109分钟，又顺势完成了绝杀。

克罗地亚队也成为世界杯史上首支连续三场打了加时赛均晋级的球队,队中核心莫德里奇这几场的发挥堪称完美,他不仅是球队承上启下的中场枢纽,不遗余力的跑动覆盖也让人赞叹不已。你很难想象这样一个即将年满33岁的老将,还能在加时赛中满场飞奔、补位防守,他是当代组织者的完美典范,是独属于这个时代的大师。

2018年7月15日,莫斯科卢日尼基球场,法国队与克罗地亚队相会"华山之巅"。20年前的半决赛,法国队后卫图拉姆的突然爆发,击溃了势如破竹的克罗地亚队黄金一代,这次莫德里奇统帅的新一代球员,希望完成复仇。

德尚沿用了半决赛首发阵容,赛前备受关注的吉鲁继续首发登场,要知道他作为核心中锋,在本届世界杯465分钟贡献了13脚打门,却连一次射正也没有,但是他的支点属性、策应能力依然是球队不可或缺的。达利奇的克罗地亚队首发队员也没有变化,这也让人们担心克罗地亚队的体能,连续三场120分钟的鏖战势必会影响球员们的状态。这是球队第一次打进世界杯决赛,世界排名第20名的"格子军团"也是自1992年12月国际足联引入排名体系以来排名最低的决赛球队。

开场后两队延续了本届世界杯的主题,那就是"稳"字当头,双方踢得都非常谨慎,不过一次意外让本场比赛突然变得不寻常起来。开场第18分钟曼朱基奇就打进了一粒乌龙球,出现了双方都还没有射门,却先进了球的奇观。

由于克罗地亚队比分落后,球员们开始把着力点放在进攻上,这也让比赛变得更加激烈。随后球队的进攻取得了效果,法国队的两道铁闸没能锁住佩里西奇,"佩剑"一脚大力抽射扳平比分。之后法国队凭借着一次点球机会再次领先。整个上半场"高卢雄鸡"只有1次射门,克罗地亚队有7次,但比分却是法国队2:1领先。

下半场比赛法国队再接再厉,接连打进两球,胜局已定,随后洛里低级失误造成的丢球也无碍大局,最终法国队4:2战胜克罗地亚队,捧起队史上第二座大力神杯,在远东之地给球衣绣上了第二颗星。法国队主帅德尚也成为继巴西队的扎加洛和德国队的贝肯鲍尔之后,第三位以球员和教练身份都夺得世界杯冠军的人。

本届世界杯中法国队最亮眼的年轻人无疑是姆巴佩,他在决赛打进了锁定胜局的进球,也成为仅次于贝利的世界杯决赛第二年轻的进球球员。"法国妖王"在本届世界杯中打进4球,在历史上所有的U20球员中也仅次于1958年的贝利(共打进6球)。一颗冉冉升起的新星,通过世界杯的舞台告诉全世界,属于他的时代要来临了。

在法国队夺冠之后,更令足球世界备感震撼的是,法国队还在不断涌现新的人才,似乎从2012年欧洲杯兵败之后,法国队就打开了潘多拉魔盒。自此之后各个位置都是"妖人"频出,法甲联赛多支球队都成了豪门的人才基地,如果这样的势头持续下去,未来多年足球世界都将属于"高卢雄鸡"。

从办赛角度来说，俄罗斯算是近乎完美的东道主，尽管各种纷扰持续影响着它，但并没有给赛事本身带来重大影响。在1980年奥运会遭遇重大挫折之后，这一次俄罗斯成功地向全世界展现了自身的实力。

从竞技角度考量，本届赛事的精彩程度属于中上水平，场均2.64个进球在新世纪的世界杯中名列前茅，多场名局也足以载入史册。尽管各队在中后期更愿意采用保守策略，但这也是世界杯的一贯作风，虽说会对比赛的观赏性造成影响，但本届大赛仍然能让多数球迷感到满意。

从球队层面来看，各大豪门基本都发挥出了自己的水平，只有德国队与西班牙队令人失望。前者走入了传控的死胡同，长期执迷不悟，最终堕入深渊；后者则沉浸在王朝旧梦中难以自拔，不肯及时做出变革，最终自食恶果。

在二、三线球队中，收获亚军的克罗地亚队自不必多说，可以说它是整个世界杯历史上决赛球队中的最大黑马。此前没有任何一支世界杯前二球队，赛前的声望与底蕴不如这支克罗地亚队。来自亚洲的日本队也展现了自身的风格特点，尽管在惊心动魄的"欧亚决战"中败北，但它完全可以昂首离开。

从球星层面考量，本届梅西与C罗的发挥依然无法达到球迷们的最高预期，尽管他们的受关注度始终遥遥领先，但在竞技层面已经到了让位的时候了。从比赛实际出发，莫德里奇、格列兹曼与姆巴佩等人，应该是本届赛事最亮眼的球星。尽管没有诞生马拉多纳那种现象级的人物，但整体上依然让人满意。

2018年世界杯落下帷幕，但是世界杯的故事还会继续下去，永不停歇。

历届世界杯纵览
（1982—2018 年）

年份	主办地	冠军	亚军	季军	金靴奖	金靴进球数	最佳球员
1982	西班牙	意大利队	联邦德国队	波兰队	保罗·罗西（意大利）	6	保罗·罗西（意大利）
1986	墨西哥	阿根廷队	联邦德国队	法国队	加里·莱因克尔（英格兰）	6	迭戈·马拉多纳（阿根廷）
1990	意大利	联邦德国队	阿根廷队	意大利队	萨尔瓦托雷·斯基拉奇（意大利）	6	萨尔瓦托雷·斯基拉奇（意大利）
1994	美国	巴西队	意大利队	瑞典队	奥列格·萨连科（俄罗斯）、赫里斯托·斯托伊奇科夫（保加利亚）	6	罗马里奥·德·索萨·法里亚（巴西）
1998	法国	法国队	巴西队	克罗地亚队	达沃·苏克（克罗地亚）	6	罗纳尔多（巴西）
2002	韩国/日本	巴西队	德国队	土耳其队	罗纳尔多（巴西）	8	奥利弗·卡恩（德国）
2006	德国	意大利队	法国队	德国队	米洛斯拉夫·克洛泽（德国）	5	齐内丁·齐达内（法国）
2010	南非	西班牙队	荷兰队	德国队	托马斯·穆勒（德国）	5	迭戈·弗兰（乌拉圭）
2014	巴西	德国队	阿根廷队	荷兰队	哈梅斯·罗德里格斯（哥伦比亚）	6	利昂内尔·梅西（阿根廷）
2018	俄罗斯	法国队	克罗地亚队	比利时队	哈里·凯恩（英格兰）	6	卢卡·莫德里奇（克罗地亚）

注释：1982 年后世界杯最佳球员改称为世界杯金球奖

附 录

世界杯经典图集

在世界杯发展的历程中,历史会铭记属于世界杯的每一个精彩瞬间。回看每一届世界杯,都会有特定的精彩时刻,引起共鸣。比如1986年世界杯,属于马拉多纳的个人英雄主义时刻;比如1998年世界杯,属于法兰西盛夏的激情;比如2010年世界杯,属于西班牙队的荣耀辉煌等。

——引语

世界杯经典图集 245

1	2
3	4
5	6

图1：1930年乌拉圭世界杯决赛，乌拉圭队4：2战胜阿根廷队，成为首届世界杯冠军。

图2：1930年首届世界杯在乌拉圭举行，冠军奖杯"雷米特杯"向外界展示。

图3：1930年乌拉圭世界杯半决赛，阿根廷队6：1战胜美国队，阿根廷队的吉列尔莫·斯塔比莱突破美国队的守门员吉姆·道格拉斯的防守，完成破门。

图4：1934年意大利世界杯1/4决赛，意大利队对阵西班牙队，意大利队球员朱塞佩·梅阿查因体力不支晕倒。

图5：1934年意大利世界杯决赛，意大利队2：1战胜捷克斯洛伐克队夺冠。

图6：1938年法国世界杯决赛，意大利队对阵匈牙利队，双方队长赛前握手致意，图下方为本届世界杯官方用球。

图7：1938年法国世界杯决赛，意大利队4：2战胜匈牙利队，成功卫冕。

图8：1950年巴西世界杯，乌拉圭队2：1战胜巴西队。乌拉圭队长奥布杜里奥·瓦雷拉从儒勒斯·雷米特手中接过"雷米特杯"。

图9：1950年巴西世界杯最后一场循环赛，乌拉圭队2：1战胜巴西队，图为巴西队前锋阿兰布拉头球攻门瞬间。

图10：1954年瑞士世界杯，联邦德国队在决赛中3：2逆转击败匈牙利队，上演"伯尔尼奇迹"。

图11：1954年瑞士世界杯，匈牙利队对阵巴西队，费伦茨·普斯卡什摆脱德贾尔马·桑托斯的防守。

图12：1954年瑞士世界杯，联邦德国队门将托尼·图雷克在匈牙利队球员桑多尔·柯奇士面前接球。

7	8
9	10
11	12

世界杯经典图集 247

13
14

图13：1958年瑞典世界杯，法国队球员朱斯特·方丹在本届赛事中攻入13球，创造单届世界杯比赛中最高进球纪录。

图14：1958年瑞典世界杯小组赛，巴西队对阵苏联队，巴西队前锋瓦瓦（右一倒地者）攻破苏联队门将列夫·雅辛把守的球门。

248　世界杯风云

图15：1958年瑞典世界杯，巴西队5∶2战胜瑞典队首次夺冠，17岁的贝利靠在"老大哥"吉尔玛怀里哭泣。
图16：1962年智利世界杯1/4决赛，巴西队对阵英格兰队，"不速之客"闯入绿茵场。
图17：1962年智利世界杯，巴西队成功卫冕，赛后巴西队球员迪迪举起"雷米特杯"。

世界杯经典图集 249

18
19

图18：1962年智利世界杯1/4决赛，巴西队3：1战胜英格兰队，巴西队球员加林查面对防守起球传中。加林查在本届世界杯获得了最佳球员和最佳射手（并列）两项荣誉，这一届世界杯被称为"加林查一个人的世界杯"。

图19：1966年英格兰世界杯，英格兰队加时赛4：2战胜联邦德国队首次夺冠，英格兰队长博比·摩尔高举"雷米特杯"。

250 世界杯风云

图 20：1966 年英格兰世界杯，苏联队门将列夫·雅辛扑出对手射门。
图 21：1966 年英格兰世界杯，英格兰队前锋杰夫·赫斯特的射门打在横梁下沿后弹在球门线上又弹回场内，但裁判判定进球有效，这一判罚直接影响冠军的归属，成为世界杯历史永久的悬案。

20
21

世界杯经典图集　　251

图22：1970年墨西哥世界杯1/4决赛，联邦德国队对阵英格兰队，弗朗茨·贝肯鲍尔带球过人。

图23：1970年墨西哥世界杯半决赛，意大利队对阵联邦德国队，意大利队门将恩里克·阿尔贝托西出击拦截盖德·穆勒。

图24：1970年墨西哥世界杯决赛，巴西队4∶1战胜意大利队，卡洛斯·阿尔贝托在打入第四粒进球后激情庆祝。

252　世界杯风云

图25: 1970年墨西哥世界杯，巴西队夺冠后，贝利被高高举起。巴西队三次夺得世界杯冠军，获得了"雷米特杯"的永久保留权。
图26: 1974年联邦德国世界杯，荷兰队克鲁伊夫上演"克鲁伊夫转身"，成为本届世界杯经典瞬间。

世界杯经典图集 253

图27：1974年联邦德国世界杯，荷兰队2∶0完胜巴西队，这场不是决赛的决斗在事后被人们看作新老交替的经典之作。

图28：1974年联邦德国世界杯决赛，荷兰队对阵联邦德国队，克鲁伊夫在比赛中与对手发生冲突。

254 世界杯风云

图29：1974年联邦德国世界杯，东道主联邦德国队2：1击败荷兰队夺冠，贝肯鲍尔高举冠军奖杯——"大力神杯"。

世界杯经典图集　255

图30：1978年阿根廷世界杯，意大利队对阵法国队，保罗·罗西在比赛中突破。

图31：1978年阿根廷世界杯，阿根廷队对阵法国队，奥西·阿尔迪列斯（右）与米歇尔·普拉蒂尼对抗。

图32：1978年阿根廷世界杯，阿根廷队球员肯佩斯挥臂庆祝，他在本届世界杯获得最佳球员与金靴奖。

256　世界杯风云

图33：1978年阿根廷世界杯，阿根廷队在本土夺冠，队长丹尼尔·帕萨雷拉在赛后混乱的场面里手捧"大力神杯"。

图34：1982年西班牙世界杯，联邦德国队1∶0领先奥地利队，两队在剩余时间打起"默契球"。最终两队联手挤掉阿尔及利亚队顺利出线。

图35：1982年西班牙世界杯，马拉多纳参加的首届世界杯。他在对阵巴西队时，飞踹巴蒂斯塔，被红牌罚下。

33

34　35

图36：1982年西班牙世界杯，巴西队对阵意大利队，济科与苏格拉底庆祝进球。

258　世界杯风云

图 37：1982 年西班牙世界杯，意大利队夺冠，保罗·罗西捧杯庆祝。

图 38：1986 年墨西哥世界杯，西班牙队对阵丹麦队，西班牙队传奇射手埃米利奥·布特拉格诺单场独进 4 球。上一次实现这一成就的还是 1966 年的葡萄牙队球星尤西比奥。

世界杯经典图集 259

图 39：1986 年墨西哥世界杯 1/4 决赛，阿根廷队对阵英格兰队，马拉多纳用手把球攻入英格兰队的球门，上演了经典的"上帝之手"。

图 40：1986 年墨西哥世界杯 1/4 决赛，阿根廷队对阵英格兰队，马拉多纳"千里走单骑"连过 5 人破门得手，后世称之为"世纪最佳进球"。

图41：1986年墨西哥世界杯，阿根廷队击败联邦德国队获得冠军，马拉多纳在人群簇拥下捧起"大力神杯"。

世界杯经典图集　　261

图42：1990年意大利世界杯1/8决赛，喀麦隆队2∶1淘汰哥伦比亚队，"米拉大叔"在角球区的舞蹈成为世界杯历史上的经典一幕。

图43：1990年意大利世界杯半决赛，联邦德国队点球大战4∶3淘汰英格兰队，英格兰队球员保罗·加斯科因痛哭。

图44：1990年意大利世界杯，金靴奖得主萨尔瓦托雷·斯基拉奇进球后奔跑庆祝。

图 45：1990 年意大利世界杯决赛，联邦德国队 1 : 0 战胜阿根廷队。
图 46：1994 年美国世界杯，俄罗斯队对阵喀麦隆队，奥列格·萨连科独进 5 球，成为世界杯单场比赛中进球最多的队员。
图 47：1994 年美国世界杯，哥伦比亚队对阵美国队，哥伦比亚队后卫安德列斯·埃斯科巴打入乌龙球，回国后被球迷枪杀。

世界杯经典图集　263

48
49

图48：1994年美国世界杯决赛，意大利队对阵巴西队，罗伯特·巴乔罚失点球，他落寞的背影和克劳迪奥·塔法雷尔庆祝的画面成为世界杯历史上永恒的经典。

图49：1994年美国世界杯，巴西队击败意大利队夺冠，队史第四次问鼎世界杯。值得一提的是，17岁的罗纳尔多也跟随球队夺冠。

264　世界杯风云

图50：1998年法国世界杯1/8决赛，英格兰队对阵阿根廷队，大卫·贝克汉姆脚踢迭戈·西蒙尼被红牌罚下。

图51：1998年法国世界杯，18岁的迈克尔·欧文震惊世界。

图52：1998年法国世界杯1/4决赛，荷兰队对阵阿根廷队，荷兰队球星丹尼斯·博格坎普终场前两分钟接长传后，漂亮地扣球过人后打进绝杀球。

图53：1998年法国世界杯，法国队击败巴西队在本土夺冠，齐内丁·齐达内亲吻"大力神杯"。

世界杯经典图集   265

54
---
55 | 56

图54：2002年韩日世界杯，法国队0∶0战平乌拉圭队，法国前锋蒂埃里·亨利被红牌罚下。

图55：2002年韩日世界杯1/8决赛，韩国队2∶1战胜意大利队，安贞焕在加时赛打入绝杀球。这场比赛被称为世界杯的"至暗时刻"。

图56：2002年韩日世界杯半决赛，德国队对阵韩国队，米夏埃尔·巴拉克领到黄牌，他因此累计黄牌停赛，缺席了对阵巴西队的决赛。

266　世界杯风云

图 57：2002 年韩日世界杯决赛，巴西队击败德国队，队史第五次加冕，罗纳尔多凭借 8 粒进球获得金靴奖。

世界杯经典图集　　267

58

图58：2006年德国世界杯1/8决赛，葡萄牙队对阵荷兰队，两队上演全武行，裁判共计出示16张黄牌和4张红牌。

图 59：2006 年德国世界杯 1/4 决赛，英格兰队对阵葡萄牙队，大卫·贝克汉姆受伤离场，坐在场边的他痛哭流涕，最终英格兰队惨遭淘汰。

图 60：2006 年德国世界杯 1/4 决赛，英格兰队对阵葡萄牙队，韦恩·鲁尼脚踩里卡多·卡瓦略，被红牌罚出场。

世界杯经典图集 269

图61：2006年德国世界杯半决赛，意大利队对阵德国队，法比奥·格罗索庆祝打进精彩进球。

图62：2006年德国世界杯决赛，法国队对阵意大利队，齐内丁·齐达内头顶马尔科·马特拉齐，这一幕成为本届世界杯经典瞬间。

图 63：2010 年南非世界杯，朝鲜队时隔 44 年再次入围决赛圈，赛前奏国歌阶段，朝鲜球员郑大世流下激动的泪水。

图 64：2010 年南非世界杯，葡萄牙队 7∶0 大胜朝鲜队，C 罗过掉朝鲜队门将破门得手。

图65：2010年南非世界杯1/8决赛，英格兰队对阵德国队，弗兰克·兰帕德射门反弹入网后被诺伊尔救出，裁判判定进球无效，但是此球明显越过了门线，成为世界杯最大冤案。

图66：2010年南非世界杯1/4决赛，乌拉圭队对阵加纳队，路易斯·苏亚雷斯用"上帝之手"挡出加纳队绝杀球。

图 67：2010 年南非世界杯决赛，西班牙队 1：0 击败荷兰队夺冠，安德雷斯·伊涅斯塔打入绝杀球后脱衣庆祝，露出印有已逝好友哈尔克名字的白色内衬。

图 68：2014 年巴西世界杯，荷兰队对阵西班牙队，罗宾·范佩西攻入一记技惊四座的鱼跃冲顶破门，完美地诠释了"飞翔的荷兰人"，这粒进球也成为世界杯历史经典时刻之一。

世界杯经典图集　　273

69
70

图69：2014年巴西世界杯，乌拉圭队对阵意大利队，路易斯·苏亚雷斯牙咬意大利队后卫吉奥吉奥·基耶利尼。

图70：2014年巴西世界杯半决赛，德国队7：1大胜巴西队，米洛斯拉夫·克洛泽打入个人第16球，超越罗纳尔多成为世界杯历史上进球最多的球员。

图 71：2014 年巴西世界杯决赛，德国队 1∶0 战胜阿根廷队，马里奥·格策在加时赛打入绝杀球，帮助德国队第四次夺冠。

图 72：2014 年巴西世界杯，利昂内尔·梅西凝视"大力神杯"，满眼的渴望与失落。

世界杯经典图集 275

图73：2018年俄罗斯世界杯，葡萄牙队对阵西班牙队，C罗主罚任意球瞬间。

图74：2018年俄罗斯世界杯1/8决赛，法国队4∶3击败阿根廷队，基利安·姆巴佩独中两元，一战成名。

图75：2018年俄罗斯世界杯颁奖典礼，卢卡·莫德里奇获得金球奖、基利安·姆巴佩荣膺最佳新秀奖。

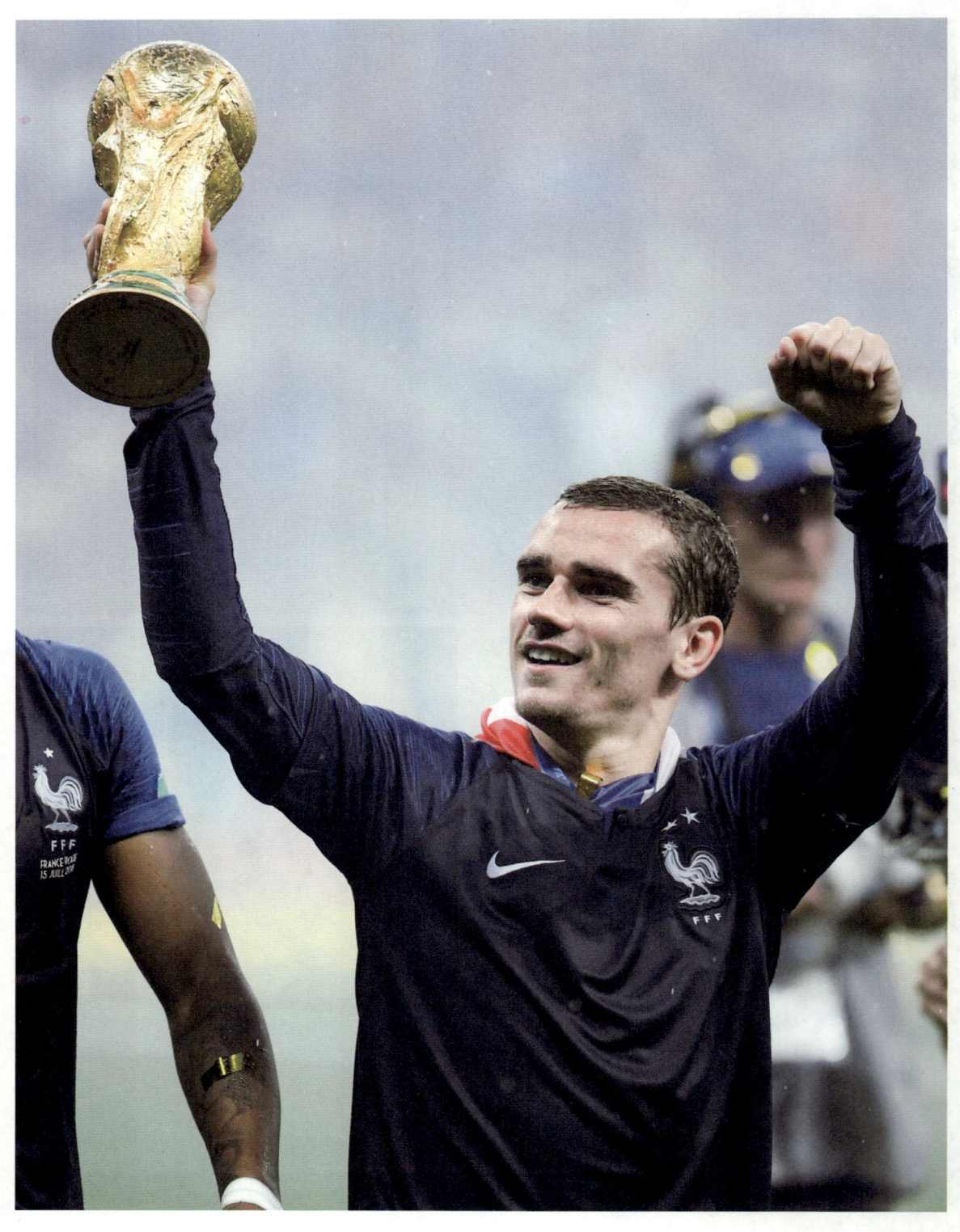

图76：2018年俄罗斯世界杯，法国队击败克罗地亚队夺冠，安托万·格列兹曼高举"大力神杯"。